海外中国研究丛书

刘东 主编

[美] 冯珠娣 著
郭乙瑶 马磊 江素侠 译

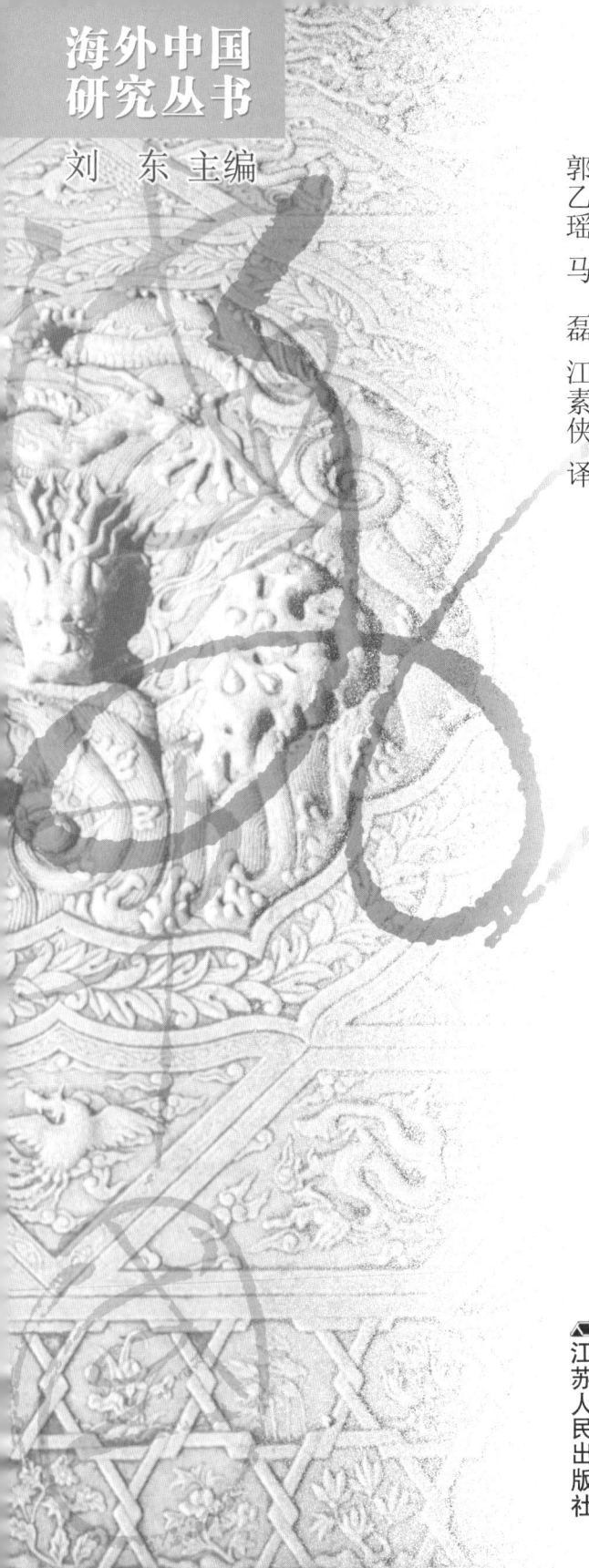

饕餮之欲

APPETITES

当代中国的食与色

Food and Sex in Post-socialist China

江苏人民出版社

图书在版编目(CIP)数据

饕餮之欲:当代中国的食与色/[美]冯珠娣著.
—南京:江苏人民出版社,2009.3(2021.9重印)
(海外中国研究丛书/刘东主编)
书名原文:Appetites: Food and Sex in Post-Socialist China
ISBN 978-7-214-05676-4

Ⅰ.①饕… Ⅱ.①冯…②郭…③马…④江… Ⅲ.①文化人类学—研究—中国 Ⅳ.①C912.4

中国版本图书馆CIP数据核字(2009)第029250号

Appetites: Food and Sex in Post-Socialist China by Judith Farquhar
© 2002 by Duke University Press
Simplified Chinese edition copyright © 2021 by Jiangsu People's Publishing House
All rights reserved
江苏省版权局著作权合同登记号:图字10-2018-254号

书　　　名	饕餮之欲:当代中国的食与色
著　　　者	[美]冯珠娣
译　　　者	郭乙瑶　马　磊　江素侠
责 任 编 辑	李晓爽
特 约 编 辑	刘沁秋
装 帧 设 计	陈　婕
责 任 监 制	王　娟
出 版 发 行	江苏人民出版社
地　　　址	南京市湖南路1号A楼,邮编:210009
照　　　排	江苏凤凰制版有限公司
印　　　刷	南京凤凰通达印刷有限公司
开　　　本	652毫米×960毫米　1/16
印　　　张	21.25　插页4
字　　　数	270千字
版　　　次	2009年3月第1版
印　　　次	2021年9月第5次印刷
标 准 书 号	ISBN 978-7-214-05676-4
定　　　价	78.00元

(江苏人民出版社图书凡印装错误可向承印厂调换)

序"海外中国研究丛书"

中国曾经遗忘过世界,但世界却并未因此而遗忘中国。令人嗟讶的是,20世纪60年代以后,就在中国越来越闭锁的同时,世界各国的中国研究却得到了越来越富于成果的发展。而到了中国门户重开的今天,这种发展就把国内学界逼到了如此的窘境:我们不仅必须放眼海外去认识世界,还必须放眼海外来重新认识中国;不仅必须向国内读者迻译海外的西学,还必须向他们系统地介绍海外的中学。

这个系列不可避免地会加深我们150年以来一直怀有的危机感和失落感,因为单是它的学术水准也足以提醒我们,中国文明在现时代所面对的绝不再是某个粗蛮不文的、很快就将被自己同化的、马背上的战胜者,而是一个高度发展了的、必将对自己的根本价值取向大大触动的文明。可正因为这样,借别人的眼光去获得自知之明,又正是摆在我们面前的紧迫历史使命,因为只要不跳出自家的文化圈子去透过强烈的反差反观自身,中华文明就找不到进入其现代形态的入口。

当然,既是本着这样的目的,我们就不能只从各家学说中筛选那些我们可以或者乐于接受的东西,否则我们的"筛子"本身就可能使读者失去选择、挑剔和批判的广阔天地。我们的译介毕竟还只是初步的尝试,而我们所努力去做的,毕竟也只是和读者一起去反复思索这些奉献给大家的东西。

刘 东

目　录

中文版序言　　1

致谢　　1

引言　　1

　　食色,性也　　1

　　欲望　　3

　　世俗人类学　　4

　　非连续性　　13

　　来自/作为阅读的民族志　　20

　　干预:中医关于身体的修辞　　29

　　食物和性　　32

第一部分　吃:感觉的政治

　　导言　　41

　　　　雷锋:不倦的人民公仆　　41

第一章 药膳　52

　　具体的逻辑　61

　　小城药膳　65

　　味觉的语言,味觉的体验　68

　　实践中的中医　73

　　身体:溢香的世俗载体　82

第二章 精神会餐　84

　　饥饿简史　87

　　牢记苦难:《白毛女》　90

　　精神会餐:《芙蓉镇》　96

　　身体的盛宴　108

　　超越需求　111

第三章 "实"与"虚"　127

　　实现共产主义的时候　130

　　莫言的《忘不了吃》　135

　　系统的虚损与局部的实邪　143

　　多乎哉?　150

　　划界线　160

第二部分　欲:体现的伦理

导言　173

　　杜晚香:优秀共产主义者的瑰丽光环　173

　　公开场合的激情　178

第四章 书写自我:个人的罗曼史　182

　　对爱的探讨　188

心灵的伴侣　191

　　保护光辉　198

　　在路上　201

　　语言危机　210

　　小结　215

第五章　性科学：行为的再现　220

　　性知识典籍　229

　　对性的想象　233

　　性调查　234

　　教育国民的研究　237

　　性教育　242

　　压抑的假设　250

第六章　色情艺术　254

　　性：宇宙（cosmic）的性，内在的本质？　261

　　马王堆：汉代的快乐　268

　　养生　273

　　无能和资本主义　280

　　再现和伦理　285

　　在卧室　291

结论　为历史的身体欢呼　293

参考文献　301

译后记　319

中文版序言

　　本书所涉及的大多数论题,对于中国读者来说,都耳熟能详。雷锋和杜晚香、药膳和性文化、养生以及中医的"虚"和"实"——这一切在当代中国都毋庸赘言。本书最初是为欧美读者所著,因此运用了大量的篇幅来描述中国的城市生活结构。中国读者是否会认为我是在徒耗精力呢?我希望不会。

　　近年来,人文科学领域重又燃起了"评论日常生活"的热情。生活的世俗形式在世界上各种社会中林林总总,在历史的长河中也发生了巨变。日常生活实践平静如水,但却能使"百家争鸣"。因此,对日常生活进行评论能让我们重新思考我们最看重的价值与生存时空的具体形式之间的关系。本书讨论的是20世纪70年代到90年代的话语和实践,通过对它们的反思,中国读者或许可以回到过去,并对那个在自己头脑中建构的世界产生不同以往的兴趣。

　　任何一种向平凡的回归都需要重新思考历史和经验。为什么一些创作于20世纪80年代的小说现在依然值得关注?为什么人们仍须牢记和解析20世纪70年代大力提倡的"为人民服务"中所蕴涵的哲理？当然，我也看到，当代的大众文化——中国和美国都是如此——希望能够忘掉这特定的几十年，其做法就是对中国历史进行漫长的叙事，这种叙事维持了一种文化的连贯性：从汉代到民国时期再到北京市区博物馆和餐厅的新古典主义建筑。有时我们好像已经失去了回忆中华人民共和国前四十年文化生活的能力。

但是，对于我的许多现在生活在中国的朋友们来说，那几十年代表着他们的青春岁月。我们如何回忆或是重新体验自己的青春岁月？这是一个复杂的问题。因为城市大众文化已变得前所未有的发达并具有世界性，同时也因为我们的消费欲望也具有前所未有的辨别能力（discriminating），所以我们无法否认，对生活目标的态度也发生了改变。我们知道，自己处在一个充斥着个人竞争的时代，而且也很少有人真的后悔自己进入了这个崭新的、全球化的世界。但是，这正是本书所提出的观点：欲望的变化快于记忆，态度的转变敏于身体。安全感所基于的日常生活、习惯和身体特征并非刻意的计划或是意识形态选择的结果。相反，作为我们所有活动根基的日常生活正悄悄地但却强有力地沉淀在历史和物质的进程当中。过去的经验正不知不觉地限定着现在的经验。

换句话说，历史在身体的层面起着重要的作用。我希望本书的人类学阐释可以为人们，尤其是那些无法真正忘记过去的人们，开启一扇通向过去之门，以便重新审视日渐消失的身体。同时，我还希望，本书中的观点可以鼓励读者和我一道以一种心存感激的视角来重新审视我们的日常生活，并从中得到无穷的乐趣。

冯珠娣
2006 年 12 月

致　谢

美国人常把"谢谢"挂在嘴边。在中国,常讲汉语的美国人会发现,自己说"谢谢"的次数比预想的要多,而有些感谢是不必要的。我们把英语的语言习惯用于汉语语境中:别人给我们递盘子、替我们开门、在信上盖邮戳或者给我们找钱的时候,我们都会表达谢意。当然,感谢的话脱口而出,一点都不费劲。但是,我们逐渐意识到,为了应得的服务没完没了地说"谢谢",显得有些不合时宜。有一位中国朋友,当他听到我对一个为我提供完全是分内帮助的陌生人低声说"谢谢"时,曾经质疑我这种奇怪的举动:"难道你们国家的人日常生活中不互相帮忙吗?都是举手之劳,为什么还要说谢谢?"

这是一个非常有趣的问题,说明我的生活与中国团结协作式的生活之间存在着天壤之别。显然,我在北卡罗来纳的查普山度过的生活真是自得其乐了。也许感谢是一种文化,表明我们所处的文化是一种相互依赖的文化,虽然身处该文化的我们已经忘却了如何谈论集体主义。

但愿我能够对那些帮助过我、我还没来得及说"谢谢"的人充分表达我的谢意,这并不是因为他们的帮助对我的生活和本项目有何特别的贡献,而是因为它们本身所具有的平凡特质。他们不经意的评论、玩笑、推荐的书籍或是文章,那些虽稍嫌外行但却很重要的问题,还有那些聆听的意愿,都是每天人们给予我的恩惠,它们都成为本书创作的灵感之源。在如此简短的致谢中,我根本无法充分表达自己对同事和同学们的感激之情,从他们那里我获得了巨大的财富。他们是北卡罗来纳大学从事人类学研究、文化研究和亚洲研究的师生们,还有来自中国尤其是中医界的朋友们。此外我还想提到一些名字,他们对中国大众文化及其研究方法的独到见解使我受益匪浅。他们为本项目做出了巨大的贡献,虽然自己并没有意识到。他们是:Lisa Aldred、Cherine Badawi、Stuart Bondurant、Victor Braitberg、Tom Chivens、Galahad Clark、Cathy Davidson、Susan Dewar、Bruce Doar、Dan Duffy、Tom Farquhar、Peter Farquhar、Carleton Gajdusek、Alison Greene、Jacqueline Hall、Britt Harville、胡卫国、Ann Jefferson、Yoshio Ikai、Bill Lachicotte、Bruno Latour、李修民、Ralph Litzinger、Donald Lopez、Tomoko Masuzawa、John McGowan、Christophe Park、Paul Rabinow、Randall Roden、Rafael Sanchez、Patricia Sawin、Hugh Shapiro、Susan Shaw、Lorann Stallones、Margaret Wiener、Terry Woronov、殷小玲、张洁、张其成和赵树真。和他们交谈是一种享受。

本项目的初期,得到了来自中国社会科学院的学者交流委员会的资助。这笔资金包括两部分:在邹平县的"中国农村研究项目"和1990—1991年度的国家研究奖。在过去的8年里,我从北卡罗来纳大学获得了多方的慷慨资助:艺术与人文学院(为我提供了研究基金和时间)、Z. Smith Reynolds基金、艺术与科学基金、北卡三角东亚研究项目（蒋经国基金）、社会科学研究学院和大学研究委员会。在日常生活中我更是得益于北卡罗来纳大学人类学系的教职员工们的悉心照料。特别感谢 Suphronia J. Cheek 夫人，她总是把办公室布置得如同家一样温馨。感谢北京和 CET 学术项目华盛顿办事处的工作人员，他们的热情好客和同事之谊帮助我于 1997 和 2001 年在北京与美国学生一起度过了有益的学习时光，使我的个人生活和学术研究都获益良多。以上方方面面的资助使我们有时间留在中国、并有时间写作，对此，我感激不尽。

1993 年秋天我在蒙特利尔任教时就开始了本书的部分写作工作，并得到麦吉尔大学医学社会研究系的鼎力支持。我要特别感激 Margaret、Richard Lock、Mariella Pandolfi、Vinh-kim Nguyen 和 Allan Young，我们一起进行学术讨论并结下深厚的情谊。那个学期我特别高兴地与 Ken Dean、Tom Lamarre、Robin Yates 和 Grace Fong 共度美好时光，他们把关于亚洲研究的理论文献和历史文献相结合的研究方法既严谨又具有开创性。

我在本书脚注中提到了王瑾和乐钢，他们出色的工作对于我的教学和本书的论述至关重要，而更不可或缺的是他们深厚的友谊，能与他们生活在同一个国度乃是我人生中的一大幸事。还有一些朋友，虽然我们不能经常见面，但是他们的工作和谈话同样给了我启示。他们是：Ann Anagnost、Tani Barlow、Nancy Chen、黄平、Andrew Kipnis、Ralph Litzinger、刘禾、Lisa Rofel、Volker Scheid、Louisa Schein、Nathan Sivin 和 Angela Zito。

从事中医学研究的一群研究生们在过去的几年里也给予我许多帮助和创作灵感。研究助手贾焕光、Eric Karchmer、赖立里和王君均付出了辛勤的汗水，他们既具有人类学家敏锐的洞察力，在生活中又非常随和。Alison Greene、Rebecca Schafer 和赵慧也曾对我们的研究工作慷慨相助。

作为编辑、顾问和饭友，Ken Wissoker 在我写作的整个过程中提出过许多具有指导性和建设性的意见。尤为令我感激的是，他还帮我找到了两位评论家，他们睿智的评论使得我的初稿有了很大改进。

审阅过此书的还有：Laurie Langbauer、Peter Redfield、Kathy Rudy 和 Ann Stewart。他们的评论与鼓励对我都非常重要，使我得以完成本书的写作。我还要特别感谢写作组的每一位成员，他们坚持不懈地写成一稿又一稿；认真对待每一处错误，小到一个标点符号大到理论问题，他们都不轻易放过。写作组成员定期会面，这种例会我从不缺席，我和 Jane Danielewicz、Marisol de la Cadena、Joy Kasson 以及 Megan Matchinske 共度了许多美好时光。他们教会我如何写得与众不同（我希望是写得更好）并且在任何一件事上都能从多个维度进行思考。

从始至终，都参与本书创作的何伟亚，这位学者、教师、编辑、历史空想家、幽默大师、厨师、园丁和共同策划者，已经融入了本书的每一个章节，我又该如何向他表达感激之情呢？

引 言

食色,性也

这四个字,表示对食物和性的欲望是生活的基本欲望。该问题在哲学领域中曾被提及,但很快就失去了热度。① "食色,性也"经常被引用,出自公认的中国最早的哲学著作之一《孟子》(公元前4世纪)。D. C. 劳把这句话译成英文后的意思是"对食物和性的欲望是天性(nature)"。"食色,性也"由哲人孟子的门徒之一告子提出,此前还记述了告子与这位名师之间的一段对话。在对话中,孟子对其学生关于人之天性(性)的轻率见解所蕴涵的隐喻和逻辑提出了质疑。"食色,性也"之后是冗长而含蓄的对话,主要围绕以下问题展开:"仁"和"义"之间的区别是什么?前者是否可以被看做是人所固有的东西?② 因此,这些论述在诸如"(毫无疑问)对食物和性的欲望是天性"这样的语

---

① 虽然本书讨论的重点是中国哲学,但是我想提出的是,一种相似的辩论形式——这里欲望有为更深刻的问题提供论据的功效——已经成为用欧洲语言写成的主流哲学的特征。(20世纪的现象学也许是值得关注的一个例外。)因此,我这里指的是所有哲学,而不仅仅指中国哲学。这一问题并不仅仅局限于前现代中国。
② 为求上下连贯,在本书中虽然对于何为孟子的格言式的韵文和其他早期儒家经典著作的最佳英译本还存在着许多不同意见,我还是采用了劳的译文(Lau,1970:160—170)。中文版本我采用的是朱熹(公元12世纪)1987:465—482。

境中将得到更加精确、更加直白的反映。(但是,如何反映仁和义这种较难鉴别的特征呢?)"仁,内也,非外也;义,外也,非内也。"

"食色,性也"之后是各种源于日常生活的论据。这样,援引"欲望"一词的目的是论证人类品质具有非世俗性的观点。这些欲望恰当地体现于人类经验中那些被当作自然、普遍和与生俱来的若干方面。欲望的显在性与思想家们绞尽脑汁钻研的难题对比鲜明,这些难题包括诸如动机或行为模式、善的本质以及如何了解和评价这类事物等抽象的东西。

对这些典型问题,我也同样兴趣盎然。但是,作为人类学家,我不愿意把日常生活作为探讨这种伟大哲学问题的隐喻之源。如果展现社会与文化传统的深层差异有助于北美读者感受到本书所描述的日常生活与其自身生活的云泥之别,且在民族志中有所反映,那么研究者将无法顺理成章地使用那些所谓不言自明的常识性假定。① 更确切地说,最应该受到质疑和挑战的,正是这种所谓不言自明的常识以及正常状态。

所以准确地说,我不赞同告子的做法(或者,更恰当地说,我不同意翻译者 D. C. 劳的观点):由于存在某些先入为主的东西,而随意把食欲和性欲定为天性。② 当然,欲望是身体的真实经历。但是,只有当强烈的愿望与其他因素(尤其是食物或身体活动、希望占有的东西、

---

① 人类学的描述传统起源于早期民族志田野调查,至今已有悠久的历史。这种描述对不为人们所熟悉的生活方式进行了详细的形象化描绘。迄今为止对于生活表面材料最为重视的两篇颇具影响力的文章是:Terence Turner, "The Social Skin" (1980); Pierre Bourdieu, "The Kabyle House" (1990)。
② 为使"食色"与"仁义"的概念具有平行关系,劳在翻译时改动了"欲望"(appetite)一词的概念。我觉得这是一种合理、有效的翻译策略。但是告子/孟子自己可能并没有把这种欲望自然化为吃喝本身这样的意图。无论如何,社会和文化多样性的问题已经呈现出来。

记忆中或想象的境遇)同时出现时,我们才会意识到它。我们在追求,有时是盲目地追求各种目标时,愿望才从我们所激活的特殊条件中获取自身的特征。我们所渴望的东西并不一定是简单、马上可以意识到的具体事物:它们可能是像真爱或者真正的共产主义一样抽象的东西,可能是像(永远)保护自己孩子的本能一样复杂的东西,也可能是像希望写出一本关于中国的最佳著作这样不可能的东西。这些变量构成了欲望本身。一旦我们承认自身欲望的多样性、目标的不确定性,那么所有的欲望和欲望的对象将变得非常复杂。我们对于食物和性的欲望就非常值得仔细研究。

欲 望

当代中国的作品和日常话题常提及"食色,性也",但往往出于不同目的,用于不同语境。现代人引用此语时包含了这样的含义:"对于食物和性的欲望终究是唯一自然的东西。"换句话说,即使是把一定的自我牺牲看作是一种伟大目标,我们也不能期望人们放弃追求身体上的快乐。然而,这一论断所体现的毋庸置疑的权威性似乎为人们沉湎于个人欲望这一普遍常识提供了依据。

这一观点似乎是老生常谈(或不言自明),但在当代中国,对它进行重新观照却恰逢其时。仅在几十年前,人们还无法接受谈论个人欲望或是对欲望的沉迷。至少在 20 年间,"建设社会主义中国"的集体主义思想占据了生活的方方面面。虽然物质生活依然存在,而且在非正式场合或私下里人们也可以谈论愿望和不适,但是拥有和沉湎于非集体主义的欲望几乎是令人尴尬的。

但是,当人们认为 20 世纪 90 年代中国全面的经济改革具有"社会主义市场经济的特征"时,对欲望的沉湎成为日益强大的消费王国的一个重要方面,其中不免带有某些浮夸的成分。① 也许除了最年轻的消费者之外,相对新的欲望的自我沉湎形式带有政治色彩:20世纪90年代的个人主义和消费主义已不同于以往计划经济的社会主义性质,也不再赞同以往的苦行主义。

然而,以往苦行主义的某些方面并没有完全消失。对集体主义思想、公共礼仪、摒除个人利益等宣传说教在教科书、广播以及主流报刊的社论中仍然随处可见。② 但是,这种说教只会彰显两个时代的人们日常行为之间的迥异:苦行主义和现代中产阶级对资产阶级奢华的爱慕。美国人喜欢说,反败为胜(revenge)最好的方法就是好好生活。改革时代(1976年至今)的中国消费者似乎也同意这一说法。

世俗人类学

本书探究了过去20年中日常生活从苦行主义到市场经济繁荣的转化,以及当代中国城市性的具体体现。我的第一个目的是,捕捉身体和欲望层面的某个历史瞬间,人们通常认为,身体和欲望无论在历史还是文化上都不常发生变化。我将完成这样的任务:把"体现"(embodiment)历史化和群体化(pluralize),而不是把身体及其能力哲

---

① 有些美国学者认为改革时期始于1978年,止于1989年。中国作家更倾向于认为邓小平南行的1992年是一个转折点,它标志着改革阶段的结束,更加快速发展的市场经济制度的开始,这时国家的控制有所减弱。然而,因为改革的经济政策依然是日常生活的一个重要方面,同时后毛泽东主义的社会主义痕迹在日常言论行为中依然显现,所以出于本研究的需要,我并不想为后毛泽东主义"改革"阶段画任何句号。而且,本书所引用的材料和经历均出自20世纪80年代,正好处于能够接受任何观点的改革阶段之内。
② 关于公共礼仪运动的讨论,参见 Anagnost 1997:75—97。

学化。① 虽然孟子和他的学生们更加注重欲望的"自然"属性,但是我认为,将人的身体哲学化与把"仁"是否是人类的自然本性这一问题哲学化都没有说服力。人的本性"问题"无法用理论一次性解决,但是人的身体有其自身的历史,通过些许方法上的创新,这些历史是可以阐释清楚的。

本书的第二个目的就是方法论的创新。这里所谓的创新指的是把身体的人类学研究与对人的话语和实践活动的人类学研究结合起来。如前所述,本书旨在把体现历史化和群体化(而不是撰写"身体"的哲学),这样,我的重点将是描述某些历史活动而非界定某个理论客体——不是讨论身体本身,而是其被体现的历史生活。我把身体当作理论客体,这样对身体的研究就具有解剖学和象征主义的双重含义,同时,我把体现也理解成普遍的生命过程,把它当作经验的普遍基础从生理学和现象学两个方面对其加以阐释。② 民族志采取了正确的态度:不对这些方法做出任何选择,但是,它对体现的复杂多样的描述无法做到明晰清楚,同时人类学家也总是不得不面对其研究对象的地方性(local)和异域性(remote)问题。③ 如果客体处于运动之中,活生

---

① 身体只是本书不想进行理论化探讨的巨大、明显的抽象范畴之一。许多民族志研究者关注的另外两个范畴是机构(agency)和权力。Bruno Latour(以及其他学者的研究)和 Michel Foucault 已经对后两个概念进行了出色的讨论,参见 Latour 1993 和 Foucault 1978。这些理论性较强的论述非常重要,因为它们提倡对机构(而非个人)和权力(而非制度形式)所采取的经验主义形式进行历史和社会研究。目前的研究也旨在提供同样的经验主义阐述,将体现历史化,而对机构和权力采取想当然的态度。
② Mary Douglas(1966,1970)对身体做过典型的象征分析。关于过程中的身体,参见 Maurice Merleau-Ponty, *The Phenomenology of Perception* (1962)。虽然 Merleau-Ponty 出色的创作剔除了特定个人身体是经验的必要基础的观念,但是他却没能成功地避免在研究体现的方法上的停滞和反历史主义问题。继承了这一传统的现象学方法参见 Csordas 1994 和 Ots 1994。
③ 对于在其描述中把体现作为一种问题的民族志,参见 Comaroff 1985, Munn 1986, Feldman 1991, Seremetakis 1991, 以及 Weiss 1996。关于民族志成功地避免其论题的地方化和异国化倾向,参见 Tsing 1993 以及 Stewart 1996。

1990年中国全国新年油画比赛获奖作品之一：张德俊的《新顾客》。像养金鱼这样随意、轻松而非政治化的爱好取代了过去广告画艺术的刻板。

生的并体验着的身体被置于历史之中——这种历史超越了地方研究或地域范畴，那么民族志的工具箱就该丰富其内容了。①

---

① "超越地域范畴"这一术语引自 Anna Tsing 的 *In the Realm of the Diamond Queen* (1993)。这部出色的民族志本身展示了大多数的地方性研究是如何对全球问题给予启示的。

本研究采用的一个方法,是对那些可以作为民族志文本之素材的东西,将其风格界限进行扩增和模糊化。通俗小说和电影、广告、医学典籍、大众健康指南、评论文章以及其他媒体产物——"所有可阅读的东西"——同我的田野调查报告一道各司其职,同时我也借鉴了一些关于中国的二手材料。广告和宣传无法摆脱口头传说的特征,但是某些方面在日常生活实践中仍然保持着生机和活力。我无法把个人的思考和阐释与中国学者的评论性文章明确地区分开来(书中没有"当地材料提供者"的字样)。从某种意义上说,这是一种世界主义的或巡游式的民族志,但是巡游只有在写作和阅读该书时才得以存在。① 虽然有很多人创造性地运用过中华人民共和国蓬勃发展的新生民族志、大量(有些也非常深刻)的有关中国经济改革的报道或是用英文写成的有趣的自传(但是其内容值得商榷),但我在本研究中,并没有过多地提及。② 相对于本研究来说,上述材料都力图对中国现代性的某些方面进行更加充分、全面的探讨。现代的中国人有机会大量阅读,为了寻找可以体现这一情况的材料,同时也为了关注那些诸如疾病和饥饿等会对生存造成威胁的事件,本书做了一定的尝试。它不但尝试性地描述了改革时代中国的大众文化和医学的表面现象,同时也囊括了"我们"的体现——我自己的和我的读者们的。毕竟阅读及其出之而产生的想象是一种体验过程;与"思想"(诸如"毛泽东思想"或者是约翰·杜威的思想)不同,本书尝试探讨的是某个特定的场所、某段特定的历史或是某个具体读者的能力。人们总是如此来定性阅读:这是我

---

① Arjun Appadurai 曾经探讨过世界主义民族志的价值,这种民族志更加强调跨国媒质在关于文化移民的研究成果中的作用(1996:52—56)。关于巡游民族志参见 Schein 2000:28。
② 近年来有关中国的民族志的重要著作包括 Anagnost (1997), Kipnis (1997), Litzinger (2000), Rofel (1999a), Schein (2000), 以及阎(1996)。其中近年来出版的较有价值的新闻著作是查 1995。

的理解,这是我所看到的东西。本研究所搜集的阅读材料很广泛,旨在寻找个体差异,希望能唤起读者的世俗(carnal)幻想,再度承认其对日常生活资料和各种生活细节的依赖。

许多唯物论者对体现人类学以及某些读物在民族志技巧的探究方面进行了大胆尝试,例如,作为历史学家和哲学家的马克思绝不是一般的、只注重经济的学者。在《德意志意识形态》一书中,为反驳费尔巴哈和年轻的黑格尔派的唯心主义,马克思坚持人类意识和人类身体都来源于"真正存在的活动的人"的具体"感官活动"①:

> 思想、观念、意识的生产最初是直接与人们的物质活动,与人们的物质交往,与现实生活的语言交织在一起的。观念、思维、人们的精神交往在这里还是人们物质关系的直接产物。表现在某一民族的政治、法律、道德、宗教、形而上学等的语言中的精神生产也是这样。人们是自己的观念、思想等等的生产者,但这里所说的人们是现实的,从事活动的人们,他们受着自己的生产力的一定发展以及与这种发展相适应的交往(直到它的最遥远的形式)的制约。意识在任何时候都只能是被意识到了的存在,而人们的存在就是他们的实际生活过程。②

虽然《德意志意识形态》经常谈及人类生产过程的优先性,以至于后期著作的重点从身体的普遍唯物主义转向了经济,但是1844年马克思阐明了(至少是为了自己)具有偶然因素和生产特征的生命过程这一

---

① Tucker (1972) 1978:171.
② Tucker (1972) 1978:154.(着重号为作者所加)。

概念的基本意义:"因此私有财产的超验性是人类所有感觉和品质的彻底解放;但是这是一种真正意义上的解放,因为这些感觉和品质都已经在主观和客观上成为人。眼睛成为人类的眼睛,就像其客体已经成为了社会的、人类的客体——一种为了人而来源于人的客体。因此这些感觉已经直接存在于实践着的理论之中了。"① 而且他在该书的最后画龙点睛地写道:"五种感官的形成是从古至今世界整个历史劳动的结果。"②

通过运用马克思的观点,我希望能够避免唯心论者关于"意识"问题的故弄玄虚。本研究通过关注历史中的体现,把文化人类学放置在超越阶级利益的符号象征、意义以及社会关系之中加以考虑。很显然,本研究用了大量的篇幅讨论书写和主体性,但这并不意味着从笛卡儿身/心二元对立结构的一端跳到了另一端。相反,它坚持人类活动的复杂性,这种人类活动使得生命过程变得真实,使得理论家充满理性。身体并不是思想意志的无生命或是被动的奴隶,它拥有语言和历史,能对特定环境作出反应。身体具有能动性,同时也被地方力量(local forces)所创造,而且,每一种特定的生活方式在一定时期内都具有某种韵律。

对于以唯物论者马林诺夫斯基、福柯、埃文思—普里查德、巴赫金、葛兰西等为代表的人类学来说,身体的偶然性和话语的物质性似乎无需赘述,但有时文化人类学似乎过分急切地从世俗生活转向再现,从身体和实践转向象征和意义。同时,许多社会人类学家坚持把经济关系或亲缘关系简单化,从而把言语和思维置于一边。更糟糕的是,大多数人类学家一直把身体和文本作为孤立的两个层面来写作

---

① Tucker (1972) 1978:87.
② 同上书:89。

(或至少是教授)。有些福柯的批评家在其对话语的研究中寻找"过分弥散的"(extradiscursive)维度("真正的、个人的身体"或"权力机构",好像它们是被福柯出于某种未知的原因忽略了的、自然的真实存在),然后谈论身体如何被打上了"意义"的烙印,被动地"承受"着文化政治的制约。这些表达都体现着一个天真的信念,那就是,无论从理论上还是从本质上,人类历史都未曾提及物质属性的存在,在这里,身体和物质世界被看做是先于话语而存在的,同时话语所带来的只是侵犯和混乱。但是,无论我们如何努力,身体都无法与话语分离,因为我们只能通过由语言所反映的社会生活来了解物质性。

虽然凭借我自身的力量无法矫正人类学书写中根深蒂固的二元性倾向,但是在此我要尝试着把身体当作日常生活(具有暂时性、分散性、变化性)的组成部分,同时日常生活也无时无刻不充斥着话语(具有集体性、具体性、历史性)。甚至那些构成具体生活(马克思认为,抽象生活是不存在的)的建筑物、食物和服装,其特性(nature)也源自弥散的历史。意义(meaning)不具有二元性,它并不意指形式的更深刻的理念层面;相反,表意(significance)对于物质生活来说是固有的。本书的基础是对于这种基本属性的假定。①

基于此,本书引用并讨论了大量的材料。许多表面上毫不相关的东西,诸如医药和宴会、饮食与文学、自助手册和电影以及由于其历史上的和经验上的重要性都在这里得以展示和"阅读"。在这些阅读材料中,我特别关注我所选定的某些方面,即非理论化的日常生活的某些方面。用人类学的术语来说就是,这些材料的运用是出于一种假定的、难以言表的习惯。根据布尔迪厄的观点(部分引用),我可以把习

---

① 我故意使用了这样一个没有定论的句子。意指(reference)的二元理论以及唯心—唯物的区分对于英语语言来说是固有的,但是我不能肯定地宣称已经克服了这一倾向。不过我希望这一努力有时会清楚地显现出来。

惯理解为无序、不连贯、以常规行为为特征的"持久、可转换的气质"集合,因为"习惯成自然",它可以为世俗生活提供反复出现的、可预料的形式。① 许多人把习惯理解成与历史无关的和宿命论的概念,我认为这是对布尔迪厄精致行文的误读。如果在社会人类学方面想运用习惯性概念的话,就必须把它看做是与历史及许多无法预见的变化有关的东西。它不可能在社会科学传统的抽象范畴内得以清晰地刻画(map)。② 习惯既不是文化,也不是心理结构、作用或者国民性(national character),它可能随阶级、地域、集团或家庭的不同而改变,但却不能被减缩为个人或集体的行为。习惯,作为一种气质结构,既是一直处于运转着的世界中的一种定位、一种行动的趋势,又是在行动中可能会得以实现的某些潜势(potentials)。它与可观察、定量之行为的经典的(classic)社会学和心理学概念大相径庭。此外,因为习惯通常产生于集体性社会实践,所以它最终无法减缩为个人行为。③

---

① 关于习惯的概念和界定性引述源自 Pierre Bourdieu 的 *Outline of a Theory of Practice* 中阐述概念的第二章(1977, 72—95),这也是研究者最常援引的一章。在本章中他所提供的有关习惯的最完整的简单定义可能是"习惯是一种无休止的能力,这种能力可以产生产品——思想、知觉、表述、行动——其界限是由其产品所处的历史和社会条件决定的"(95)。被我确认为关于习惯的某些概念对于唯物主义民族志和身体人类学来说是基础,但是读过布尔迪厄的人会发现我没有使用他的术语"体系"(system),因为这一术语中所包含的一致性(coherence)和统一性(unity)的概念远远超出了我的假设。同时,他语言中所暗含的关于想象和实际可能性之界限的重要性也大大超出了我所愿意承认的范畴,因为我目睹了中国日常生活如此巨大的变化。但是,应该承认的是,布尔迪厄毫不妥协地坚持理论建构,他的理论已经超出了现代主义者关于自由和必要的二难推理范畴。我相信,他关于实践的、丰富而高明的概念已成功超越了人类学中旧的二元论,而本研究中我想实践的正是这一理论。

② 毫无疑问,读者会在以后的行文中发现大量抽象的东西。但我这里力求避免的是那种被社会科学用来规范研究结构的抽象的东西:社会结构、经济、文化、思想等。相关评论参见 Sayer 1987 和 Laclau 1990。

③ 迄今为止,对中国学者气质概念涉及面最广,最生动有趣的研究是 François Jullien 的 *The Propensity of Things* (1995),这一研究用整本书的篇幅探讨了中国汉字"势"在古典哲学中的意义 [气质(diaposition)、外形(configuration)、力量(array of forces)和趋势(tendency)]。

我所感兴趣的身体气质和日常行为在当代中国并没有受到重视。因此，它们悄无声息地存在于各种不同的社会风俗和领域中。用布尔迪厄的术语来说，这些气质在各种境遇之间或之中"换位"(transpose)。它们存在于生活之中，但却没有明确地构成话语和实践的理论基础。只有密切注意，尤其是真正参与到工作单位、城市或是城镇的日常生活中去，才能够解读这些人和事、时间和空间的气质。①

此外，因为习惯是由日常生活的世俗条件和（从广义上推断的）身体的活动所组成，所以中国的文学也不应被排斥在外。它是本书的论据之一。这些作品根据写作风格进行了划分：或是反映我们所熟悉的日常生活的某些方面（饥饿、接触、虚弱、呼吸等等），或是关注不再具有"东方"特征的物质生活。这里所描述的日常习惯、态度、策略性抉择的依据都是毛泽东时代和改革时代中国的事件和情况。尽管如此，我相信它们同样会激起北美读者的某些共鸣。

为获得共性和个性，至少要避免的是苛求普遍性或是追踪某些单一或抽象"身体"的生活。人们无法在民族志文献中重新发现诸如吃或是性关系等某一身体行为的完满描述，因此无法要求获得具有普遍性的"经历"。我后文中描述的不期而遇、盛宴、饥饿或是色情活动与具体的事件或者我的记忆或阅读都不完全相同，这并不是因为它们无法用语言描述，而是因为现实具有多面性，可我们的视角却存在局限性。没有任何一个事件可以简单地用记忆、描绘或书写固定下来。

我重述这些现象学原理的目的并不是为了表明洞见只属于某些

---

① 我个人在现代中国的生活始于1982年，那时我在广州中医学院开始为时18个月的研究（同时也听课和教英文）。那以后，我曾经和中医方面的学者和医生在北京共同工作了两年，后来又在中国山东省的邹平县待了六个夏天，期间也曾短暂地到过北京。我大约从1991年开始收集大众文化方面的资料，并与在北京和山东的朋友和熟人，以及北卡罗来纳州查普山的一些中国人讨论这些材料。

无法重新找回的事件,那样做只能使我故步自封。我并非要重新发现或是记录一些虚幻的民族志式的现实,本书中这些民族志的描述和阐释是为那些投身于各自实际生活的读者而做。我描述现代中国,希望能以关于身体的前文本为基础,建立一个想象的公共空间。换句话说,身体和事件同样都不简单,但它们至少是时常和我们发生关系的复合体。在这个非常普遍的范围内,我们可以看出,特定的、被体现的事件中所蕴涵着的、多样的社会和政治目的,远非分析和体验所能涵盖。

非连续性

改革时代的中国,过去时代的影子在日常生活中仍依稀可见,这是本书的主要论点之一。在以毛泽东为核心的共产党领导下,30年的社会主义建设使中国完成了文化上的(或者说至少是意识形态上的)统一。历史学家依然没有淡忘这30年,但对于中国和欧美学术界来说,要想充分理解这一历史时期并不是一朝一夕可以完成的事。本书的目的不是要准确地描述这30年,而是展示这个时代的蓝图及成就在日常生活和习惯诸层面的存续,过去如此,现在依然如此。

毛泽东思想是如此的深入人心,同时它也曾影响了几乎所有的中国人,所以,尽管我只去了中国几个地方,读了几本书,但我在后文中也大胆地使用了"中国"这个词。在此,我运用定位的方式(way of orientation),通过把世俗生活置入一个更广阔、更为人知、而且是全民化的大背景中来勾勒当代中国一段特定的历史时期。它不是整个现代中国的历史,但是随着时间的推移,这种描述可能会(而且肯定会)起到某种定位那段历史的特殊作用。

如前所述,日常生活内容和节奏的变化方式与那些构成历史事件的、引人注目的制度以及国家政治关系存在反差。官方的编年史通常不记载日常生活的具体安排、惯例、仪式等内容,因而社会历史学家无法依靠权威记载,而只能透过记忆、法律案例、经济账目、出生和死亡记录、信件、地图和日记等去发现那些可以展示普通人生活方式的某些细节。这种工作通常导致了历史阶段的另类划分,这种划分很少叙述大的裂痕(比如革命,如科里根和塞耶所言),对于某些永久性、转型性成就的记载通常也是滞后的。①

尽管中国在20世纪经历了快速的社会变革这一点是毋庸置疑的(举例来说,我认为"革命"一词对于20世纪中期的那一二十年还是非常合适的),但是有些引起广泛关注的转型却出现得较为缓慢、不平衡、不完全。② 某些上述的渐进变化将在后文加以讨论,不过我们首先要关注一下政治历史上的一些重要时期。1949年中华人民共和国建立,在全国大部分地区结束了内战。20世纪50年代早期是土地改革时期(把土地归还给占中国农村人口绝大多数的农民)、基础设施的重建和发展时期以及私营企业的国有化时期。同时,单位体制得以组织和扩大,其方式是在大多数非农业人口的生活中实现了政府管理、社会主义卫生和福利事业以及共产党的领导。20世纪50年代后期,土地实现了集体化,根据前苏联的模式,成立了大型(但效率非常低)的人民公社。1958年,全民都参加了"大跃进",通过增加全体国民的劳动量来快速实现工业化以及大幅度提高农业产量。由于连年的严重干旱以及政府对高度集体主义政策的坚持,国家的大部分地区经历

---

① Corrigan and Sayer 1985.
② 有些西方记者关于20世纪40年代革命的记录已经成为主要资料来源,但是这些报道大部分描述的是根据地的情况,因此就全中国范围来讲,这些报道可以说是夸大了变革的速度。例如:Snow 1957;Hinton 1966。最近把重点放在"迪斯科和民主"方面快速社会变化的这类报道关注的都是非常表层的变化,同时也过分简单化了大众对毛泽东时代的负面反应。参见 Schell 1989;Kristof and WuDunn 1995。

了严重的饥荒。许多人死于饥饿或由饥饿引起的并发症。① 到1962年之前,食品供应基本恢复正常(生活依然非常艰苦)。紧接着1966年爆发了"文化大革命",这是毛泽东发动人民,尤其是中学生参与的一场运动。"红卫兵"组织(或者是"红卫兵"中的小集团)对被怀疑是反对毛泽东思想的人进行了攻击,同时也批斗了包括地主、资本家、知识分子和右派在内的"坏阶级"的代表。这场"伟大的无产阶级文化大革命"所带来的混乱持续了将近10年,而毛泽东本人也曾在1967年秋恢复秩序的尝试中起到了重要作用。

1976年,毛泽东和其他高层领导相继去世,同时在天津②发生了灾难性的地震。华国锋担任了党的领导职务,"四人帮"(其中包括江青)被捕并被指控需承担"文化大革命"的责任,即将带来深刻政治变革的政治方针就此开始了。1978年,邓小平重新担任领导职务并开始制定经济改革政策。在以后的20年中,这些政策以及越来越富冒险精神的经济领域的领导层巩固和进一步扩大了私有制形式,这种形式在20世纪70年代早期曾有过尝试性发展。

当然,这只是阐述当代中国历史的一种途径。强调民主化的历史可以体现在1956年"百花齐放"运动以及1976年以后的一些学生运动中。1972年理查德·尼克松的访华是其国际关系中的重要事件。但是,这一切在20世纪70年代中、后期都发生了转变,这时的中国政府决定从高度集体化的国家社会主义经济向可以参与世界市场的市场经济模式转变。

但是,这些历史对在这种过渡时期人民是如何生活的,或者说,人民是如何应对这种巨大变革的描写无法令人满意。虽然我不想尝试

---

① 对于该饥荒的评论,参见 Becker 1996,Riskin 1987,杨 1996。
② 作者可能是指唐山地震。——译者

为这些历史提供一种具有一应俱全特征的全面补充——这不是某个民族志学者力所能及的——但是我在后文讨论时所使用的材料的确涉及了这个有趣的问题。这些材料包括小说《芙蓉镇》《美食家》《爱，是不能忘记的》。这些小说都运用迷人的手法再现了人的生活。事实上，它们（以及 20 世纪 80 年代和 90 年代的其他小说）在毛泽东时代之后成为描写具体和世俗生活的典范，因为在毛泽东时代的几十年中，再现生活的创作出现了危机。我将在第二章详细探讨这种语言上的危机，不过，与那些实际生活在毛泽东时代或以后的人们相比，我从这些亲身经历过共和国早期历史的作家的作品中可以获得更详细的信息。（当然，由于是艺术创作，所以这些作家提供的素材有时不尽完美，这些我会留意。但是，即使是客观的历史叙述也不免会有某些不够客观之处，只不过不太明显而已。）

然而，作为一个研究欲望的民族志学者，我可以为读者展示我对毛泽东时代以后生活之变化的观察。我是在 1976 年和 1978 年中国关键的"转折点"之后来到中国的。但是据我所知，我所在的医学院在 1982—1984 年间的单位生活方式在很多方面更接近于 20 世纪 70 年代而不是 80 年代后期的日常生活。其部分原因在于李陀所说的"毛话语（Mao discourse）"在公众生活中还继续起作用。[①] 我所认识的每一个人都参加星期四下午的"政治学习"，每一本教科书的扉页都印着对中国劳动大众智慧的赞歌（有时是毛泽东优美的亲笔题字），学校电台从早到晚对校园每一个角落的居民提供正面官方新闻和为大众服务的广播。尽管我所在的单位很友好，也相对开放，但是和我这样一位外国人待在一起对于普通同事和学生来说还是很令人尴尬的，因为他们害怕在政治上会受到批评。（但这种情况并没有阻止我交朋友，

---

① 李(1985)1991。

同时我也和"指定"的朋友相处得非常愉快,她是一位严肃但充满智慧的共产党员,被派来照顾我,我想她并不知道我其他的朋友们都是谁。)经常和我聊天的是一个由于离婚而处境特别的女性,一位大家公认的放荡女人(尽管我没有发现什么特别的证据);如果要避免这类不友善的传言,与异性的交往一定要慎重。

在这个单位里,甚至那些幸运地拥有一间小屋而住在一起的家庭也没有什么私人空间。一个起居室—卧室—餐厅"三位一体"的房间要容纳一对夫妻、几个孩子和老人。厨房和卫生间与其他人家共用,而且墙壁和门都很薄。数位学生和年轻教师(或其他行政人员)住在一个房间里,房间里摆有能住六到八个人的上下铺。许多已婚夫妇分居多年,正在努力向一方单位调动。由于购物不方便(当时自由市场虽然已经合法,但数量较少,距离也较远),同时也没有家用电冰箱,所以大学的教职员工一般都在食堂购买简单而又便宜的饭菜,只有在特殊的日子大多数家庭才会在家里烹制丰盛的家宴。

每个人都知道别人的事,而且无所顾忌地加以评论。尽管一些管理人员煞费苦心地极力避免这类闲谈,但它们还是可能而且的确影响了工作。由于私人空间的缺乏,某些特定的场所在某些特定的时间内起着非凡的作用。在我工作的单位里,晚饭后,会有很多人三三两两地在主楼前的环形路上散步,这是一个与特别的朋友交谈(轻轻地,以防他人听见)的机会,而这种机会并不多见。有些大胆的学生——他们在毕业之前是不允许订婚或结婚的——会在天黑以后溜到附近的公园,但是他们必须和许多其他来约会的情侣争夺灌木下面或建筑物后面的空间。在这些公共场所不被人发现是不可能的,但是只要时间和地点选择得当,就不会有人注意他们。

乡村生活似乎更缺少私密性。可以用来建房的宅基地受法律限制,直到20世纪80年代晚期在许多农村地区依然如此,目的是最大限度地扩大耕地面积来提高粮食产量。在经济改革使农村富裕起来（20世纪80年代中期左右）之前，很少有人盖得起拥有私人卧室的房子。在我最熟悉的山东省，家庭的所有日常室内活动都集中在一间屋子、一个简陋厨房和一个储物间内。在我曾经工作过的村子——这里是农村经济改革最早受益的地区之一——直到20世纪80年代后期一些家庭才得到扩大或翻修旧房的许可。许多旧房翻新的第一个目的就是为已婚的儿子和他新成立的家庭腾出一个单独的房间。

我接下来要描述的是出现在1986—1987年间时尚的变化。那时出现的具有性别特征的、带有褶边的夹克衫取代了过去不分性别的裤子和上衣；展示女性特征的裙子也逐渐被人们接受（1987年我认识的一位农村妇女为自己做了一条裙子，但只在晚上关了大门之后才敢穿；我当时的印象是这是一种性爱手段）；各种各样的地方美食，先是出现在显贵们的宴会上，到1990年出现在一些私营百货商场和超市里（1988年在山东时，给我印象最深的就是油炸蝎子）；个人嗜好的出现（例如养鱼、养鸟，或像我北京的一位朋友那样，雕刻胡萝卜或用萝卜花做装饰使食物显得更加精美）。我甚至（对那种美味食物的记忆使我想起了）可以承认自己对毛泽东时代的生活有一种怀恋之情，同时也可以承认在目睹随着毛泽东时代的逝去而出现的新型享乐主义时，我对过去甚至是有一种迷恋之情。不过，我的看法很简单：毛泽东时代的苦行主义、政治话语、相互监督、邻里间的支持与批评，在20世纪70年代末邓小平向资本主义世界宣布开放之后并没有立即消失。而后的整个80年代，从日常生活水平上看，仍然颇具争议的个人拥有财富（有些人也日趋贫穷）得到了逐步实现，这使得正出现的中产阶级拥有更多的机会享受以前无法享用的奢华。同时，毛泽东主义的政治话语以及对每个人提出的"为人民服务"的崇高要求（对许多人仍具说服力）的语调也正慢慢改变。工作、休息、谈话、消费和异性交往等实际生活中的习惯也缓慢而不均衡地变化着。早在1983年,我的理发师就曾表示,担心非集体化对妇女和儿童产生的影响(是否会再次出现封建家庭中的依赖现象),同时那些仍旧记得"三年自然灾害"的人总是会哀叹公款吃喝所造成的浪费和腐败。与这些态度并存的是打造市场经济新生活方式的各种策略,同时,随着党的领导对工作和家庭的影响的逐渐减弱,竞争和创业意识也逐渐取代了集体主义的政治和价值观念。

到20世纪90年代中期以前,那些出生于"文化大革命"后期的公民已经长大成人并开始组建家庭时,无法忽视的代沟问题开始出现。年轻人,这些被改革时代"宠坏"了的孩子,对其父辈的苦行主义和集体主义道德观念既不理解也不重视。1996年,一位60岁的农村干部曾告诉我:"我和儿子根本无法交谈。在任何事情上我们都不能达成一致。"他坚持认为,这种情况在他的朋友们中间很普遍;当然,"代沟"——这一从美国社会学引进的术语——在报纸上也经常被讨论。事实上,在当代中国,还有一个非常明显的现象,那就是,我只需知道一个刚认识的人的年龄,就可以连带知道他或她的某些重大个人信息,并把这些信息与共和国的历史联系起来。(2000年春天,我在北京的一个新的合作伙伴告诉我他刚满41岁,我马上就能知道他是1977年考入他现在所供职的学校的。这也使他进入了一个特殊的阶层,77级,这是那十年中第一批通过考试进入大学的学生。他18岁中学毕业,这是中学毕业生的一般年龄。我马上就问他,中学少上了几年、在哪里下乡等问题。他太年轻,不可能成为红卫兵骨干。)"文化大革命"中断了学校教育,学生们作为"知识青年"被送到农村接受质朴化教育,同时也可以接受(或拒绝)现在已经消失的官方工作分配制度——所有的这些都把我的访谈对象置入了一个打上时代烙印的价值观念和实践的历史之中。(我的另外一个访谈对象45岁,是一名实验室的研究人员,她所工作的地方远离故乡。她补充说,她是作为工农兵学员在20世纪70年代初上的大学。我们的谈话内容马上就转到她如何应付1976年之后社会对工农兵学员的偏见。)在这样的谈话中,双方都知道,在现代中国生活中,有很多是可以推断的;只要提及了特定的时期,很多情况就没有谈论的必要了。

一个人类学研究者,尤其是对体现的本质和习惯的演进感兴趣的人类学家,对中国的这种代沟以及产生这种代沟的相对渐进的变化都不会感到惊讶。布尔迪厄指出,当习惯无法适应变化中的条件时,一种标志着无法适应当前条件的、历史的、身体的暂缓行为——"滞后效应"(hysteresis effect)就会出现。"这就是为什么世代矛盾并非由于自然年龄组,而是由不同的世代模式所造就的习惯使然,换句话说,给予不可能、可能、或然以不同定义的生存条件使得一个年龄组认为是自然、合理的实践或志向的东西在另一个年龄组看来是不可想象或是令人反感的,反之亦然。"① 很显然,我那位退休了的农村干部朋友认为他儿子的生活和兴趣令他反感,同样,那位儿子(我只见过一面,但我想很多人都喜欢他)也认为他父亲身上的那种毛泽东时代的献身精神和服务意识难以想象。他们之间的差异与其说植根于思想观念,不如说是植根于身体性情(bodily disposition),这些行为受社会主义改革过程中悄然演化的日常生活条件的影响,这种持续了几乎十年的演化隐藏在不同政见的论争之中。

来自/作为阅读的民族志

如前所述,身体以及组成它们的日常生活本身对人类学阐述没有直接意义,它们必须通过语词和形象展现出来。这并不意味着"真实

---

① 布尔迪厄1977:78。

生活"要退缩到一个文本再现的地位(这种再现固定而平淡的状况只能引发对内容的分析)。相反,它是对语言的生命离不开真实的生活这一理论的坚持。所引用的原文并非要达到隐喻再现(代表非语言现实或概念的再现)的目的,它们被用作换喻,即在这里语词和行为、话语和实践交织在符号链中,或者简单地说,交织在历史中。后面的大部分引文所采取的都是阅读和书写的特殊方法,或更确切地说,是书写阅读的方法。即使在我描述谈话、观察或者那些我在中国期间发生的事件时,我更多依赖的是自己的记忆而不是系统的田野调查所记录下来(录音)的客观证据。虽然重述记忆要求尽可能少地使用叙述手法,但是,每一个叙述都不仅可以从一个层面也可以从不同角度展开。因此我希望能依赖阅读过程及其民族志研究方面的可靠性。

通过把民族志描述看作是与其他叙述类似的东西(这其中包括小说),我获得了民族志研究的技术手段。我的盟军包括电影导演周晓文(第六章将讨论他的电影《二嫫》)、小说家莫言(第三章将讨论他的一篇关于食物和历史的文章)、作家张洁(第四章将探讨她著名的小说《爱,是不能忘记的》)、小说家陆文夫(《美食家》的作者,将在第二章详细分析)以及其他在中国生活和工作的人们。这些作家及其优秀的作品对中国大众在文化改革进程中面临的困惑进行了重要的诠释。对于某些分析性的修辞暗示我不敢苟同(例如,我分别在第五章和第二章讨论了《男人的一半是女人》和《芙蓉镇》,并提出了自己的疑问),但是,我认为,它们都反映和描述了给许多当代中国人带来困惑的、国家范围内的某些大环境。

这些作品因沿袭了现实主义传统而具有很高的民族志研究价值。民族志和其他非小说类文学作品一样,属于现实主义范畴。它把人类学虚拟的"田野"看做是文化上特定的活动范围,在此范围内,人类学家可以亲身参与活动并认真观察其习惯模式。在人类学书写中,这种田野通常被看成是复杂文本的背景。比方说,许多民族志都始于对一种需要解释的文化特异现象的鉴定(identify)——克利福德·格尔兹关于斗鸡的著名论文就是一个经典的例子——然后再把这一现象放置于历史、意识形态和现实的背景中,直至其不再显示出特异性。① 事实上,民族志往往可以使特殊的文化活动显示出可理解和必要的一面。这样,民族志读者所处的熟悉环境被相对化,有时在某种程度上,他们自身的活动也呈现出了一定的文化特质。②

这样一来,这种修辞实践起到了写实的作用。例如,在本研究中,民族志把拥有大量(有时是矛盾的)报刊描述、旅游信息、电影形象、旅游札记以及日常生活或旅行经历的"中国"定位于中华人民共和国。同时,它培养了一种读者,一种从或远或近的不同角度来凝神观照这个中国(或中国大众文化或中医)的主体。这种读者将对其所阅读文本和其他行为方式或文本进行比较,并依据这一文本对其日常行为的评价进行修订,无论这种修订多么微乎其微。民族志写实产生效力(经常很小)的普通阅读过程与现代生活的每一个方面都紧密相连,同时也在多方面促进复杂现实的持续出现。③

民族志与其他写作题材并存,有些相关作品用汉语写就。由于本书大量依赖中国作品(用汉语写成并在中国发表),所以有必要首先关注在这一特定时间和地点内民族志与小说的争鸣及其重合之处。例如,在后文引用的读本中,我注意到了作为普遍历史状态[例如毛之后的中国国家主义(nationalism)状况]一部分的文本中所包含的重要修辞倾向。这

---

① Geertz 1973:412—453.
② 有关民族志所起的关键作用的论述,参见 Marcus and Fischer 1986 以及 Clifford 1988。
③ 作为阅读的民族志的概念与此观点相关(参见 Boyarin 1993)。对于民族志某一早期形式读本之效验的重要历史性论述参见刘 1995,尤其是其关于鲁迅和传教士作家 Arthur Smith 的章节。(45—76)

引 言

并不是用非常规方式阅读现代文学,尤其是"第三世界"文学,①而是它的全面性也起到了使我的某些阐述更具说服力的作用。有时我也借助了文学批评武器,尤其在语言运用和叙事手法方面,目的是展示文本的写作技巧和述行效力。但是,我也依赖现代现实主义小说的某些部分,即它们的逼真部分(虽然有限,但的确逼真)。这种方法需要一些对历史背景的阐述和解释。

我首先从一个"民族志"轶事开始。几年前,即1996年,我在北卡罗来纳大学为本科生开设一门叫"东亚文化政治"的课程。在这些美国学生中间有两名三十几岁的中国学生,他们是其他系的研究生,刚开始其研究生课程不久。20世纪70年代他们在中国时已经十几岁

张兴龙的著名宣传画《火热的冬日》。为发展北方地区的工农业,劳动者们在艰苦的条件下投身于集体劳动。②

---

① Fredric Jameson 曾就"第三世界文学"著书立说(1986),也曾因此受到 Aijaz Ahmad 的批判。(1992:95—122)
② 作者引用的该宣传画是20世纪70年代出版的针对海外读者的图书,故没有找到汉语说明。作者名与题名均根据英文译出,如有不妥,请读者见谅。——译者

了。在这门课上,我们有时会观看并分析20世纪70年代早期的"新闻"宣传画。我选择了一些集体劳动和被称为是革命浪漫主义的、表现相对男女平等的形象。①这些油画(大部分出自户县"农民"画)不但展现了对现实生活细节的"现实主义"式热爱,也包含着健康、活跃、有献身精神的身体所拥有的正确的政治特征。

　　美国学生对这些画持怀疑态度,他们首先质疑的是这些画的"写实"性。"在风雪交加的天气里,怎么可能人人都面带微笑?他们一定是被冻得龇牙咧嘴!""任何一个神智正常的人在河床底部挖掘的时间都不会超过五分钟!"他们立刻就把这些画斥为人为操纵的、具有阶级倾向的宣传。但是,中国学生对他们的美国同学的反应感到惊讶不安。他们反驳道:"但这的确是真的!看到那个暖瓶了么?就是我们那个时候用的样式。还有那些布鞋和垫肩,就是那个样子!""没错,我们是从集体劳动中体会到了快乐,它比独自学习更加有意思!"这些中国学生很愿意把这些宣传画看成是现实主义作品,同时也很高兴这些形象唤起了他们年轻时的某些回忆。这样,这些宣传画对于"本国"观众来说具有双重效力:一是它们与具体现实紧密相连,二是它们在更为抽象的社会和文化层面上所起的作用。"真实的效力"(an effect of the real)和有效的修辞(an effective rhetoric)是并存的。

　　关于小说现实主义的文学研究早就承认,描述性写作有赖于真实的效力。罗兰·巴特关于效力的经典论述关注的并不是"构成世界的"语言产出和述行理论,而是某些题材如何看似逼真。但是,他对"结构过分标记"(structurally superfluous notations)的敏锐观察体现了对文学指涉的一种理解,如果这种指涉被用于人类学,会使其向有

---

① 关于"革命的浪漫主义"以及宣传画,参见 Landsberger 1995。

趣的方向发展。①

巴特在评论《包法利夫人》时指出,某些能指(最经典的例子就是奥班夫人钢琴上面纸板箱堆上的晴雨表)越过叙事所指处于能指和意指之间。换句话说,它们没有推进小说的幻象,而是创造了一种"真实的效果……这种潜在的逼真构成了所有现代性权威作品的基础"②。他在谈及与民族志领域接近的小说的一个方面时,谈到了"对于胡安的描写(如果小说中真存在意指的话,这是一个真正的意指)",并指出,这种描写受"被我们称为美学逼真的强制性限制"。③ 它在文本中的在场和作用与"《包法利夫人》的叙事结构毫不相干……(但是)如果不是根据文章的逻辑,至少是文学法则的话,它丝毫也不令人厌恶,它是有道理的:它的意义是存在的,它不依赖于模式,而是依赖于再现的文化规则"④。

很显然,这些再现的文化规则限制任何把"真正的意指"与其描写语言的能指相联系的文本。"美学逼真的强制性限制"与题材不可分割,同时任何采用现实主义叙事手法(可以是民族志、短篇小说、新闻报道、宣传海报、电影)的作者都要受这种强制规定的限制。⑤ 描写对于读者群来说必须貌似真实:既要为他们的"真实世界"提供意义,又要提供新的可以与演进的想象力相结合的真实。小说中日常生活所使用的晴雨表和钢琴、宣传画中的暖瓶和布鞋一定要与读者的日常生活紧密相连,这也是叙事学更广博的目的。

这一点不但对于 19 世纪欧洲古典现实主义是正确的,对于至少

---

① Barthes 1986:146.
② 同上书:148。
③⑤ 同上书:144。
④ 同上书:145。

经历了两次重大现实主义运动的中国现代文学也是如此。最为突出的两位学者是安敏成(Marston Anderson)和杰罗思拉夫·普鲁塞克，他们展示了在20世纪20年代中国五四运动时期的作家如何学习并实践着欧洲模式的现实主义和创作形式。与19世纪欧洲现实主义革新一样，这是一项政治运动，与民国时期(1912—1949)民族主义者和改良主义者的关注焦点密不可分。

> 现实主义不是由中国思想家首先倡导的，因为西方人一直关注着其模仿的倾向，即用语言征服现实世界的简单欲望。至少在新文学运动的早期，中国的作家很少探讨逼真的问题——如何建立作品自身与外部世界的对等关系——同时中国的批评界也很少像西方现实主义者福楼拜和詹姆斯一样关注小说再现的技巧问题。然而，现实主义之所以受欢迎，是因为它顺应了中国文化转型时期的迫切需求，为文学的创作和接受提供了一种新的模式。①

这种模式被认为是个人主义。胡适，也许可以称为"五四"时期最著名的学者，把文学的现实主义看成是对传统中国文学过分关注形式的一种修正。他强调关注易卜生这样的作家，认为"在易卜生的世界里，现实主义描写的积极效果在于把个人和社会秩序两极化；成就的取得仅仅靠少数非凡人物的个人奋斗"②。这样，这种现实主义看重的是创

---

① Anderson 1990:37.
② Anderson 1990:32. 在第四章我将讨论改革时期的一部中篇小说《爱，是不能忘记的》。我认为，这种"两极化"已经成为现代中国文学的一个积极的项目(active project)。在中国文学中，一个"自然"的个体是不可能有能力与"外部的"社会要求抗争的。相反，有必要在文学作品中以一种迂回的手法来塑造某个人物。相关例子参见丁玲的《莎菲女士日记》，载于 Barlow 1989:49—81 页。

造一种新式的中国读者,在文学作品中以一种新的方式得以体现,他能够承担责任,能够摆脱家庭和亲属集团的束缚,与传统的权威作斗争。

虽然这些作者愿意运用现实主义手法来凸显现代个人与社会之间的矛盾冲突,但是他们最终摒弃了这种手法,认为它对于中国长期的社会问题和文化停滞不起任何作用。① 这些作家中的大部分人以及他们在文学上的创新最终都融入了把社会主义的现实主义和革命的浪漫主义相结合的文学理论与实践中。从20世纪40年代早期到80年代早期,毛泽东文学和艺术政策坚持创作应该深入群众、服务群众并指导群众,而群众则被看成是一个不喜欢白描手法的群体。当然,具有教育意义的劳模故事(参见第一、第二部分导言)以及感染大众的叙事性样板戏(参见第二章对《白毛女》的讨论)在这一时期内也具有现实主义的特色。但是,这些作品用煽情的语言描述人们熟悉的具体事物和日常活动,注重描述社会主义时期应该做的或将要成为现实的东西。(也就是说,我们非常熟悉第一部分导言中所讨论的雷锋故事中的锅巴,甚至我至今依然可以感觉和品尝它的味道。但是故事的中心思想却是:这种快乐对于雷锋来说却是一种偷盗行为。在这里,逼真的"强制性限制"与社会主义的道德教育是相互对立的。)

革命的浪漫主义总是包含着一种延迟,它为读者或是观众提供一种意象,使他们确信尽管它没有发生在此时此地,但是在中国的其他地方,也许就在旁边的村子里,的的确确发生着。这是一种浪漫的现实主义,它描述着一个更加美妙的世界,这个世界非常清晰可见,但总是稍微有些延迟。这些作品把日常生活的细节(写在红纸上的标语、暖瓶、用旧了的工具)与快乐的集体劳动景象结合起来,不仅具有革命

---

① 对于"五四"时期作家的历史研究参见 Anderson 1990,Lee 1973,以及 Schwarcz 1986。

性的说服力,也为建构一个革命的世界做出了贡献。

我发现,毛泽东时代的作品在政治上循循善诱,在技巧上精致迷人。但是,当要求和监督这种艺术创作的政体失去信誉时,这种再现的题材受到了冲击,传统的现实主义再一次得到了政治的青睐。从20世纪70年代晚期开始,在毛泽东逝世和"四人帮"倒台之后,所谓的伤痕文学、报告文学以及为寻根(national roots)而尝试"魔幻现实主义"的作家们把被重新估价的个人与多样化了的、所谓非政治化了的现实联系了起来。①

把文学题材局限在"为人民服务"的框架内的说教性的艺术政策历时40年,出现在这种政策之后的20世纪80年代的小说题材从日常生活和个人困境中获取了灵感。中国性(Chineseness)以及这个国家——一个巨大的集体主义的政治国度——仍然是一个值得探讨的问题,这一点在以后解读小说作品时将加以论述。但是,与"五四"时期的创作不同的是,毛泽东之后的现实主义更具有民族主义特征,这主要体现在对规则的打破而不是奉行上。换句话说,许多作家描写的是那些面临无法解决问题的下层人民的生活,他们把特定的历史表现为对现在可能不再僵化的国家的一种讽喻。

这种创作为民族志,尤其是体现"改革的中国"的民族志提供了机遇。在阅读这些作品时,如果能在关注现代中国日常生活、"体现"以及实际价值观念的必要性逼真的同时,保持其批评的力度和引人深思的复杂性,那么这些作品就会成为极好的人类学素材。虽然我经常可以和这些作家产生共鸣,但是与我的目的不同,他们的目的是被置于历史和全球秩序之中的。我们所共有的是再现的技巧,这种技巧是在我们力图修正现存世界时作为该世界的一个部分而存在的。现实主

---

① 有关20世纪80年代文学评论,参见汪1996。

义不但描述了自然,同时也经常成功地展示了它,同时它回应自身所处的环境,也对其进行修正。而且,现实主义在现代世界中是占统治地位的再现题材,很少会宣称真实的东西能脱离其文体上的控制。在本书以后的民族志阅读和写作中,我力求参与而非精练现实主义和现实这两个领域之间的游戏。

干预:中医关于身体的修辞

如果,如马克思所言,历史造就了五种官能的理论,那么我们就有理由猜测,在中国医学漫长的历史发展进程中,这种理论有可能得以阐明。医学知识及其临床工作为研究历史中的身体提供了极其有用的途径,在本书中我就经常借助医学素材和医学实践。[①] 疾病是不可预测的;自然和文化的建构都具有复杂性,不断向知识和经验展现不定因素。尽管在过去的几百年中,在生物医学领域对医学分类做了勇敢的探索,但是仍然不可能为临床出现的大量疾病提供足够的类目(categories)。我们今天仍然把诊断、治疗和分类紧密结合的目的解释为多种身体经验并对其进行医疗控制。充斥于医学著作,尤其是临床中的不定因素、需求和危机不仅是生物机体的呼喊(尽管这是存在于我们头脑中的主要方面),同时也是作为文化—历史交叉点和日常实践组成部分的身体的呐喊。我们不仅遭受病痛的折磨,而且通过运用新的策略、新的语言和新的文化,以个体或集体的方式向病痛做出

[①] 在这一方面与本研究密切相关的是 Shigehisa Kuriyama 的研究。他指出——首先在他关于诊脉的研究(1987),然后在其最近出版的书中——历史学家面临的核心问题是:如果人的身体是在有记载的历史中处于相对无变度状态,那么医学怎么能够拥有自己的历史呢?换言之,因为医学的历史经历了如此大的变化,我们以此可以推断,它所研究的身体要比曾经预想的更加充满变数、更不确定(less given)。

回应。

　　这个丰富而躁动的场所对于生物医学和传统中医都非常有价值。从广义上界定，临床实践的上述两种现代手段对特定身体持相同的看法。二者都把疾病过程定位在个人或其周围的人，二者都没有时间和资源更多地关注大众疾病预防和健康。[1] 此外，疾病（或至少是失调）是他们共同的难题。两种方法在实践上都把大部分注意力放在治疗不良状况、减轻痛苦上，同时也承认为彻底消除病痛对失调的催生有时也是必要的。[2]

　　从20世纪50年代中期开始，中医领域开始得到政府的全力支持，中医界的作家完全有理由把传统医学当做是为保证中国人民强健活力的公共卫生体制中不可分割的一部分。这已经成为非常有效而且符合伦理道德的策略，通过它，一个（非现代）领域在政府支持的社会主义体制中占有一席之地。但是，在实践中，这一领域的作用远远超出了帮助病人康复本身。中医具有经验诊疗的特点，是人们可以从对疾病的辨别中获得个人的快乐和实践的领域。其特异之处也许就在于它既是通向健康这一结果的重要途径，在本质上又是一种自我评判的实践，它本身就是一种健康的养生之道。在日常生活中，每个人都有自己的方法——尽管他们的方法有时很简单——安慰自己、为日常困难和挫折寻求补偿或建立一种使身体得到满足的生活方式，这种生活通常包括医学和运动方面的养生之道，同时这种养生之道也包含烹调、触诊（touching）以及着装等。

---

[1] 在这里，我主要指美国的生物医学机构和中国的传统医学机构。它与拥有各种国家性卫生体制的国家生物医学和所谓替代疗法（alternative medicine）的国家情况可能大不相同。
[2] 因此，目前医学人类学家转向研究有关疼痛的问题，如果认为这些不是人类学家从非批评性医学日程向其他方面所做的人本主义转向的话，那么也可以把它们认作比较的基础。参见 Kleinman et al. 1997, Kleinman 1998, 以及 Good 1994。

这样一来,现代"传统"中医变成了一个硕果累累的领域,人们把它当成了快乐的播种机、健康的保护伞,甚至是一种生活的美学。在过去的 15 年中,自我保健文学、生活类电视节目、药品广告、各种业余爱好俱乐部都得到了蓬勃发展,在这里,传统医学起了非常重要的作用。这一领域的专家根据中医的逻辑和要义通过大众媒体提供营养咨询、解释动和静相结合的养生之道、强调规律的生活方式对健康的重要意义。

这些大众题材的繁荣取决于医生们都隶属于一个国营单位,他们缓慢增长的工资无法在改革时代满足其消费和个人享乐的需求。中医的成就对公众健康作用非凡,而热衷于把专业知识转化为对日常防病的关注的临床医师们也是重要的资源。公元 2 世纪的医学名著《难经》(*The Canon of Problems*)中的一句话经常被一再重申:"上功治未病",其主要意思就在于传统医学所关注的是疾病防治和日常生活艺术。① 不过这只是现代中国以前出现的大量"养生"技巧的九牛之一毛(参见第六章关于养生的讨论)。

无论是出于"预防"还是治愈的目的,中医医生都确信他们的技术可以有效地干预身体疾病。中草药主要以"味"——这是一个技术概念,并非单纯指实际味道——来分类的这一事实暗示了在这一领域中感官体验和疾病治愈之间关系的重要性。那些苦但带有香味的药材可以在疼痛、烦躁、痛苦或迟钝的地方产生或保持一种愉快、舒适、满足或是兴奋(interesting)的感觉。患者和医生"凭经验"就知道这些方法会产生效力,通常这种"知道"处于微妙的主观层面,无法通过实验室的实验探测出来。

某些慢性疾病也会给病人造成极大的痛苦——不孕不育、秃顶、阳痿、痤疮、眩晕和减肥、戒烟——就此而言,中国传统医学是以体现

---

① 南京中医学院 1979。

的鉴赏家和快乐的源泉之身份出现和发展的。大量的中草药治疗,以其自身特有的、可以帮助病人实现自我调节的特点帮助病人体验一种习惯性的美学,尤其是在出现症状减轻或感到有能力控制那些难以控制的日常经验之后。

因此,这本关于食色的快乐和选择的书常常会涉及中医的领域,尤其是那些近来深受大众喜爱的部分。在改革时代,传统医学摆脱了诊所和医院高墙的束缚而开始深入大众这一事实是本书后文讨论的一个重要条件。当然,这一领域受大众喜爱部分取决于许多草药和针灸技术的特殊疗效。不过,除了对一些表面现象进行观察之外,我并不打算通晓中医功能上的术语(关于食色问题也是如此)。通常,在人类学研究中,仅仅是诸如众所周知的从事"替代疗法"实践的文化机构的存在就足以让我们确信,这种实践活动可以满足人类某些基本的和普遍的需求。我并非说当代中国传统医学的行医者们需要一种特定的心理疗法,或者需要可以用"文化上适应"的术语界定的医学实践模式,(因为这样或那样原因)我所关注的是那些接受传统医学治疗的人们所培养出来的快乐。把医学服务看成是欲望的客体而不是一种需要,虽然这似乎有些怪异,但是,中国医学和它对健康的积极态度表明,这并非不可想象。从乐趣——主体性变化、易变、短暂的范畴——出发而不是从需要——一位功能人类学家曾试图把它理解为人类本质和行为的不可逃避、通常是无意识的特性——出发,身体就能够在历史和社会中得到重新定位。

食物和性

对于告子和孟子而言,对食物和性的欲望属于同一范畴,因为这两种欲望都具有自然的特性。虽然本书所展现的欲望形式远非天然——这里的天然指的是不可避免、四海如一、或者说是被排除于人类历史之外——但是食物和性之间似乎依然存在着内在联系。比方说,在我为该书命名时,无需给"食色"添加"医药"这一副标题,同样,欲望的其他主要范畴在此也显得毫无必要。虽然在现代中国(或其他地方),"健康"已经成为一些人的欲望对象,但是这一术语所提出的问题并不与该书所欲阐释的、关于历史和享乐主义的问题相类。同时,虽然本书在阐释健康问题时运用了许多医学材料,但它们却不是该部分的主要对象。

如前所述,我试图捕捉现代中国的某一特定历史时期,这一时期不是当前但也不完全是过去。在这一时期内,快乐不仅仅对那些对毛泽东时代道德规范记忆甚少的年轻人意义非凡,对于很多人也是如此。[①] 事实上,这里展示的材料力图说明的是,对于那些对过去记忆犹新的人来说,沉湎于过去曾经被禁止或者不可想象的快乐时所获得的享受其实是一种心存感激。想一一列举中国人追求的新享乐方式是绝对办不到的,因为大众的欲望变化得太快,同时,列举起来也会冗长乏味。在这里,我所从事的是一系列主题研究,这些研究可以把社会主义的过去和市场经济的现在联系起来;所描述的生活是短篇小说、散文和电影中充满魅力的意象;同时还有一些难以理解的经历。食物和性这两个范畴对探究所有这些实践维度都作用非凡。

本书共分为两个部分。第一部分关于"食",其导言所引用的文本的、轶事性的例证展示了在过去的几十年中国餐桌上发生的变化。

[①] 例如,1993年宁瀛导演、在中国拍摄的电影《找乐》。电影的名字以快乐为焦点,描述了一群以老年男子为主、在天坛公园唱京剧的票友的故事。片名既富讽刺意味又充满了感情色彩。"找乐儿"一词经常挂在崇尚消费的北京年轻新贵嘴边,但影片却用同一词汇描述了老年人的简单乐趣——唱京剧。

正文部分由药香开始。第一章阐述了中药如何创造了身体,而如此创造的身体可以构想为一种虽洋溢着药香却又无法长生不老的结构。中药运用植物、矿物质以及动物来应对身体的各种变化,通过一种系统的分类语言把自然的两个方面联系起来。身体通过中药及其煎制后强烈的口感已经被完全呈现在与"吃"有关或无关的所有需要面前。中药以其丰富的语言和技巧调动了一种可以生成经验的力量,通过服药和进食,对身体产生作用。近代中国物质匮乏、精神丰富的历史充分地说明了这一点。曾忍饥挨饿的身体需要长期服药调理,而食物丰盛的家庭可能需要治疗食欲不振。他们可能都会到(名义上与政治无关)中医领域去寻求帮助,以调理无法忘记政治的身体。

这种政治体现的一个方面是饥饿的历史(通常没有得到公正的表述)。因此第二章研读了一些小说文本,这些文本都展示了对20世纪食物短缺的感悟以及改革时期重新获得财富的快乐。例如,这一章描述了食物如何在1945年上演的歌剧《白毛女》中被政治化。然后我又摘引了体现集体所有制时期的匮乏以及市场经济时期的丰富的小说《芙蓉镇》中的某些片断,这些片断描述了20世纪60年代和70年代有关吃的场景,这些宣称是自然主义的描述可以帮助我们对那个年代有一定的了解。两部作品都运用道德叙事来达到巩固社会和政治世界的目的。这个时代的作品通过强调阶级斗争来提供鲜明的立场,而改革时代的小说虽避免了阶级政治,却致力于自身观点的阐明。两部作品都没能摆脱政治的影响。

第二章讨论的是陆文夫的中篇小说《美食家》,同样,食物也被高度政治化了。这是改革时代中国最著名的小说之一,探讨了政治、饮食和现代历史之间的关系,把许多现代中国消费者依然关注的问题交织在一起。所有人共享匮乏而低质的食物,只有少数人能够享受奢华,哪一种更吸引人?只追求消费的阶级在力求与生产阶级打成一片的社会中是否有存在的合理性?《美食家》对此没有定论,这一点是可以理解的。作者与 20 世纪 80 年代和 90 年代的其他中国作家一样,通过向美学转向来逃避意识形态和身体之间的艰难抉择。

以陆文夫无法解决的问题为线索,第三章转向了中药及其历史的身体,解释了生理和病理上的实邪和虚损理论如何体现于记忆、历史和实践的更广阔领域中。在这一章中,医学理论与宴请经历并置——包括具有细微计谋和润滑剂功效的饭局——还有莫言具有讽刺意味的怀旧。莫言回忆了过去的饥荒,隐讳地批评了挪用公款。过剩和匮乏的问题从上至下地把政治和物质两大领域紧密相连,这一点在饮食领域尤为明显。

本书的第二部分转向了性。这里谈论的并不是这种行为本身,而是最近几十年中国大众文化中的情爱范畴。在导言部分,我们将再次回顾那个时代,引用的是典型妇女劳动模范杜晚香的故事(丁玲 1988)。和第一部分的模范士兵雷锋一样,杜晚香几乎对吃没有什么要求,也没有任何个人欲望。但是,她的确展示了毛泽东时代的集体主义式情爱,即身体的存在有其自己的感受和兴奋区域。在导言中我也回忆了在毛泽东时代日常生活中我自己对情爱的感受。

了解了这一集体主义式的情爱形象之后,第四章讨论了在毛泽东时代之后,在期待"现代的"性之前必须建构一个特定的个体。在这里,我阅读了张洁创作的、在当时(1980 年)极具影响力的中篇小说《爱,是不能忘记的》。它之所以被称为感伤主义小说,是因为它首次把情感——个人的、私人的感情——放置于后毛泽东时代的议事日程中。我的阅读主要是探讨张洁如何描述一桩秘密爱情,这桩爱情使人想起了改革初期的政治、创作和体现得更广泛的危机。此外,我还引用了中国医生的一些自传体文章。这些文章与张洁的小说出现在同一时期,也具有相似的影响力(至少在中医界如此)。这些生活故事以当时前所未有的方式展示了自我的问题。这一章把改革初期的大众创作风格看作是召唤某种现代自我的述行符咒。只有在这种个人的自我得以建构之后,第五章的主题——性才有可能成为现代中国经历的一种形式。

第四章所引用的作品出版几年以后,性逐渐成为中国的一个热门话题。第五章探讨了性教育和以上海为基地的性解放,主要聚焦于涉及面广泛的性行为社会调查。本章在检测"性行为调查"这种社会学研究的修辞和假设之后指出,在中国新近得以全球化的知识形式与我们所谙熟的其他领域别无二致:它们建构了宣称要描述的东西。这样,社会学家们对性行为所作的调查已经成为后社会主义中国消费者经历的一种形式。

但是,不能把性简单地看作是顺利渗入新近才具有私密性的、中国人卧室中的、一种抽象而不可改变的现代形式。第六章探讨了一种文学风格,这种文学断定了"中国的"性的国民性特征。最近风行的古代中国色情艺术的出版热潮也包括了东亚的一些传统作品,为取悦现代读者,这些书配有译文和大量的脚注。构成这些房中术内核的文本,与其他流传了两千多年的著作一样,融性爱和医学、形而下和形而上于一体。毫无疑问,它们构成了丰富的语料,现代读者可以通过各种方式阅读它们。然而我所感兴趣的不是这些文本的历史或哲学意味,而是要理解它们在当代中国是怎样被接受的。通过阅读一些评论和二手的房中术著作,我们可以明确,近代人非常关注汉代文本对男性性、专业性和国民性的神秘描述。阅读这些从遥远的古代流传至今的译本时,我所探究的是再现一种国家遗产和历史上特殊的身体时所展现的风格和政治。

福柯在其著名的论著《尼采、谱系学、历史》中,通过讨论尼采对家世(Herkunft)的转义确定了历史研究的谱系学方法。家世是一个非常重要的范畴,其主要原因在于"家世本身依附于身体"①:身体及其接触的各种东西,如饮食、气候及土壤,都属于家世的领域。身体显示了以往经验的痕迹,并引发欲望、缺陷及错误……身体是事件赖以铭刻的表层(通过语言描摹,通过观念消解),是分离的自我所处的场所(采纳一种实体统一性的幻觉),也是不断裂变的书卷。谱系学,作为有关家世的分析,就这样定位于身体和历史的表述之中。它的任务是要揭示被完全打上历史烙印的身体,以及历史对身体的解构过程。②

我们也许还可以希望民族志能够"揭示被完全打上历史烙印的身体"、经历对观念经常而多方面的解构以及时间的流逝。与谱系学方法反对宏观地叙述历史一样,这种民族志将对"文化"的前景不加任何总结,也拒绝自身实体统一性的幻觉。但是和那些"老成持重、谨小慎微、耐心记录"的谱系学家③一样,人类学家可能,也可以期望感知特定时代、特定人群所形成的集体经历的途径。

经历只能如此记录,因为它发生在过去。因此它总是需要话语和制度的调节,以适应历史所提供的有意义的意象和转义。经历不是现时或独一无二的,它也不能作为哲学或历史的根据。但是,它的复杂性、物质性、难以言喻性和记忆性——简言之,它的体现——将继续引发各种变革,挑战人类学描述。民族志所要面对的正是这种挑战和历史。

---

① Rabinow 1984:82.
②③ 同上书:83.

第一部分
吃:感觉的政治

导 言

雷锋:不倦的人民公仆

"毛主席的好战士"雷锋的故事清晰地体现了毛泽东时代文化上的追求目标。它展示了普通人的生活如何被镀上社会主义价值观念的理想之光,同时,它的巨大影响力也证明了20世纪六七十年代国家权力的广度和效力。在那个年代,到处都闪耀着5个大字:"为人民服务。"建设社会主义文明是每一个中国公民的职责,也是人人都能感受到的责任。虽然人类学家的研究倾向于把人的文化和国家的宣传区别对待,但是,雷锋和其他类似的人物对整个社会的生活方式所起到的"榜样"作用表明,在这里,国家和人民、文化和宣传是很难区分的。①

雷锋是一名模范战士,1962年死于车祸。去世之后,他的事迹通过媒体广泛传播,被树立为全民学习的榜样。事情发生在"三年自然灾害"(1958—1961年②)结束后不久,当时新的大众教育方式在全国

---

① Geertz 1973:93—94.
② 我们国家认为三年自然灾害开始于1959年,而非1958年。后文中作者提及"三年自然灾害"的结束年份是1962年,与我国的提法也有差异。——译者

范围内得到普及。① 首先是这位模范战士,然后是其他模范(工人、母亲、农民等等),通过媒体和当时遍及全国的政治学习与中国人民见面。在全中国,人们组成小组,每周通过几次共同阅读和讨论上级党委发下来的文件来"学习雷锋"。党期望人人都能从内心深处以雷锋为好榜样。在这些文献中,关于食物(或至少是饥饿)的政治性是显而易见的。

北京胡同中近年重新绘制的雷锋肖像,摄于 2000 年。毛泽东的亲笔题词:"向雷锋同志学习"。人类学家王君博士站在宣传画旁边。(作者提供)

在官方认可的模式中,雷锋被报道为(这种报道并不完全一致)一个孤儿,在 1949 年中华人民共和国建立之前饱受苦难。雷锋的父亲出身农民,被日本侵略者打伤,在他 5 岁时死去,他的兄弟们不久也相继病死。他的母亲给一个罪恶的地主当女佣。在这个家庭里,她"赚的工钱无法使他们母子果腹"。雷锋小的时候"只知道饥

---

① Bennett 1976.

饿的滋味"。① 他的母亲在中秋节为地主家做了可口的月饼,而自己只喝了些稀粥之后自杀了。有些描述说共产党军队的土改队不久之后把雷锋从苦海中拯救出来,送他上学,使他汲取了新的思想,认识到他家庭的痛苦是由旧社会造成的。

雷锋具备毛泽东时代所规定的所有好成分。他出身于农民家庭,参军前是钢铁厂工人(尤其在"文化大革命"期间,工人、农民、军人都是好成分)。自从入伍之到了车队之后,他加入共产党的梦想也得以实现。在雷锋22岁死于车祸之前,他经常被拍照——总是戴着标志性的有耳扇的皮帽子。② 而且,他还留下了一本日记。这本日记充满了对无私地为人民服务精神的赞歌,后来以多种形式出版,成为多年来政治学习的主要材料。

雷锋的日记展现了这位车队领导兼模范战士,经常忙于加班跑远路的事迹,尽管如此,他仍然抽出时间刻苦攻读、注解、熟记毛主席的多卷著作。③ 他的日记是这种阅读和自我批评信念以及劳动、工作的具体写照。他在日记中提及食物时,描述的并不是自己的享用,而是对别人的帮助:

> 今天吃过早饭,张连长给了我们一个任务,上山割草拉回来盖菜窖。……到了12点,大家拿着自己从连里食堂带来的一盒饭,到达了集合地点,一起吃中饭。我发现王延堂

---

① 佚名(1963)1990(未设页码)。
② 雷锋的故事、他的作品、他无处不在的戴着皮帽子的形象都是为适应当时(20世纪60年代早期)的需要虚构的,在那期间"竞赛运动"作为一种政治策略占据了重要地位(Houn 1973:117; Ahn 1976; Bennett 1976; Meisner 1986:294—95)。Ahn 认为,当时强调把"先进的"全国模范作为地方实践楷模的思想教育方法,在解放军中得到了发展和完善。在权力斗争中,军队的重要性提高,军队所偏爱的集体控制(social control)和政治教育的方法得到了推广(Ahn 1976)。
③ 参见 Ebrey 1981:386—387。

同志坐在一旁看着大家吃饭,看到他没有带饭来。于是我拿出了自己带的一盒饭给他吃,我虽然饿一点,让他吃得饱饱的,这是我最大的快乐。我要牢牢记住(毛主席的)这段名言:

> 对待同志要像春天般的温暖,
> 对待工作要像夏天一样的火热,
> 对待个人主义要像秋风扫落叶一样,
> 对待敌人要像严冬一样残酷无情。①

用春天般的温暖来对待同志,雷锋从为他人服务中获得快乐。同时,这件小事使得他能够从毛主席著作的阅读中,对国家集体的事业有了更深刻的认识,这种认识帮助他不计较个人得失,关爱他人,坚信国家任务高于一切,虽困难重重,但仍旧恪尽职守。

还有一件小事也记录了这位模范战士"吃"的故事。雷锋从中得到了教训:

> 今天吃早饭,我看到炊事班的饭盆里有很多锅巴,路过时,便随手拿了一块吃。炊事员同志说:"自觉点啊!"我听了这句话,心里很难受,觉得吃一块锅巴有什么?赌气地把那块锅巴放回到饭盆里,走了出来。这时,通信员送来了一张报纸,我接过来就看,首先看到报纸上毛主席的语录说:"因为我们是为人民服务的,所以,我们如果有缺点,就不怕别人

---

① 《雷锋日记》(佚名 1963:15)。

导　言

批评指出。不管是什么人,谁向我们指出都行。只要你说得对,我们就改正。"我一口气把这段话念了十多遍,越念越感到自己不对,越念越感到毛主席的这些话好像是专门对我说的,越念越后悔不该和炊事员赌气。我自己问自己:"你多不虚心呀!人家批评重一点,你就受不了啦!"想来想去,我还是硬着头皮跑到炊事班,承认了自己拿锅巴吃不对,并检查了自己的缺点。炊事员感动地说:"你对自己要求这么严,真是好同志。"①

这件小事体现了雷锋另一个值得我们注意的信念,那就是保护国家财产。作为部队车队的队长和司机,为集体利益使用公共财产是其工作的一部分。但是这则关于食物的轶事表明,雷锋对于农业也同样具有高度的集体主义精神。20世纪60年代早期,几乎所有的食物都是属于人民的集体财产。农民生产粮食,把其中的大部分上交国家,然后由国家再分配给解放军、城市居民和其他非农业人口。② 虽然军队在那三四年间没有太多的事情要做,但是他们依然是整个社会中供给更充分、集体化程度更高的群体。为个人的利益占用粮食不仅是自私的表现,甚至是一种犯罪。因此,雷锋从食堂拿一点儿剩锅巴的事情,展示了社会主义学说对他的影响。这种事情在私有制家庭经济中"不是一件大事",但是在社会主义经济中,却是一种政治问题,甚至会被视为反革命行为。

可以说这是一种极端的集体主义,在这个时代以前或者以后都被

---

① 《雷锋日记》(佚名 1963:74)。
② 关于农产品集体所有制以及如何想方设法避免该制度带来的不便的描述,参见谌容小说《太子村的秘密》(谌[1982]1987a)。

45

看作一件可笑的事。① 但即使是在今天,有些人——也许仍然记得革命的平均主义理想,或者说是哀叹消费至上主义的出现——依旧把雷锋看作无私奉献和具有高尚道德情操的典范。② 同时,他们又非常愿意遗忘在雷锋代表的那个时代政策所带来的物资短缺和生活困难。雷锋是一部道德教科书,这种教育事实上完全基于所有财产归集体所有的理念,这种集体化甚至连日常食物的供给也包括在内。因为在中国,很少有人怀念集体食堂或是国家产品的配额制度,所以,雷锋必须以一种全新的形象出现,这种新形象与其实际服务的政治纲领大相径庭,但又必须能够达到宣扬一般道德规范的目的。某个年龄段的人(通常在35岁以上)哀叹,那个更加平和、少有竞争、更加无私的道德高尚的年代一去不复返,这种想法在今天的北京是很常见的。但是和我交谈过的任何人都不愿意再回到政治上明争暗斗、经济上过分节约的年代。

　　中国依然存在着集体食堂,不过我很少光顾。学术机构和政府机关给普通员工提供的食物味道不佳,就餐环境也不够理想。但也有些人用一两个饭盒把米饭和菜带回家或办公室,或是抽空吃掉。单位食堂为忙碌的人提供了方便,但只要它没有承包给个人,不能为公众提

---

① "文化大革命"时期结束时出版的英文传记特别记载了这种倾向(Tung and Evans 1976)。其中有这样讽刺性的描述:"在乘汽车时(实际上是火车。——译者)……他开始擦洗车厢地板。然后他为其他乘客读报。后来,又组织生动的意识形态的讨论以提高其他乘客的政治觉悟。最后他讲述了关于伟大领袖毛主席的故事。余下的时间,他就用来照顾小孩、病人或是老人。"(161)
② 拥有无私精神的雷锋形象贯穿于20世纪80—90年代。2000年夏天,雷锋的画像和毛主席的亲笔题词被重新绘制在北京某些公共场所的墙上。诸如党的生日或建军节等重要的日子(2001年),依然有军人向雷锋学习,为市民免费提供理发、修自行车、磨刀、体检等服务。在第六章中,我讨论了一部1997年颂扬雷锋精神的影片,在结论处,我又探讨了最近一次具有讽刺意味的广告活动,他们把雷锋的形象放置于一个全新(但又充满了怀旧意味)的语境中。

供餐馆式的服务，它就不会成为人们喜欢光顾的地方。① 如今，中国人无论是在家里还是在餐馆，都可以享受到各种各样的美食。

我到中国时，恰逢食物集体所有制刚刚被取缔，因此我享受到了各种美食。20世纪80年代在广州、90年代在北京和山东农村地区，我与朋友和同事们分享过食物及烹调的乐趣，也找到了自己最喜欢的食物，同时还收集了一些关于食物的故事和纸上谈兵式的烹饪技巧。我还记得中医界的教师和医生们通过谈论食物的药用价值而使就餐成为享受，我也记得一位村妇在教我蒸馒头时，就发面究竟应该饧多长时间而与一位男性客人争论不休。我感谢餐厅的厨师长帮我安排的答谢宴会，而且也为一位化学工程师朋友凭借自己的味蕾和家里的小厨房成功地"复制"了肯德基炸鸡而惊喜不已。每一次泡茶时，我都会想起我在广州时的导师，如何停下课程来讨论茶叶的不同种类以及最佳的泡制方法。最近在北京工作时，我有时在麦当劳约见我的访谈对象，因为有些人说他们喜欢麦当劳里自在的氛围，就像在自己家里或者诊所里②一样放松。在随意的街边小吃和正式的宴会之间迅速发展的餐饮文化使我熟悉了适当的公众礼仪，它们为我在就餐的同时，通过聊天的方式进行田野作业提供了便利。③

沉湎于过去的经历并试图从中发现某些人类学价值，可能会让我的研究缩手缩脚。记忆会质疑过去的事实。例如，在我早年的田野工作中，一位女主人硬是要我给她做出的菜打分，说出我的喜好并解释

---

① 很多集体食堂已经实现了私有化。老板与工作单位的管理部门签订合同，或是上交部分利润，或是每年交纳一定的款项用于获得经营权和稍高的饭菜价格。这些私有化了的餐厅不但提供口味更好、花色品种更多的食物，而且还整修就餐环境，增加了包间和小炒。这种改革为那些负担得起略高价格的人提供了方便。
② 因为作者是医学人类学家，所以她的访谈对象多为医生。——译者
③ 有关宴会礼仪和相关的社会关系理论参见杨1994，Kipnis 1997和阎1996。我会在后文中论及宴会这种行为及其引发的批评。

47

其中的原因。后来我和其他女主人吃饭聊天时，也用了同样的招数。很明显，效果不错，但我还是想知道，我到底从中国的饮食文化中学到了什么。我的第一位女主人是不是仅仅发明了一个表现其个人特质的游戏？后来的女主人们，是不是出于礼貌，才应和我呢？这种情况如果不是在学术单位，而是发生在工人或者农民家里，会不会同样奏效？一个民族志工作者需要穿行于日常生活的不同场景，以期寻找日常生活中独特但又不是唯一的东西。

在做民族志工作的这些年里，我已经在不经意间把许多世俗生活自然化了。在中国的餐桌上，很多能引起民族志工作者兴趣的文化差异快速消失，就算我有所感知，随着一起吃喝，逐渐生出同仁的感觉，语言和礼仪的障碍好像也被克服了。"他们"的食物变成了"我"的食物，使我在日常的生存层面之上，把精力放在研究超越日常生活的文化的"本质"上。① 只是最近，我才开始把"吃"纳入到我在这个"田野"②试图思考的社会生活之中。

我在中国的一所医学院开始研究工作的头一年的一次经历可以为上述观点提供最好的佐证。那是一个炎热的夏天，一位女性朋友来到我的房间对我说，她家里有很多新鲜荔枝，欢迎我去她家"帮忙消灭掉"。她还邀请了和我们岁数相差无几的另一位女士。她们俩都是医生，又都在我教的英语班上学习。荔枝很大，汁很多，很好吃，是女主人在乡下的亲戚当作礼物送到城里来的，可以算是对她们之间的长期交往和相互帮助的回报吧。我们三个在桌旁坐了几个小时，一边剥，

---

① 我和何伟亚在其他著作中探讨过，在中国研究中，使用"文化"一词是一种唯心主义，因为"文化"不光指一个不言而喻的假设——它建构在社会、经济、生物学结构之上。(Farquhar 和 Hevia 1993)。因此我在此使用这个术语时，有些讥讽之意，尤其是在本研究中用了大量的篇幅讨论那个无可否认的"文化"领域——文学之后。
② 英文中该词也是研究领域的意思，因为作者是人类学家，所以该处译为"田野"。——译者

一边吃,一边聊语言、医药和日常生活。

对我来说,这是做田野工作的良机。那个下午,我了解到很多关于 20 世纪 80 年代早期,那个医学院里的老师、医生和女性的情况。她们当然知道我在为研究搜集资料,但对她们来说,这也是一种不同寻常的经历,个中原因我花了好几年时间才了解了个大概。比方说,和外国朋友分享从乡下送来的荔枝,比为了满足身体需求而吃显得更有意义。如果只在小家庭中独自享用他人送来的荔枝,可能无法增进与他人的社会交往或者说关系。馈赠所体现的慷慨是需要传递给他人的。① 但是这种特定形式的分享并非事先规划好的。没错,请我的人也许期望我和另一位被请的客人能在日后对她有用。另一位被请的客人是共产党员,被推荐做行政工作,也是被指派来照顾我的"要好朋友"。可是她也知道,她可以在家人回来吃晚饭之前,和我们共度几小时的快乐时光,这几个小时我们都很快乐,又带着些许负疚感,因为我们吃掉了那么多美味的、不可多得的荔枝。几年以前,这种私下里的饕餮,无论在物质上还是政治上都是不可能的。那时果园的数量很少,而且都是国有的。就算有多余的食物,也一定要在更大的范围内分享。而这一次有了性别取向,一群女人在家庭之外,在非用餐时间里,大快朵颐。我们发现这么聊天更轻松些,因为不用拘泥于某种谈话方式。荔枝成为我们聚集在一起的理由。

不同的目的把我们这一小群吃客聚到一起,为了吃水果,一名医生,一个外国人,一个党员,至少还有一个农民,还有未露面的一群人和机构形成了暂时重叠的社会网络,我们可以毫无疑问地对该网络进行社会学分析。但是也会遗失一些东西。荔枝凉爽的味道,用手指很

---

① 近来民族志工作者对中国关系的运作研究很深入。关于关系一词与关系的社会重要性的相关研究参见杨 1994,Kipnis 1997,和阎 1996。

容易剥开的疙疙瘩瘩的皮,在光滑的棕色的核外面包裹着半透明的浅粉色的果肉,为我对此事件的记忆增添了质感。我试图说服我自己,是荔枝的上述本质,使我们三个人聚在一起。闲谈留在了我的记忆中,而我那天(可能)收集到的信息却也已被忘却或淹没在了想当然的知识中了。我真想知道那两位同伴现在还能记得什么。

无论这个慵懒而餍足的下午意味着什么,都与雷锋的饥饿和偷锅巴迥然不同。我依然怀疑我们大吃特吃荔枝的原因之一是几年前这种享受在几年前是不可能的。如果我当时斗胆问她们的话,她们可能会承认她们的快乐中所蕴含的这种矛盾性和历史特殊性。食堂里的一块锅巴肯定不如荔枝好吃。这种奢侈的水果现在几乎完全合法地进入了寻常百姓家。① 我在第一部分里所要探讨的,正是这种体现在食物之中,又通过"吃"的行为来实现的差异。

然而,"中国"并不能被看成是一个与食物、东方主义形象以及最近美国民族文献所记载的内容有特殊联系的整体。毫无疑问,在北美人的想象中,中国是一个与极度的饥饿和复杂的烹饪紧密相联的国度。所以,要论述当代中国的食,我不得不面临挑战,不得不回溯以往的"全民饥荒"和"奇异美食"。② 特别需要强调的是,不平等的社会关系所导致的食物不均衡的分布,并不仅限于中国,饥饿或者鉴赏美食也并不是中国特有的传统。与其他国家一样,这两种情况在中国历史

---

① 这两种食物比我所描述的要复杂。许多人喜好吃锅底的锅巴,那是令人羡慕的食物,尽管它不是刻意做出来的。荔枝是广东和中国南部的地方美味,在别的地方很难种植。20世纪80年代末到90年代,质量好的高速公路的出现,造就了卡车货运业。以前,在北方吃鲜荔枝几乎是不可能的事情。据说,某个皇帝为了他在北方首都的爱妃,曾经安排马匹快运(此处典出"一骑红尘妃子笑,无人知是荔枝来"——译者)。把南方的荔枝运到北方。时值1983年,在大众的想象中,荔枝是和上层人士的特权紧密联系在一起的。
② 在中国文化中,对于食物的人类学研究参见张 1977 和 Anderson 1988。在 Farb 和 Armelagos 1980:191—195 页中,食物被认定是中国文化的核心。乐钢研究中国文学中的食物的力作(1999年,第九章)讨论了亚裔美国人文学的取向,把中国人与吃联系起来。

的不同时期,作为特定的文化、经济和政治事件的一部分都曾出现过。不仅如此,这种合力使中国历史长期以来具有全球化的特点,并以同样的方式影响着国家的局势。在本研究中,我没有分析这些力量或解释它们的作用,相反,我试图勾勒出公共话语和惯例习俗的轮廓,是它们在中国的改革阶段使饥饿成为一种文化问题,使"吃"成为一种政治实践。

第一章 药　膳

本章探讨的是世俗权力和饮食与药之间的关系。人们都有吃的经验,他们不仅仅是吃,而且还享用食物,或者希望能享用食物,日复一日,无论是疾病还是健康,都是如此。既然这种吃的体验是(经济上的和认识论上的)权力不对称分布,我们很难想象一种没有被权力渗透的生活(即经过不断协调,这些权力不断以乏味的、但是不可以完全预测的规律出现)。吃的政治经济学强调营养资源的不均衡分布,而吃的政治现象学则关注把吃作为体验的社会实践。医学人类学包括政治经济学和现象学两个分支以及处于两者之间的一切东西,它建立在具有吃的功能的身体之上:其经验源于生活。这种生活经常因为分配不均而导致纷争,具有建构与被建构的双重属性。① 即便我们当中最幸运的人也无法控制吃的事件。它挑战了权力的自然化所构成的常识。②

本章更多地关注医药,用较长的篇幅探讨中医的逻辑与实践。处方药的使用是医学的一个方面,乍看上去好像和政治无关。在中国,中药是古老的、技术含量高的又十分重要的药品,因为它是在治疗疾病的过程中,用最普遍、最直接的方式干扰疾病。中药有生理学的功

---

① 对医药人类学更为全面的描述参见 Good 1994 第二章,我在此处的定位稍有不同。
② 关于意识形态和常识的统一体参见 Hall 1986 和 Hebdige 1979:5—19。

效,中医们根据"经验"就知道如何配制这些草药以最大限度地发挥各种草药的效用。当然这是一种与我们通常所说的政治不同的权力。

从理论上说,应该对权力的种类和构成加以区分。但是在日常生活的实践中,它们总是被混杂在一起。人们可能把长期存在的社会地位所赋予的权力(比如说,老师拥有控制学生的权力)和私人的微观控制权力相混淆。而疲劳和沮丧的情绪会削弱老师控制学生的有效性,至少会有这种削弱的感觉。有时很难把对于个人经验的控制与对他人影响力的程度区分开来。

性无能就是个很贴切的例子。在当代中国,性无能受到普遍的关注(进一步的讨论请参阅第六章)。人们对性能力的普遍担心以及对性无能的自我诊断,很容易被理解为一种隐喻:比喻某阶级权力减弱或民族的弱点。① 这种比较把两种不同"无能"的含义混为一谈。为什么这些现象都和丧失能力相关?部分原因在于英语的用词巧合。如果男性性活动中的不同变化不曾用与权力有关的词语来描述,也许就不再会有任何误解了。汉语中阳痿一词就与不同权力的形成没有什么关系,相反,它是一个基于阴阳关系的术语,在严格的医学领域之外仍具有某种普遍性意义。②

作为分析者,我们对个人身体体验与国家和阶级体验之间建立理论联系时应该持谨慎态度。③ 但是,从某种意义上说当人们通过认同国家或特定的阶层(在现代中国,老干部就是一个特定的阶层)来建构

---

① 参见 Lisa Rofel 在对电视连续剧《渴望》(1994)的研究中关于男性气概的评论。
② 下面我将探讨这些领域之间的联系,特别是中国20世纪80年代到90年代间的男性气概面临的某种危机。对于这些高度政治性,同时又是非常私密的问题,"阳痿"一词暗示着"无能"。
③ 参见 Scheper-Huges 和 Lock 1987,他们二人提出了"身体政治"和"社会躯体"的概念,泛指多领域的集合性躯体的调查分类。在他们的文章中,这些分类具有暗示性,从方法论的角度看却不很明确。

这种理论联系时，他们会把个人的体验和高层次的实践以及感觉的集体建构联系在一起。① 在这里，我们指的是常识与被体现的经验高度政治化领域。身体层面的干预与在世界上行使权力的努力并没有本质上的不同。而吃是我们最平常的行为之一。

常有人指出，在中国，食物和药密切相关。② 有关中餐烹饪的书籍和一种新的体裁——中药药膳的书籍，都在强调食物的药用价值以及源自远古的营养疗法的重要性；在日常烹饪时，人们经常使用那些在煎中药时才使用的植物和动物制品。③ 在日常生活中，人们越来越多地谈论老辈人对如何吃才有益健康的建议，在宴会上，人们的闲谈也围绕着所吃食物的保健作用。中医大夫在开处方的同时，原本应该（也经常）告诉患者在膳食中如何做到营养搭配。但是因为他们大都太忙了，所以在给病人看病时，就顾不上说了。从市民日报到极为正式保守的杂志，这些现代出版物都会随着季节的变化为人们提供有关合理膳食的建议。人们常把补气的食物和药品当作礼物送给年长的男性亲戚、师长和上司。还有专为女性读者出版的关于如何才能吃出美丽的书籍。

也许无论在何处，吃都是"自我的技术"（即有关被体现的历史经验的技术），但是在现代中国，比起其他任何地方和任何时代，吃也许都是一个不同的实践领域，一个被更加广泛地理论化了的领域。随着 20 世纪 90 年代早期以来新消费文化的出现，许多可供选择的食物以及各种观点也应运而生，那些能付得起钱的人可以有更多选择，也开始思考为什么吃以及怎么吃等问题。④ 被吃下去的东西以及大量的

---

① 参见 Williams 1973。
② 参见 Anderson 1988:188, Anderson 和 Anderson 1977:368—369, 张 1977:9, Farb 和 Armelagos 1980:191—195, Kleinman 1980:275—277, Lai 1984:12—14, 陆 1986, Simoons 1991:15—26。
③ 最近关于食疗书的例子见之于庄 1995, 陈等人 1998, 谢和杨 2000, 和上官 1998。
④ 参见 Davis 2000。

第一章 药膳

关于食物的信息成为中国改革开放时期商品膨胀的标志。蔬菜农庄、便捷交通以及新农业科技信息,为市场提供了品种空前繁多的食物。城市里的超市愈来愈普及,进口的水果、海鲜、真空包装或者冷冻的食品也越来越多,对于一些顾客来说,这些食品很卫生,所以价格不菲也在情理之中。那些仍然愿意洗菜并希望食品价格便宜的购物者,也不必天刚亮就起床赶到早市去购买新鲜蔬菜。市场里货源充足,而且全天营业。所有这些便捷和丰富都是小农经济复苏的产物,与此同时,从日本、韩国、东南亚,甚至美国和拉丁美洲进口的食物也屡见不鲜。

以北京为例,我认为1990年的冬天是食文化的一个转折点。那时成千辆卡车装载着政府资助种植的大白菜,原本是为城镇居民提供过冬的维生素,因为没有人买,结果大白菜烂在仓库里。早些年为单位食堂预定冬贮大白菜的单位,也没有出面进行团购。在自由市场里,随处可见价格公道的菠菜、甘蓝、糖荚豌豆、细香葱、豆芽、菜花和根茎类植物。菜农遍布北京周边地区,在塑料大棚里种植这些蔬菜。东北人改变了冬天一贯食用白菜汤、酸菜和炒白菜的习惯;家庭烹饪食物的种类繁多反映了正在迅速形成的新兴中产阶级不同以往的生活方式。人们不再需要单位集体供给,不再只消费由国家为他们所供应的东西,哪怕是由政府部门免费提供的。1990年的菜谱上没有大白菜。

说到菜谱,在改革开放时期,餐馆文化迅速形成,吸引着那些曾习惯于吃单位食堂,或者每晚自己回家做饭的人们。20世纪80年代末期时,我的许多朋友还不太愿意接受我的邀请去餐馆吃饭,他们认为那儿不安全,或者不干净。但到了20世纪90年代中后期,我的朋友们都太忙了,没工夫做饭,就经常请我下馆子。现在城里到处是各色各样的餐馆,有中国不同地方的风味(因为食品各异而数目繁杂),有跨国的快餐店和地方的连锁店、斋饭、韩餐、"西餐"、清真、药膳和宫廷御膳,还有提供单一食品的餐馆(火锅、蒙古烧烤、北京烤鸭)以及遍布大街小巷的"家常菜"。不少餐馆价位跨度很大,从小门脸房里出售的很便宜(但有时非常好吃)的面条到二楼包间里的豪华宴会。尽管"现代化"的城市近来严格限制流动摊贩,但是在很多地方,人们还是可以在街头巷尾找到既便宜又扛饿的美食。

在改革开放的中国,多样性的营养实践和选择为健康与食物相结合提供了条件。在大型图书大厦里,人们可以在两个地方找到关于食物、烹饪和吃等方面的书籍。一个是关于烹饪的书架上,另一个是关于健康的书架上,分别标明为"保健"和"自我保健"类图书。在20世纪90年代的自我保健中,有关食物的书籍急剧增多。书架上摆满关爱老年人的食疗和药膳方面的配套书籍。有关食物的药用和药物营养价值的书籍分几个类型:把药用食物与历史悠久的"养生"结合起来的传统作品;预防类的医药以及强调色、香、味、效的烹饪类指导书籍;家庭使用中药指南以及针对某种疾病的食谱(其中有针对肿瘤、糖尿病、高血压、慢性心脏病、肺气肿、痤疮和一般的衰老等病症)的系列图书。所有这些书籍都强调药的滋补作用,以改善虚的或亚健康的身体状况。

《四季补肾食膳》是一本很有用的书,一开篇就界定了"补"这个重要的术语,"它是一种通过口来控制食物或者药物,起到补益或者调节体内阴阳平衡的方法。它旨在强体、预防疾病、治疗疾病和延长寿命"。①"补"有"修补,补充,补益和滋补"的意思。② 这个定义与对食疗不感兴趣的中医或者针灸师所提供的不一样(尽管"补"对他们来说亦是关键术语),也不像词源学家强调的那么明显。该汉字的本意是指

---

① 此段文字因未查到中文版原著,译者译自英文,不妥之处请读者见谅。——译者
② 陈等人1998。这本书的书名《四季补肾食膳》就很难翻译,大概的意思是:在四季交替的过程中,有与滋补强身相关的饮食。对于把"肾"这个词定义为"自身"或者"躯体"的讨论参见 Ames 1993 和 Elvin 1989。还值得一提的是,动词"补"也很难翻译,因为即使在汉语中,对它的注解也只限于"补"本身,而在我们的文章中,"补"是复合词的一部分。

"修补",是一个纺织业的词汇。但是,显而易见的是,《四季补肾食膳》对于"补"的理解比中医的专业书籍更强调基本的阴阳平衡观念。尽管多数传统中药都试图调节阴阳,但是多数中医大夫发现,这些都是普遍意义上的分析,很难用于临床。但是,该书的作者以身体的阴阳平衡为基本理念来向大众解释药膳的作用,这种做法是行得通的。阳和阴是广泛运用的二元结构,既可以适用于天气的变化,又可以描述历史的变迁。作为描述被动和主动以及发展过程的术语,阴和阳也体现于形形色色的世俗经验中。它们可以对许多事物进行分类,这其中也包括食物。许多没有学过医的人,对此也非常熟悉。阴的食物可以补足体内阴的亏损,阳的药品可以增强身体阳的功能。这样,阴和阳两个词语的使用把食物和药物的功效结合在一起,这一点是非常明显的。阴和阳指运动中的身体,这种可以被影响和调适的活动,受从口中所摄入的食物的影响,而对这些食物功效的分类与对身体器官功能的分类之间极具相似之处。

虽然生理学上的平衡观念对于发现食物的药用价值的方法而言是显而易见的,但是补的关键是维持这种平衡。为什么关于支撑和修补不平衡的技术会大大多于排泄和抑制系统功能的技术?机能减退是否比机能亢进更为常见?脆弱的、受损的身体是否更容易出现功能缺陷和丧失,而非亢进和增殖?总的来说,中医所讲的补的方法,多数与人类生命中不可避免的衰退相关。我们逐渐消耗身体资源,体内的阴阳平衡无法得以维持,最终导致死亡。① 这也是人们常说的生命的普遍过程:生、老、病、死。(这就是生命!)这不是什么深奥的文化概

---

① 关于台湾妇女衰老的大众观念参见 Furth 和陈 1992 年的田野调查研究。值得指出的是,如今在大陆所教的中医没有把"死"广泛地理论化,也没有作为医学感兴趣的过程而形成颇具影响力的"死"的观念。我在 20 世纪 80 年代早期的医学课上所学到的"死"的定义是,身体中的阳气完全彻底地背离了阴气。

念,不过是随处可以听到的"死亡和生命的损耗"的说法。但事实上,如果人老了,肌体就会丧失功能,这就意味着,相比之下,医生、患者和行家更偏爱对身体有补益作用而非清泄作用的食物和药物。

毕竟,食物是有营养的。它补充了消耗,满足了食欲。药用食物的不同之处在于,它不仅可以满足"吃"这种需要,而且能够行使特定的功效。即便是最普通的关于药膳的书籍,也都具有指导个体解决特定问题的作用,这类书按西医处方、中医综合征、受损的身体部位,或者中医治疗原则分类。这种分类便于消费者按需寻找食物、食谱和对特定病症的解释。这样,这些参考书就为个体提供了有针对性的食物,每一种食物都针对某种特定的疾病或者可以补足某种机能性脆弱。

这样听起来非常个性化,但是吃本身,相对于服药更具有社会性;人们在一起吃,中餐尤其适合集体进餐。在中国,任何一个长时间独居而又没有厨房的人,都可以证明这一点。一个人独自在餐馆用餐,如果菜点多了,不可避免地会造成浪费,假如菜点少了,又不容易获得均衡的营养。即便是经常做饭的家庭,也可能因为厨房太小、燃料太贵而不愿意为有特殊需求的家人劳神地另外准备饭菜。我有个生活在县城的朋友,连续半年吃的都是日本瓶装白笋,她说白笋能治愈她的喉癌。她的丈夫曾令人同情地回忆那些吃笋的岁月,因为他和孩子们每顿饭也跟着一起吃。他们现在还时不时地吃这种昂贵、奢侈的食物,尽管她现在一点癌症的症状都没有了。但是这种含有某种治疗目的的共餐习惯依然十分重要。人们乐于接受食物,在至亲之外,把食物当成礼物可以增进社会交往。我朋友的亲戚、邻居,还有同事,一旦知道了她的饮食需求,就借机在正式和非正式的场合送她瓶装的笋。家庭的开支因此减少了,对于这个家庭的社交圈中的人士来说,要送什么东西做礼物的问题也解决了。一个人的喉癌,伴随着中医知

第一章 药　膳

识——食疗,成了一段时期内的主要社交活动的理由。

药膳的知识与实践在中国不是什么新鲜事,东亚人早在几百年甚至上千年以前就洞悉食物的治疗特性。毫无疑问,关于这方面的知识可以追溯到中国营养学家所记载的早期文献。① 但是,我还是认为,把食物和药物相连——这种新的商业化形式具有某些现代的特征,然而在吃本身的方式中却体现着某种历史的重要因素。例如,我们可以回想一下,在第一部分导言中讨论的关于食物的意义和使用所发生的变化。在 20 世纪 60 年代早期雷锋拿的那块几乎算偷的锅巴,是集体伙食的副产品,但是并不是食堂里的任何人都能享用残留在锅边脆脆的焦黄锅巴。雷锋所犯的错误就是:他不该享用在理论上不是所有人都能获得的食物。② 相比之下,20 世纪 80 年代早期,我和朋友们分享的荔枝是那么甜美,这主要是因为并没有硬性规定我们必须和他人分享。雷锋生活在食物高度集体化阶段,尽管该阶段只持续了几年,广州的朋友们和我是 20 年后才享用到荔枝的,不过,这两种食物消费形式的差异依然存活在几代中国人的记忆和实践中。

有趣的是,无论是当代有关健康的写作还是文学作品,都很少有人提及在毛泽东思想高度盛行时期有关粮食的最好与最糟的记忆。但是在先前的年代,人们主要论述和谈及的是令人困扰的、用粮票才能买到的大米和面粉,偶尔才会有的小块猪肉和冬天随处可见的大白菜。现在,我们听到更多的是全国和全世界的烹饪,高质量的蔬菜,异国的野生食物,当然还有药膳特色菜。米、面、猪肉和白菜依然出现在厨房里和餐桌上,但这绝不是食品经济和共餐培养出来的习惯,而

---

① 例子参见上官 1998。
② 参见李 1994,书中说,当毛泽东得知饥荒的严重性时,就拒绝吃肉了。

是新近凸现出来的,强调高雅的个人与阶层口味的消耗品。① 当代中国中产阶级的身体以其特别的鉴别能力和渴望,拒绝过去的平均主义。这种拒绝本身就是一种政治,但是,在对食物运用专业知识和内行经验技术进行详尽描述时,这种政治却往往被人所遗忘。

公共汽车车身上的中药广告,北京,2001年。该药医治的是肾虚——一种随着年龄增长而经常出现的症状。(作者提供)

当然,中药使用了天然的物质来补足身体的亏损,把许多世俗的东西和专业知识有力地结合在一起。接下来,我将继续论证通过权力的掌控来制造经验也是一种政治这一论点,来探讨通过一定的技术对人们生活进行药物干预的问题。

---

① Daborah Davis(2000)指出消费习惯可能更多是因性别和辈分而有所区别,而不是因为社会经济地位的差异。正如 Davis 研究所示,在中国所观察到的消费模式,当然需要进一步地界定其受影响的重要因素:社会阶层、性别和辈分。

具体的逻辑

药膳中所使用的系统知识的本质是什么？这是一个很有趣的问题，因为在日常生活中，知识与其他的经验是无法分割的。知识不仅仅是观念，它本身也具有功效。只要我们回想一下，就诊的过程通常也具有治疗的功效，这一点就不难理解了。例如，我的一位上了年纪的、但是身体相当健康的亲戚，时不时地感觉胸口和胳膊疼，于是非常担心自己是否得了心脏病。医生叫他去做了全面的心脏检查之后，他的症状就明显地减轻了。当获悉他的心血管指标正常后，他的症状消失了很长时间。这不仅仅是一个从医学上讲身心失调的例子，而且也充分证明，在经验中积累的知识是力量。

20世纪60年代早期，列维—斯特劳斯通过对具体的逻辑进行进一步的研究，用《生食和熟食》(*The Raw and the Cooked*)开启了他的神话学系列。他通过提出"在有形的实体中存在着某种逻辑"(I;9)的观点[1]，证明自己的论断是如何在"符号层面上运作的"：

> 尽管数量极为有限，(符号)有助于严密的组合，可以把全程感觉的体验中较为细腻的部分表达出来。这样我们可以希望达到一个水平，作为事物的属性，逻辑的特性可以直接通过味道或者香味显现出来。香味是可以被明确地辨别的，但是我们知道，它们来自各种因素的组合，如果选择和排列不同，这些元素的混合会产生明显不同的香味。那么，我

---

[1] 前面所列页码是1969年的英译本，后面是1964年的法文本 *Le Cru et le Cuit*。我对译文做了些许改动。

们的任务是在可理解的层面上,而不仅仅在可触摸的层面上用符号的概念介绍它们的次要品质,使之具有真实的可操作性。(14;22)

他后来把感觉能体验到的"次要品质"引入到真实的操作性,这种方法产生了特定的还原作用,也是结构分析最出名的地方。他把所分析的神话元素(煮过的而且腐烂的肉,美洲豹和玉米秆)看作是"一种重要的工具,而不是物品"(341;346—347)。为了让可触摸的特性具有逻辑性,分析家需要展示神话叙事是如何通过重要的关系来安排具体的物品,这时物品和特性成了操纵者,反映了更加抽象的对立事物。一旦这种重要安排的逻辑受到赞扬,或者提升到认知的层面,这个物品的本身就可能被忘却了。①

可是像香味的特性一样,食物可触摸的特性不那么容易被人忘却。它们也不容易在"逻辑"的限制中受到束缚。作为人类学家,列维—斯特劳斯式分析的力量和结构主义分析的整齐划一可以满足我的需求,即使是触及了我的饮食习惯时也是如此,因为解释的力量是以日常生活所固有的诗性(味道和快感)为代价的。结构主义的分析家通过具体的对象来寻找逻辑,完全忽略了世俗体验的魅力。这不仅是列维—斯特劳斯的矛盾,当民族志学者描述地方文化以及人类学家们日常使用比较和归纳法进行逻辑分析时,也会出现这样的矛盾。

我认为列维—斯特劳斯的世俗快乐与其结构主义推理所产生的思想层面的快感之间存在着显著区别,既非由斯特劳斯原创,也不新

---

① 受列维-斯特劳斯结构主义的影响,José Gil 的《身体变形记》(*Metamorphoses of the Body* (1998))用感觉和身体力量作为恢复精神的体征,在最小限度上维护符号学方法论上的二元逻辑。正如 Gil 所指出的,他的策略和民族志的策略迥然不同,其中的原因我不想在此提及。

鲜。几乎从一开始,结构分析就置"人类的"感觉于争辩之中,使得诗学与科学对立,经验与认知对立,政治与"心智"对立,甚至"身体"与"精神"对立。① 也许摒弃这些二元对立是不可能的,但是通过关注日常生活中人们对其模糊化的各种方式,可以使它们变得不那么重要,也不用那么想当然。② 列维-斯特劳斯注重食物和感觉的特性,他的课题研究和后来在这方面为数不多的追随他理论研究③,仍然可以激起我阅读医学文献及其在当代中国的具体体现的兴趣。如果身体具有想象的能力,我们应能通过民族志对具体和日常生活的描述,来想象其他的生命世界,或者是感觉的领域。

但是,这种描述和阅读决不是简单地把人一生中最"真实"的部分转化为另一个陌生场景。(如果你从来没有吃过荔枝,就很难想象出我所描述的味道。)相反,它们就好像是一种转化(或曰翻译)过程,在这个过程中,应当认真对待"源"语言和"目标"语言的某些特定术语及其内涵。④ 直接感觉经验、具体事物和世俗活动的物质本质可以被唤起,因此也就可以被想象,但是仅仅通过语言和意象在特定的时间、地点、习俗中才能完成,而这一切对所有可以经历和想象的东西都加以限制。如果民族志追求的是"具体的逻辑"或者"可感知的科学",那么,它就总要对这些多少有些矛盾的术语的两个方面都加以观照。也就是

---

① 对美国读者来说,值得指出的是,*mind* 或者 *mental patterns* 是在 *Le Cru et le Cuit* 一书标准的英译本中常见的词,法语原词是 *esprit*。
② "mediate(协调)"一词的特定使用应归功于 Bruno Latour,他在 *We Have Never Been Modern*(1993)一书中非常清晰地界定了该词。
③ 参见 Munn 1986。她使用 Peircean 的 qualisign 的概念。Weiss 1996 也在他的民族志中注意到符号学的品质。在感官人类学的方法论方面,参见 Howes 1991,Classen 1993 和 Seremetakis 1994。关于感官的社会生活研究的理论问题,参见 Pels 1998:101—102 精彩的讨论。
④ 翻译的理论工作对当代人类学很有启示性。参见 Arteaga 1994,Derrida 1974,Graham 1985,Lefevere 1992,Niranjana 1992,Rafael 1988,Sakai 1997,Simon 1996,Spivak 1993:179—200,和 Steiner 1975。

说，既要考虑知识的逻辑科学形式，也要观照社会生活的具体特性。

　　针对这种充满矛盾的任务，通过假定可以让知识与经验、权力与认识的世界、意识和生理存在于一个理解与行为同步发生的单一系统中，中医为我们提供了许多可借鉴之处。科学的分析是通过经验观察撩开（仅仅是）表象的面纱，揭示只有分析家才知道的（更真实的）潜在过程，而中医则更多依赖多种经验。这种经验不是直接的、天然的直觉，而是把许多临床经验和学者的实践联系起来的、强调意识形态分类的东西。但是，即使把经验假想成这个领域的具有资源特质的权威，也和实验科学的理念相悖。中医通常要考虑的症状和药物可感知的属性只是表面因素，在多数实验室设计出彻底的研究之前是要加以控制的。

　　中药与人类学的具体科学相吻合之处在于：它乍看起来是一种阐释科学，具有可触摸性。味道、温度、针对性和疗效等药物特性既（抽象地）区分了药，又（具体地）表明了它们的感觉和物质特性。我要进一步说明的是，中药的性质和人体的感受不仅仅是潜在因素的被动反应；这些已知的、被感受到的特性本身也具有力量。在这一点上，它们和列维—斯特劳斯分析的神话中出现的气味和颜色相似。在叙述或者治疗过程中，药的"辛"或者"甘"会有不同的作用。但是与对神话的结构主义分析不同的是，中药理论并没有因为追求抽象深奥的对立而放弃这些明显的特性。可以看出，中医甚至都没有使用它的阴和阳"原始的"二元论。相反，中医大夫依赖的是成千上万的植物、矿物和动物的具体属性，把它们已知的属性混成烈性的"鸡尾酒"，富于味道、热量和针对性。① 与此同时，甘、苦、辛、咸和酸各种味道为混合提供

---

① 倾向这一概念在这里非常模糊，但是在汉语中非常清楚。关于该词为什么会有这样丰富的解释参见 Jullien 1995。

了分类原则,并据此得出混合原则。(温与凉的特性和倾向性(positional tendency)影响了五大内脏系统。)回想一下列维—斯特劳斯关于香味的例子:通过特定方法把不同的元素混合在一起而形成的特殊香味很像中药处方,只不过中药处方具有直接作用于整个人体的力量,而这是一个非常重要的区别。

小城药膳

早在1993年,我认识的一位医生的兄弟,姓吴,在山东省的一个县城开了一家小小的"药膳"餐馆。那个时候,县城里很少有室内的餐馆,为满足临时路经县城的客人的需求,只有在马路拐角卖面条的摊子。顾客包括卡车司机、村里的农产品经销商、为小社区或者乡镇企业来招工的、来县城逛两个定期集市的游客。县城里只有几家像样的餐馆,主要开在饭店和专家楼里。去那里吃饭的人多数是被县政府的官员们宴请的客人,以及县城里为数不多的生意场上的头面人物(我将在第三章讨论这类的宴会)。吴先生的药膳餐馆是居于这两者之间的公共饮食场所。① 他和他太太,租了一个铺面房,把它分割成两部分,前面能放两张桌子,外加四个包间。每个包间能坐八个人。后面的住房被改成了厨房。吴先生的弟弟有过一点点中医行医经验,做他们的帮手。尽管这个餐馆貌不惊人(屋子非常低,很黑,很狭窄),但是菜做得很好,生意很红火。吴先生把他们的成功,特别是午饭时的生意兴隆,归功于靠近县城公安局大院。警察和干部们经常来此吃饭、娱乐。

事实上,当我和我的朋友萨拉(另一位外国的研究者)有一天晚上

---

① 文中使用的中国人姓名除了经作者非常正式的介绍之外,一般都采取了假名。

走进去的时候,吴先生和他的家人非常吃惊,甚至是惶恐。他们吃惊并不是因为县城里很少有外国人,而是因为我们的性别。作为女人,又和餐馆里的人素不相识,居然敢径自来就餐。这家人非常好客,也乐意为我们提供丰盛的饭菜,但是他们坚持我们在包间里进餐,他们很庆幸我们来吃的是晚饭而不是午饭。① 他们后来建议我们以后最好晚上来。很明显他们不愿意我们撞见那些来吃午饭的客人,有些中年男子,有时白酒喝多了,大白天就吵吵闹闹的(我本人不喜欢这个主意)。

更令人费解的是,为我们提供服务的是吴先生的女儿。尽管这家餐馆是以经营药膳出名的,她却不明白给我们吃药膳有什么用(正是这家大大的"药膳"招牌吸引我来吃饭,而不是因为他们认识一位被我采访过的医生,那是我后来才知道的)。她说,这家餐馆的药膳不适合我和萨拉。他们日常提供的饭菜是为中年男子提供"滋补"的。

餐馆老板的弟弟吴先生后来给了我一个餐馆最常用的中药清单,有人参、黄芪、五味子、菊花、茴香、山楂、亚洲欧亚山茱萸。这些药煮在汤里(煎中药也用同一个"汤"字),这种汤有很明显的补气功能,能避免精气亏损,提高内脏机能,其中补肾脏是最重要的。② (肾脏不仅

---

① 经常在中国餐馆里就餐的人们能注意到,这种坚持是很正常的。但是我和萨拉到这个县城工作已经有一段时间了,虽忙于各自的研究项目,但已经是去餐馆就餐的老手了,尽管我们在研究的过程中,分别认识了很多中国人,但是很少人习惯于和我们去餐馆吃饭或者抢着付账。所以我们俩经常结伴出去吃饭。我们通常坚持坐在餐馆的大厅里就餐,一方面是那儿比较敞亮,另一方面是可以有更多的机会和客人聊天。但是在药膳餐馆我们别无选择。

把我们让进包间并不是因为他们不好意思和外国人交往,这是我所感受到的。一般来说,在这个县城里,和我打交道的医生和生意人都很欢迎我,人们以有我这个(有点怪异的)外国朋友而自豪。

② 餐馆的吴老板在一个三年制的卫生学校学过中医,之后又进修了函授课程,他和他的兄弟都声称是他们家一位老中医的第五代传人。他们使用的草药有人参、黄芪、五味子、菊花、茴香、山楂、亚洲欧亚山茱萸。

控制体液的流动,而且对性功能和生育功能而言也是至关重要的。①)换句话说,或者简言之,它们显然是滋补男人用的,虽然不是激发性欲的春药,但是能够保精固本。难怪吴家的小餐馆会受到人们如此的青睐。

我想当时他们比我更明白这些药膳可滋补的人群。尽管当初餐馆开业时肯定会做一些解释和介绍,比如这些汤的特定作用,但是多数菜品的滋补功效是不言而喻的。一方面,众人皆知给中年男子滋补的是什么。除了吴氏兄弟之外,我可能是唯一真正想知道这些特定中药的名称和功效的人。另外,即使我对这些细节一无所知,也不难看出这家餐馆主要是为男性服务。我和萨拉一迈进门槛,就强烈地感受到了这种气氛,特别是餐馆主人的吃惊,以及他们为我们提供的好心但是又非常不好意思的服务(作为外国人,我们常会犯一些小错误,但都能得到谅解,对此我们已经习以为常了。后来我才开始琢磨为什么这个地方不适合我们女性)。从来没有人解释过,但是当所处环境和所经时间具有很强的性属定见之时,一切都无需解释了。彼此间不自然的表情,我们一看就明白了。

并不是所有的药膳餐馆都这么强烈地区分男女顾客,这家可能有点特别强化的意识。吴先生特制的汤,与男女两性都可以送给年长男性的那些被商家包装好并且价格昂贵的滋补中药大同小异。除了联想到性功能的生理属性之外,这些东西并没有不恰当的暗讽之意。这也并不比给女人送美容产品更让人难堪和说不出口。尽管吴小姐反对我们喝这家餐馆的汤,但是在医学文献中并没有记载她上的汤对

---

① 在整本书中,我所使用的中医专业术语都大写了,为了提醒读者,它们和英语不是同一概念。"气"和"精"是例外,因为它们不是英语词汇。遇到这种词汇,我会加注英语,不为翻译只为方便记忆。(比如"气"后面我用"energy","精"后面我用"essence"。)关于这些词汇的定义和更多的解释,参见 Sivin 1987。

我正在老化的女性生理没有好处。在第六章中我将会谈到女人也需要滋精补气。提高肾功能对任何老化的身体都是重要的。为什么公安局的干警们比我更合适享用药膳餐馆的饭菜呢？

从纯技术的角度讲，它们对干警们和对我的功效也许并无差异，但菜单却又标明了差异。定期在这儿吃饭的男人肯定是享受到了不同层次的体验。一种应该是主观的身体层面的变化。至少汤中的某些东西确实起了明显的作用，人参的刺激作用是最明显的。特别是如果顾客知道喝了汤之后，能提神、开胃、情绪好转，当离开餐馆时，他们会感觉自己强壮了很多，也许至少会对一些事情更有控制力了。在另一个层面，需要记清楚的是 20 世纪 90 年代早期，对许多大型政府机关来说，日子并不好过。20 世纪 80 年代，山东县城的许多政府机关将党控制的权力转给了新改组的文官政府。与这种变化同时发生的是越来越明显的转变，专业人才比老一辈的"红色"管理者在地方政府中更吃香了。① 在之后一年左右的时间内，全国都兴起了提前退休的热潮，目的是把 55 岁以上的男性从办公室赶下台（同时还取消了专车和工作午宴）。我猜想，至少有一些吴氏餐馆的常客或许已经感受到工作上的危机，他们的忠诚过时了，他们的技能不再被赏识。药膳引起的生理兴奋，既让他们神清气爽，又让他们感受到阳刚之气，所以这家餐馆成了他们日常必定光顾之处。

味觉的语言，味觉的体验

药膳中使用的多数中药与人参、菊花和山楂不同，因为它们的生理作用不是马上就能显现出来的。但是它们的味道很浓，很容易辨

---

① 关于对该县城机构变化的系列研究参见 Walder 1998。

第一章 药 膳

明。在区分味道、综述烹饪的精湛技艺方面,中餐和传统中药疗法有很多共同的专业术语。虽说食物非常重视外观和口味,然而中药却没有那么讲究,但二者都在家居生活中占一席之地。再者,烹饪和中药都要利用多种原料,这些原料进入寻常百姓家庭,在这些家庭中,制作场所、制作周期和制作工艺都有了深刻的内涵。①

人们可以用味觉的词汇表达这些内涵。拿苦为例。在现代汉语中,描述受苦受难时最常用的词是吃苦。在讨论王若望的《饥饿三部曲》时,乐钢赋予这个普通的"苦"字强烈的历史感。人们很容易带着沮丧的心情说出他们或者他们的家人过去吃了多少苦。② 无论个人的苦是什么样的,他们都会用吃苦一词把个人的苦难与国家的苦难联系在一起。③ 苦也被广泛用于其他的复合词中。苦的外延也很广,从相对本意的苦到说明真正严肃痛苦的努力这种更具修辞性的概念。例如:艰苦的工作被描述成辛苦,用的是辛和苦两种味觉的本意。

在中药中,专业地使用味觉的词汇首先是指它们的本意。人们不光用众人皆知的酸、苦、甘、辛和咸五种味觉来区分中药,而且也用这些词(尽管不常用)来指特定中药的实际味道。行中医的人们常说,贤

---

① 许多医学方面百科全书性的参考书详细记载了每一种药材的最佳生长条件和采摘季节。类似的辞典告知读者从以前的文献中可以找到有关草药的记载。它们当中很多是占汉语的书籍。例如,参见江苏新医学院 1997。Marta Hanson 1998 已经开始从医学历史的角度探寻药物属性中地点的重要性。
② 乐钢 1999:150—183。在他新近出色的研究 *The Mouth That Begs: Hunger, Cannibalism, and the Politics of Orality in Modern China* 一书中,乐钢全面探讨了在 20 世纪中国文学中"有关营养的话语"的诗学和政治学。他把吃的口头性和语言的口头性联系起来,把食物世俗的混合与社会"吃人的"实践联系起来。开始写食的主题之后,我才关注到乐的研究。(Farquhar 1995a)读到他的草稿后,我立刻发现,现代中国有关营养的话语范围很广,而且意识到这么讨论当代中国局势的威力。
③ 关于"诉苦"是尽人皆知的毛泽东时代诉说苦难的论述,参见 Anagnost 1997:27—38。很有趣的是,当中国东部改革繁荣加速之时,我发现许多年轻人并不认同个人的"吃苦",这个词现在通常被用来描述他们的父辈在国家动荡时所经历的磨难。正如我所提示的,在地方历史中,苦难的存在可以使个人的政治合法化,即表达对长辈的认同。

明的国王神农是传说中的中药发明人。他"尝百草",并在此基础之上,创建了最初的医学文本。当我开始研究中医的时候,我以为上述的五味仅仅是分类条目,所以我对于"尝"这个动词很不理解。为什么神农没有说使用了或者检测了或者分辨了一百种草药?当我一开始关注药的本质特性,就发现在药典中广泛使用的这个词属于基本描述性信息。医生和患者都对药的本质特性十分感兴趣。这样,尽管患者们时常抱怨煎出的药"太苦",但是他们也承认在多数的处方中,能尝出甘草的特有甜味。毫无疑问,一个味觉敏感的人可以在苦中分辨出酸、咸和辛的味道。考虑到味不同的草药在一起煎时,人们就很难分辨出一个复杂的处方所包含的所有草药的味道。不过我认为,毋庸置疑,对付重症要下猛药。①

我不是神农,我的味觉还不足以区别中药的"五味"。我吞下去的每一服中药都是苦的。我问过很多中国患者,他们都认同我的看法。既然在药效的系统功能中,无论是从经验的本质还是从分类的功能上讲,以传统方式煎出来的药是有味道的,人们则会问:"味道"的功效是什么?这个问题听起来是不是有点奇怪?至少对于我们欧美人,这些大脑中只有主观和客观分类的人来说,认为味道能直接作用于生物状态的个性体验是很奇怪的想法。列维—斯特劳斯在使用香味的概念时,也没有赋予香味感性特质以过多的权力,超越引发记忆、或者设定或多或少其他的思维过程的能力。当我们想到伴随治疗所产生的感觉(理疗产生的疼痛,化疗产生的恶心),我们更可能把它们看作是原初行动(primary action)的副作用,几乎把它定义为附属感觉。修补肌

---

① 另一方面,我所服用的、从药店中可以买到的中成药味道比较温和、口感更好些。人们可以假设,申请过专利的药厂不会令人反感的产品把顾客赶跑,他们把口感不好的中药做成胶囊和丸药,以便患者吞服而不用品尝其味道。但是大家也知道对于顽症,中成药不如传统的水煎药疗效好。

肉、愈合骨折、组织或者微生物的死亡,抑或是激增,这些都是我们无法直接感受得到的。

在生物医药的话语中,患者没必要知道为何会生病和如何治疗。这也是为什么我们要去看医生,了解我们不舒服的真正原因,因为单靠我们的个体经验是无法弄清楚的(头疼的原因并不是因为在档案馆内花太多的时间去看那些印得很小的铅字,而是因为过度紧张。后背疼的根源不是因为缺乏锻炼而是因为椎间盘出了问题。我们通常并不看重靠经验性的推理把我们的痛苦和生活的其他方面联系起来,或者在生物医学诊断中,对这一点避而不谈。此外,标准的唯物主义因果逻辑不能直接围绕生物医学的病因、功效和行为进行解释,比如针灸所达到的功效依然很难解释。诸如肌肉、组织和微生物的实体对于以解剖学为基础的人体结构医学来说并不陌生,而这些实体可能会出现在具有唯物主义的因果逻辑的病理学叙事中。但是中医很少关注解剖学。相反,它常常以功能性药物为特点,能够在不依赖固定的结构关系模式情况下,发现生理学和病理学的显著变化。① 再者,中医是"全面的",它把疾病的症状和诱因联系起来,关注的不是解剖学原理,而是急症本身。连续或者同时出现的症状说明了它们之间密切相关,医师的工作就是了解这种世俗的关系,明确辨明产生这些症状为何会具有暂时的相关性。解剖学则不关注这种"全面型"。如果中医的这些描述确实是正确的,那么诱因的其他形式比如功效或者药力也应纳入考虑的范围之内。

下面的文字是从1978年出版的一本医学课本中节选出来的,用以说明认定药的味道和药的威力之间复杂而直接的关系:②

---

① 关于中医的功能逻辑的广泛研究参见 Porkert 1976,Sivin 1987 和 Farquhar 1994。
② 成都中医学院 1978:7。

五味,就是辛、甘、酸、苦、咸五种味。有些药物具有淡味或涩味,所以实际上不止五味。但是,习惯上仍然称为五味。五味也是药物作用的标志,不同的味有不同的作用。……综合历代用药经验,其作用有如下述:

　　辛有发散、行气、行血、或润养作用。……甘有补益、和中、缓急等作用。①……酸有收敛、固涩作用。……涩与酸味药的作用相似。……苦有泄和去燥的作用。……咸有软坚散结、泻下作用。……淡有渗湿、利尿作用。

如果稍加思考就可以发现,上述的功能(比如发散、固涩等)既是表示人体正常生理活动的专业术语,也是适用于表达个体体验的词汇。换句话说,把味道和药的威力相连的逻辑也可以用于活生生的人体感官反应。然而,需要进一步解释的是,对于味道的体验和身体变化的感觉之间的联系。酸是怎样达到收敛和固涩效果的?苦为什么有泄的功能?尽管上书强调辛、甘、酸、苦和咸五种功能的分类,但是它也明确表示,这些并非硬性规定。神农先尝了百草,然后才建立了中药学。在医学文献中,医药的分类反映了中草药的实际味道。因为这些味道和特定的功效相连,所以就没有必要在中医的话语中再做解释,它们已经是历史经验的积累了。

英语没有描述对味的全身反应或者味的因果关系理论的词汇。也许英文最接近的概念是"油腻"抑或"清淡"的饭菜会影响我们的清醒程度,或者知道何种食物会让我们的胃"不舒服"。多数介绍中药的英文文献会善意地对味可能会有很强的生理学功效避而不谈,因为他

---

① 上焦、下焦和中焦作为中医对内脏系统的分类,有时被翻译成"Three Burners"。标准的现代版本把它们解释成负责体液管理和流动的功能性身体的三个区域。

们认为这种关于功效的想法太奇异。① 在北美的营养学知识里,我们把味道归入(相对孤立的)人类主观接受体验之列,把对食物的感觉与好感或者反感相连。我们认为那些真正改变我们身体的力量和实体作为食物的属性是可以量化的(比如脂肪、维生素或者蛋白质含量),无论我们吃不吃,它们都含在食物中。我们讨论的身体是自然的一部分,对于食物文化上的享受不应列在生物学话语内。理性所感知到的食物的功效并不能抵消吞咽时相对短暂的体验,而我们肉体的感受,一旦被激起,就会指向存储着主观体验的文化领域。这时,用英文表达显而易见的快乐就显得软弱无力了。

在现代中国,企求通过吃中药解脱疾病困扰的患者总是把饥饿、过度劳累、身体兴奋或者身体放松等过去的体验与他们现在的快乐和痛苦状态相连。这是全世界患者对于疾病典型的主观描述。② 但是从汉语和中草药的惯用语中,我们可以看出,甘性的药可以止痛治痛,辛味物质可以刺激并激活痼疾的郁滞。中药的体验特质鼓励个人微观政治,因为患者都试图通过把思想与感觉相融合的方式来控制自己的身体以及他们所处的环境并养成习惯,使他们的感觉更合乎情理。

实践中的中医

我已经说过,中药的味的直接功效中包含了一种因果逻辑,味不仅能引发短暂的美学反应,而且会形成长久的身体变化。这种逻辑在作为中医基础的古典文献中似乎都被想当然了。然而,这并不仅仅意味着一种"古老"技艺的幸存。它和特定体验或者体现的模式相关,而

---

① 例子参见 Keys 1976,Hyatt 1978,李 1974,和中国科学院 1975,例外的有 Porkert 1976:193,Sivin 1978:181—182,和 Farquhar 1994。
② 例子参见 Taussig 1980 和 Kleinman 1988。

这种模式在现代中药消费者的日常生活中是显而易见的。为了给这本书的观点(即现代中国的一系列政治是被体现的)寻找明显的依据,我将介绍当代中医实践的几个基本特点。这种实践贯穿整个改革时期,非常积极地应对更广泛的社会转型和患者以及家人不断变化的需求。通过这种实践,我们也许可以对特定的当代中医身体有些许了解。

20 世纪 80 年代早期,传统中医研究机构内的理论家们常常把中医治疗的身体比成"黑匣子"。① 这个来自行为心理学和控制论的意象,为中医学的思想和实践提供了一种世界主义的和科学的芳香,但怀疑论者往往会认为这些都有缺陷:中医不是建立在解剖学基础上的。这种缺失使中医知识和生物医学知识之间无法轻易转换,而且(如果强调西方实验科学重要性的话)会冒一种被阐释成传统中医的失察的危险。中国学者怎么能够忽视对人体结构的研究因而没有发展出中国版的现代医学呢?

20 世纪 80 年代到 90 年代间,中医研究者和医师们坚持中医是具有基本科学性的,因此他们认为有必要以那些可以使人们关注中医领域认识特征的那些概念为有力武器来反驳这种从本质上说具有攻击性质的质询。② 由于黑匣子的意象,中医所针对的功能性身体看起来像是一个场,于中输入和输出被紧密联系在一些精密分类的抽象概念之中。尽管医师们也假定和讨论中医上特定的"病理机制",但他们可能会对病理解剖学一无所知,因为病理解剖学是以生物医学知识为基

---

① 刘 1982:206—207,侯 1981:119—120,广州中医药大学 1982:88。
② 这个问题强烈而广泛地影响了中国的科学史。李约瑟(Joseph Needham)的里程碑式的著作 Science and Civilization in China 着重解释了为什么现代科学在中国"没有发展起来",在中国,许多研究科学史的人都受他的影响(参见李等人 1982)。Needham 的工作有很多优点,但是他没有解决最近的社会和历史与科学的相关性问题,显示出他的作品过度依赖西方的社会发展。

第一章 药 膳

础的。正如我前面所提到的，中医大夫不太关注"机能障碍"的部位和结构特点，他们也不屑去辨明致病的微生物动因。① 他们所擅长的是适时地对疾病进行治疗。

如果认为当代的中医实践仅仅是用一个对照表把症状和中药治疗对应起来，那是过分简化的观点。② 但是，多数患者和局外人对这一特殊的逻辑和技能一无所知。对于他们来说，中医就是一个对照过程：根据患者的叙述把长期不适和其他症状列出一个详细的清单，然后据此在处方上写上不同的中草药以及各自的用量，药方就这么开出来了。通常病例的唯一记录，就是门诊患者的病历本，上面记录了一系列症状，和应该服用的相应中药。有经验的医师能够用"内行观点"从这些少而又少的信息中获得很多，但是患者看到的是关于他们疾病和治疗的简要记录。

处方草药用纸袋子包好，由患者带回家（一包就是一天的剂量）。然后放在一个半封闭的容器内（通常还放入诸如红枣或者鲜姜之类的辅料）加上水煮一个多小时。我很多的熟人家中都有专门煎药用的砂锅。许多医生告诉患者，煮的时候，等水收干到一半的时候，再加两三次生水煮，以便获得最大的药效。这样煎药是非常费时间的。最理想的是，家中起得最早的人（比如老祖母）在准备早饭的时候就把药煎上，患者一大早就要喝下当天的第一服药。一天当中其他时间喝的药，可以在蒸锅中加热。煎药时会散发出一种特别的味道，像是大蒜、姜和辣椒，全楼甚至整个小区都能闻到。这种药香会飘到院子里、巷

---

① Farquhar 1987,1991,1992.

② 在这里，我没有把传统中医的针灸考虑在内。本书不涉及中草药的复杂性，我在其他研究中研究了呈现在疾病和中药治疗管理之间实践和逻辑在现代临床中发挥的协调作用（Farquhar 1994）。Ted Kaptchuk 用一张表显示了中医开处方的基本逻辑（1983）。其他人探讨了中医学文献中深厚的理论和科学遗产，当中记录了远比症状和中草药更深刻的问题。（Porkert 1974，Sivin 1987，Unschuld 1985，Needham 和 Lu 1980。）

子里,人们很容易就能知道患者的住处。

许多当代的中国消费者抱怨煎药太不"方便"。如今在核心家庭①里,人们工作强度大、学习任务重,还要挤出时间做饭,根本没人能"慢慢地煎药"。和我聊过天的一些患者说,他们"无法咽下"汤药,认为汤药太苦了。他们很多人不得已改吃中成药丸或者浸膏。这些药在家附近的药店里可以买到,如有必要,还可以把药带到办公室或者聚会场所。这种药"容易吞服",便于携带,但是人们都知道,它们对于顽症来说不如汤药的疗效好。② 所以,尽管不方便,依然会有许多人吃"老式的"汤药。下面我们谈谈中医门诊的一些基本问题,以便更好地理解中医的魅力和威力。

中医门诊所争论不休的身体是个凸现感觉的合成产物。疾病改变患者的感觉以及体现的实践,如果治疗起作用,病患的感觉会再次改变。对于任何一种医学实践而言,这些改变在日常诊疗中时时发生。但是中医尤其依赖患者和医生之间的合作来达到治病的功效。下面一些相对恒定的特点可以帮助我们理解患者和医生如何合作取得更佳效果。③

一、中药从患者的不适开始。这并不像听起来那么简单。当代中国的传统中医大夫几乎不提供初级保健护理服务,他们处于大多数

---

① 与几代人同住一处的"外延家庭"相对应,"核心家庭"中只有父母和孩子两代人。——译者
② 和其他事物一样,越来越多的商业化中医服务和产品成为独特的慰问品。中药虽说不是富人的奢侈品,但是它确实需要花费一大笔钱,并不是所有人(比如那些外地民工和生活在欠发达地区的居民)都能负担得起。中国的经济已经"开放了",传统的中药制品也在大量出口。
③ 据我在断断续续10年的田野工作中所观察到的——我在这里只谈临床工作——在中国几乎所有医疗服务都被冠以"传统中药"之名。自从我开始做田野调查以来,出现了许多关于中国传统中药实践变量的详细论述,参见 Scheid 即将出版的作品,Hsü 1999。Eric Karchmer, Yan Jianhua 和我正在进行的工作,将会反映我们广泛采访的结果,我们咨询医师实践中的变量和中医理论对他们的启示。

全民公共卫生体系之外。服中药的人通常患有严重的慢性疾病（比如：关节炎、周期性偏头痛、慢性眩晕）、顽固性体弱（例如：晕厥和无精打采、便秘、乏力、消化不良）、或者恼人的亏损（比如：不育、脱发）。这些患者都知道自己病了，因为他们感觉不好，非常需要增强日常自我保健。

换句话说，患者明了疾病，他们能毫不费力地依照"主观标准"说出他们接受的治疗是否起作用。鉴于门诊的这个基本特征，没有一个来诊所求医的患者，离开时不拿着处方或者没有接受某种治疗。即便患者看的是一个"现代化了的"中医大夫——要求患者检查尿常规和血常规，拍 X 光片和作 B 超这些中医的辅助性手段——即使这些现代化检查结果证明患者没问题，但医生也确信患者是生病了，需要接受治疗。因为中药处方是量体裁衣，按患者描述的症状开药，只要患者可以说出症状（我还没见过一个说不出来自己症状的患者），医生就可以对症下药。医生开具的并不是快捷无味的药丸或者针剂，而是通过煎药、品尝，让患者慢慢地去体会疗效。①

二、**患者能够详细描述他/她的病情**。症状的命名涉及一些复杂的词汇。当然最重要的是这些词汇与现代汉语有着理论上广泛的联系。在诊所内，患者用许多不同的方言描述他们的担心和不适。但是普通人对于症状的传统医学语言也并不陌生。不像希腊语和拉丁语的词源学，有时会遮蔽生物医学实践中的常用概念。中医描述症状的词汇，特别是最近，使用的主要是日常用语。诊所里使用的语言试图揭示常人不适的医学本质，而不是用深奥的词汇把医学概念的世俗本质掩盖起来。

---

① 关于大众文化对"修身"这一"古老"逻辑的最新重要角色以及保健——以追求健康为目的的预防性实践的讨论容我稍后再说。在中药领域内，这种知识形态和自我关照有很紧密的联系，但是这种联系有强化的倾向（参见第六章）。

像怕冷、五个地方爱出汗(脚底板、手心、胸口等)、食欲不振、轻微疼痛和不适等症状,描述它们的词汇可以分为剧痛(像被刀子挥砍的感觉)、钝痛、隐痛、坠痛、刺疼、绞痛、灼疼、寒痛、暗痛或者扯痛等,权威中医学词典对它们都有明确的界定,在一般概论性的课本中都有简要的解释。① 无论患者以何种方式理解了一些专业上的区别,比如冰冷和怕冷之间的区别,他们都可以用类似的词汇对所患疾病进行简短描述。许多患者会坚持不断地回诊所找医生咨询,更新他们的处方,这样,这些词汇很快被所有人采用。换言之,患者可以学会着重描述中医大夫最为关注的部分,不过这种本事既不需要新的经验也不需要特别的语言。

实际上,患者对于疾病的体征描述和医生对于症状的记录都不需要高度的概括能力。② 如果一位患者有一系列不同的疾病体征要讲述,病历本上会记下一长串有关症状的术语。没人会为患者的陈述和医生的记录是否一一对应而计较,但是如果患者陈述的过分简单或者过于抽象,则不利于医生开出一个合理的处方。医生和患者双方在临床寻求的不是一种强有力的力量直捣疾病的要害,而是一种对疾病进行多方面干预的手段。隐藏的内在因素要依赖可视的科技知识(显微镜、X光片、扫描仪、组织培养)来检测,现代中药对此并不完全陌生,但在临床实践中它们并不重要。能快速无痛地根除疾病的"灵丹妙药"只是最近才在中医中出现,而且,许多医生和患者都认为这种药只有表面的功效。相反,传统医生和他们的患者所做的是对症下药,作用于疾病的表面,慢慢地但是确定无疑地改善症状。

---

① 例如北京中医学院 1978:83。
② 我没有按传统的方式使用 sign 和 symptom,参见吉田 1987:120—214,他讨论了在生物医学中,界定英语单词 sign 和 symptom 的不同使用方法。他强调在多数用法中,区别客观的 sign 和主观的 symptom 的重要性。但是这种区分不适用于汉语。相反,当人们区别这两个词汇时,发现了其医学抽象层面上的不同。临床时则加入了某些主观性的因素(参见 Farquhar 1994)。

第一章 药 膳

三、医生和患者共同对疾病进行分析和监视。如上所述,处方上记录的症状和患者自己的描述相差无几,只是稍稍做了点"专业化"处理。医生然后对这些症状进行高水平的分析,确定症状和治疗方案。在这里,我无法对诊疗进行抽象而专业的描述,但是从下面简短的病历中,我们可以窥见诊疗过程以及患者详述其自身症状的重要性。①这个"健忘"的病例是脾胃系统失调,出版于1991年,医生是陆拯。

心脾虚弱。方××,男,46岁,检查日期:1974年3月20日诊。一年以前先后吐、便血后,出现严重健忘,曾服枕中丹、归芍地黄丸以及五味子糖浆、艾罗补汁等,无明显疗效。诊时遇事善忘,兼有面色淡白,心悸少寐、神疲乏力、饮食减退,舌质淡,苔薄净,脉细弱。证属心脾两虚,意舍不清,心神不宁。治当健脾益气,以资心中气血。

处方:炙黄芪45克,炒党参24克,炒白术、炒当归各12克,广木香6克、陈皮6克、炙甘草各6克,龙眼肉、茯神各15克,生姜3片,红枣8枚。

7剂后,心悸少眠、神疲乏力好转,食欲略启,余症未见明显改善,仍宗原方。15剂后,健忘减轻,面色见华,心悸少寐近除,舌淡红,脉小缓。原方去广木香、茯神,加桂枝6克,炒白芍12克,炼蜂蜜(分冲)30克。又服15剂后,记忆好转,余症消失,舌脉如常人。原方略作加减,10剂。服完后改用归脾丸500克,每次6克,1日3次温开水送下,以巩固疗效。(171)

陆医生根据患者方先生的口述,了解了他这个病例中的多数症

---

① 更全面的讨论参见 Farquhar 1994。

状。病情的改善也是由方先生对自己的情况进行天天监控,然后在下一次就诊时报告给医生。面色、舌质和脉象对于医生也是重要指标,但是,在这个病例中,如果没有患者对其"神疲乏力、饮食减退"的描述,医生也就无法确定是脾脏系统出了问题。

根据中药的分类法则(该法则已经有300多年历史了),最先开出的11味草药中,有8味属于甘,3味属于辛,而那8味也属于温热的。它们都作用于脾脏系统。有意思的是,前3味药的用量远远大于常规的用量。还值得一提的是,只有龙眼肉和茯神这两味药是特别针对健忘、乏力和失眠,而这两味的用量却是常规用量。所有这些药在所述的治疗策略中都是可行的,健脾,益气。例如,回想一下,辛和甘的功能:"辛有发散、行气、行血、或润养作用。……甘有补益、和中、缓急等作用。"陆医生所开处方的其他方面表明了他对病理过程有综合考虑,我在这里不想赘述。但当患者来门诊就医时,无需太费力就可以感知疾病的综合因素。患者所描述的身体不适用龙眼肉和茯神来解决(在大众医学常识中,这两味药皆有提神的功效)。同时,陆医生分析该病的根源在于脾虚,于是用许多滋补和增强该系统活动的药来达到祛除病根的目的。可以假设,方先生也认同陆医生的看法,觉得神疲乏力、饮食减退与健忘有关,即使他以前并没有把他的病和这些症状联系起来,在他认真服用了几星期的汤药后,他也会觉得自己的记忆力随着活力和胃口一起恢复了。

四、当症状改变,要持续地看医生,调整处方。传统中医的特点是可针对疾病变化进行灵活监控,这一点在当代医学实践中颇受争议。拿健忘症来说,上述的病例提到4次连续看医生,每一次患者的状况都随着处方的调整而有所改善。

无论患者在看中医之前对自己的身体状况多么不在意,一旦进入了治疗过程,他/她都会注意症状,并乐意汇报细微变化。我曾经见过先前健康、对自己的身体毫不在意的年轻妇女们,婚后一年左右没有怀孕,在医生提问时,她们能非常老练地说出身体的状况。当医生和患者评价药的功效,试图提高患者的生育能力时,他们一同监控哪怕是有一点发冷或者发烧的感觉、头痛、一阵阵疲劳或者不适、阴道分泌物的时间、颜色以及大小便的频率和状况。

同理,像患有哮喘、关节炎、慢性心脏病或者周期性偏头疼等严重慢性病患者,也都成为诱因的微观专家。他们观察症状出现的时间与日常需求、沮丧和快乐之间的关系。他们尝试没有规律而任性的生活,监控自身身体的反应,权衡新发明的生活方式的利与弊。他们也许会警告家人和同事不要打扰他们,以免出现更频繁的心悸和眩晕。他们还有可能连续几个月改变家庭饮食,因为某些食物能避免旧病复发。① 人们甚至相信就连呼吸都有治疗的效用,20世纪80年代在中国城市里风行的气功热证明了这一点。

对慢性病的如此反应在北美也不乏其例。在北美这种反应可以被理解为患者不太愿意放弃对于病因和自己身体状况的控制力,不愿意全部任由医生主宰。对于患者擅自用药和症状的复发,有时在生物医学的临床文献中被视为"不遵医嘱"。但是,中国的患者和中医是互动的合作者。患者通过一周一次或者每三天一次定期去看医生,拿上不同剂量、不同种类的中药,回家服用,进而观察疾病变化的过程。患者定期向医生报告症状的变化,医生依此开出更切合实际的处方,让患者把中药拿回家,天天煎药。这样做非常费燃料,长时间占用煤气灶两个煤气火眼中的一个,煎出的药味飘得满楼都是。然后患者还得撅起嘴,把药一股脑地喝下去。

---

① Arthur 和 Joan Kleinman 报道过一个神经衰弱的病例。那位患者不仅改变了她的饮食和用药习惯,而且还影响了家人好几年。(1985:463—466)正如中国出版的病例史所揭示的,这种情况非常普遍。

身体:溢香的世俗载体

我不想给大家造成一种假象,以为所有现代的中国人,或者所有慢性疾病患者,全都定期服用中药。我也不想说有一种让中药特别迷人的现代中国的体现方式(在用药前就存在)。人们不需要借助于这个整体化概念也能看清在这里讨论的治疗形式和某种身体习惯之间的联系,因为从某种程度上说,无论是不是中国人,身体习惯都会因人而异。然而这里表明的体现方式并没有独立于治疗的威力之外,中医吸引的是已经被体现了的人们,当然,随着中医的发展,它也会影响这种体现方式,产生某种说不清的习惯和喜好。

所有这些中医临床的特点,以及中草药使用者在家用药的特点,都把身体的体验(或者对身体体验的叙述)置于核心位置。味是如何具有因果力量的?上面提到的这个谜团,在这个世界里就显得不那么神秘了。当身体被视为溢香的世俗载体时,其显著特点可以用同类的非身体的语言系统来分类:甘性的草药可以滋补过劳的脾脏,辛味的药可以促进活力,平定心绪不宁,不让患者胡思乱想。阴性的食物可以生津、平阳火,阳性的药物可以刺激脏腑的功能,使慢性或者停滞的物质进入活动状态。这种身体可以在没有生病的情况下,追求和享受健康。中医的专业知识表明健康状态既是美学的,也是有效的。

我不知道雷锋的锅巴除了很明显的营养功用之外还有什么药用价值。但是人们认为荔枝是具有药用价值的食物。它性甘,微酸,有点温热,对脾、胃和肝有好处。能生津解渴、补脾、补气、补血。1983年一起吃荔枝的都是女性,对我们来说,毫无疑问我们的血被补充了(参见第六章《色情艺术》)。既然我们都是知识分子,就会过多使用脾脏的反应功能,控制肝火的能力则会减弱,我们肯定会从荔枝的温热和解渴的果汁中获益良多。我们当时身处一个炎热的南方城市，快到夏天了，水分很容易流失，荔枝正好帮助我们保存水分，使之在全身起到很好的润滑作用。从那些快退休的、经常光顾吴先生药膳餐馆的警察的身上，发现了一种高度社会化和惬意的方式：以适当的食物滋补我们的日常生活。也许这种食物对我们和对那些警察一样奏效，可以帮助我们维持作为女人合适的性生活生理。

饭菜在特定的时间适合特定的人群的医学专业知识，不需要进一步澄清，尽管现代通常有人在做。但是这种知识确实存在，在医学院的课本、大众健康教育手册以及口头传播中，随处可见，它以特殊的方式指导人们根据自身的身体状况选择不同的食物。虽然直到最近，我对这类知识的复杂性还知之甚少，但是我肯定我学医的朋友们知道得比我多，不然，如果她们觉得对我们没好处的话，就不会和我分享荔枝了。我们痛快地享受着美味，同时我们也在实践着有性别倾向的知识，我们用特定的方式把自己的身体置于历史和社会生活之中。

我所讨论的中国食物和药物，特别是他们现在所分享的叫药膳的领域，提供了能被调动起来形成特定体验的权力。这一观点把一种特定的权力概念和体验的特定历史化进程结合在一起，表明在某种意义上可以使身体"恢复到正常状态"。这不是一个为了事业而使自己更加孔武有力的身体。相反，它是一种体现，与能力关系密切，而食物和药物增强了能力，提升了感觉。身体无需等待共产主义的到来，也无需等到人人都过上好日子，就可以以自己的方式享受生活中某些美好的东西。事实上，这个身体并不认同能量仅仅来自为人民服务。但是，我还想在第一部分的其他章节展示在20世纪末期由市场调节的、关于吃的享乐和功效中，担心和疑虑也呈现着上升的趋势。

第二章 精神会餐

> 吃吃喝喝真是生活小事吗？决不是。筷子头上也有阶级斗争。
>
> ——《红旗》

上面的问和答为我们展现了以阶级斗争为纲的意象。① 在1970年，这也许是一种新提法，但是把食物和政治相连的想法在中国绝不是新鲜事。20世纪的大部分时间，正经历现代化的国家主义者极力强调改变民众的饥饿和当权者的暴饮暴食现象。小说家和散文家们用复杂的口唇意象来描绘支配和牺牲之间的社会与政治关系。② 在中国"农民革命"时期，农民和地主为争夺对土地和农产品的控制权而斗

---

① 这句话引自 Solomon 1975:53，原来的社论作者是刘玉良，刊登在《红旗》1970:2。
② 本章主要的论点我会采用 Solomon 1975，特别是第三章，还有乐钢 1999。Solomon 自开始研究以来，他用毛泽东时代的话语对花钱吃的意象的综述，涉及了许多人物，在大众的记忆中，这些人物都非常重要地存活着。他的贡献之一就是把东亚冷战时期的国家形象——用纸老虎和激烈竞争能力体现的统治能力联系起来。作为观察家，Solomon 非常同情中国的运动，在毛泽东去世之前就发表了著作，那时正值"四人帮"被捕，历史正在被重新书写。他为我提供了独特的视角来看待毛泽东时代的日常生活。在中国文学中，乐钢对于营养话语的解读涵盖对吃人的形象和话语问题的关注，由此，涉及一个更深层次的分析，特别像弗洛伊德式的分析。我也如法炮制。我觉得他成功地展示了20世纪中国话语中关于吃、说和通过消费达到统治目的的综合文本。

争。① 毛泽东经常使用食物的隐喻。例如：他著名的论断"革命不是请客吃饭"(《湖南农民运动考察报告》)，以及"如果想要知道梨子的滋味"，或者要想获取可靠的知识，你就得亲自去品尝(《实践论》)，他把"政治分析综合"比喻成吃螃蟹，"吃敌人"要吃肉去壳，胃肠吸收营养，把糟粕排泄出去(《杭州会议上的讲话》)。②

纵观新中国的历史，领导阶级不断暗示政治变革会引起餐桌上的变化。同时，他们也坚持吃吃喝喝不能排除政治。社会主义的平均主义应该在食物的生产、分配和消费上得以显现。人们的基本需求应该不偏不倚地得到满足。一旦出现不平等，就需要纠正。尽管从20世纪70年代末期到80年代中期，要求国家对生产和消费进行彻底控制的社会主义修辞逐渐减弱，但"社会主义市场经济"的许多基本原则仍然和食物有关：在分配环节，私人对土地和企业的控制会"激发人们的劳动热情"，因此可以更加有效地满足国家的需要。

在改革时期，对于食物的公共话语发生了巨大的改变，但仍没有消失。一位20世纪90年代从中国移居纽约的艺术家，让我又想起了这个事实。他询问我的研究近况，我把这本书的书名告诉了他，《饕餮之欲：当代中国的食与色》，他惊讶道："啊，食物在中国可是非常有政治性的。"我问他为什么，他说人们一直强调，吃是政治斗争中一个非常重要的方面，没人能忘记这一点。"大家都特别注意别人在吃什么，在食物的问题上，没人能够避开道德不谈。"

三部深受大众喜爱的文学作品可以帮助我们了解，在中国，食物为何如此具有政治性。一部作品创作于20世纪40年代（曾为适应

---

① 参见 Meisner 1986，许多历史学家认为农民运动的历史是20世纪40年代共产党成功的秘密。
② 毛泽东 1971：30，71；Solomon 1975：46。

"文化大革命"的需要而被修改),另外两部出版于20世纪80年代。这些作品不光在各自的时代被广泛地阅读和喜爱,而且它们都涉及了许多对于中国国情来说至关重要的社会问题和历史冲突,对此许多作家和思想家都达成了一致。这些作品各有千秋,它们对有关食物、政治和道德上的观念反映了鲜明的政治立场、国家规划和美学策略。一部是芭蕾舞剧,其余两部是中篇小说。每部作品都采取了通俗易懂的创作方式,向读者明示阶级斗争如何存在于筷子头上。

这里提到的第一部文学作品是《白毛女》,由于曾经被"文化大革命"时期的领导者们指定为唯一的艺术形式而成为经典的戏剧作品,这部作品一般被认定为党的直接宣传工具。本章讨论的第二个文本是电影《芙蓉镇》,尽管如我们将要看到的,它对于改革时代早期市场变化的描述符合当时邓小平的经济思想,它通常被视为大众对政府运动的抵抗。这两部文学作品界定了对人的基本需求,概述了满足这些需求的社会责任分配。这些最基本的定义并非偶然。两者都回答了20世纪的中国经常面临的问题:人民需要什么形式和水平的生活?什么人做领导能确保人民获得生计?两者都把吃放置在具有明确的政治议程的宏大叙事中。他们通过对令人疑惑的社会生活进行分类整理,区分了生产者和消费者、需求和愿望、剥削和受害、好人和坏人、充满希望的今天和深渊般的昨天。通过这种整理,每一部作品都使这个被整理后的社会完成了其自然化的过程。

本章中提到的第三部作品是《美食家》,虽然它的出版仅比《芙蓉镇》晚几年,同时也具有《白毛女》中"左"的思想,但是它直接动摇了前两部作品所体现的食物的政治性。从那位坚信共产主义的餐馆经理和自我沉醉的"美食家"(小说的英译本是以法语 *The Gourmet* 为标题)的对抗历史中,可以看出美食所带来的快乐和政治上的公平之间并不能画等号。似乎一个人若要享用美食,其他人就必须付出劳动。

这种吃所体现的矛盾政治在作品中得到了精心刻画,它把我将讨论的三个文本联系在一起:食物本身体现了难以消除的不平等,对此,我们不得不接受。

饥饿简史

正如我在第一章中提到的,在现代中国,中国食物和中药被制作成精致的产品,有的还很昂贵。正在兴起的企业家群体,他们要花不菲的价钱才能获取这些精致的产品所能提供的享乐。但是,现代的消费者中,很少有人能在一生中享受到这些精美的菜肴和昂贵的药品。很多能够自由选择海内外商品的人都能够理解现在的快乐与相对简单、贫穷和饥饿的过去之间的反差。

如今中国的许多领域,包括国家传媒,都经常把严重的饥饿描述为过去的事情。除个别人外,真正挨饿的人很少在挨饿时描述他们的经历,也很少用现在时对饥饿进行描述。① 然而,从毛泽东时代的编年史到 20 世纪 90 年代以消费者为核心的大众媒体都赋予记忆并刻写在历史叙事之中的饥饿极其重要的地位。在这里,中国的编年史上至少指涉了三个现代历史时期。第一个贫困和食物短缺的阶段发生于 20 世纪 30 年代到 1949 年间,与战争所引发的大范围社会动荡密切相关。这个阶段经常被称为"旧社会"。第二个阶段开始于 1958 年"大跃进"之后的饥荒。众所周知,从 1959 年到 1962 年的"三年自然灾害"期间,大约有 3 000 万人被饿死(大约相当于总人口的 5%)。②

---

① 参见乐钢对于 20 世纪 30 年代关于"饥饿艺术家"的写作的论述(1999)。
② 参见杨 1996。

首都的高层领导也体验了食物的匮乏。① 第三阶段是从1966年到1976年的"无产阶级文化大革命",相当一部分人都经常体验饥饿。能记住这一阶段食物匮乏的是少数人,但是他们非常有影响力。他们多数是知青,他们被"送"到农村,那儿的食物比城里还匮乏,还有一小部分知识分子和干部被下放到干校,那里的饥饿情况有时更加严重。一些被下放的人返城后,有些官复原职,有些开始写作,在当代文学和新闻报道中,他们是将"文化大革命"中的饥饿作为明确主题的人。他们关于饥饿的叙事不但把匮乏置于过去(尽管目前在中国仍有许多人吃不饱饭),而且在受教育者和当权者主宰的公共话语中,为这个对知识分子来说非常重要阶段赋予了重要的意义。因此,反映1966年到1976年间一些知识分子遭遇的作品远远多于反映20世纪50年代末期灾难性饥荒的作品。但是,值得一提的是,毛泽东时代早期的诉苦题材为许多反映饥饿和压迫的作品确立了创作模式。当时,农民和工人被请到公共集会上,诉说他们在解放前的悲惨经历。②

在中国,不是每一个人都记得自己挨饿的经历,但是,也并不是所有的记忆都和对于饥饿的分期相吻合。多数在1959年到1961年全国饥荒之后出生的人,从没饿过肚子,其他人认为他们真正过上现在的好日子,是20世纪60年代早期的经济复兴之后很久的事情。在我曾居住过的山东中部,据那里的村民说,到饥荒结束后他们仍极度贫穷,直到20世纪70年代早期,政府的一位专家终于帮助他们成功地改革了耕种方式,情况才有所改善。当然地区性的差异也是存在的,南方水源充足地区的农民,解放前是个体农民,当时的日子过得比集体化时还好。现在回忆起来1949年以前的日子比之后的日子过得更

---

① 不同的传记和自传都有明确记录。在该阶段高层也很难获足够的食物,毛泽东为了和人民保持一致,在该阶段拒绝吃肉。(李志绥 1994:40)
② 参见 Anagnost 1997:27—38。

富足。(在本章中,我讨论的南、北方生产和农村生活水平之间的差异解释了两部文学作品之间的某些不同。《白毛女》描述了北方村民冬天的饥饿,而《芙蓉镇》讲述的是在全国饥荒之前人民吃得相当好的岁月。)位于北部沿海的平原,土地比较平整,气候干燥,且变化不太大,对集体农业依然有好处。他们当中,一些村庄顽强地坚持着从社会主义制度学到的组织形式。与此同时,农村经济规划者们已经注意到,在那些当地干部不再负责任地管理集体事务的地区,贫困的乡村和家庭再次出现。这些陷入困境的农民包括那些视社会主义农业为富足坦途,而视当今成败难料的乡镇企业体制为歧路的人们。

尽管存在着地区和个体的差异,在中国,饥饿的历史已得到广泛认同。民众仍有责任牢记1949年新中国成立之前旧社会的苦难。学校的课本、政府出资拍摄的电影和电视纪录片,都在强化旧社会的苦以及党领导的社会主义充满希望和富足的甜。最近的作品转而夸赞改革开放时期的新财富和大都市的消费,但是仍有许多作品仍然在按阶级划分的原则区分好人和坏人。① 因为饥饿是普遍存在的,政策制定者同意做出调整,在全国和全民范围内协调经济发展的速度和效益。但是和先前的历史阶段不同,以前,人民吃了很多苦,他们的苦难可以诱发革命,现在饥饿不再是政治道德问题而是科学发展的问题。②

到了20世纪80年代,国营经济的历史与普通百姓特定叙事之间的差别已凸现其重要性,对于传记作家和收集普通百姓隐私故事的小

---

① 参见 Rofel 1994。现在人们可以看到不同时代电影和电视,展示了不同的意识形态。"文化大革命"时的样板戏和日本卡通片在竞争观众,绍兴地方戏和关于自然的节目争夺收视率,介绍健身器材的和反对国民党军队的戏剧互相争观众,主流话语有人看,而 MTV 则是24小时都在播放,"宣传"已经不再容易分阶段了,好像什么都没有真正消失。
② 多数新中国的历史学家都把"无产阶级文化大革命"的出现归咎于1958—1961年的"自然灾害"引发的领导层的权力之争。尽管党的最高领导层慢慢地看清了全面的饥荒引发的政治活动,但是公众是不知情的,这依然可以被称为一种革命,至少是反对毛泽东的做法。

报记者尤其如此。① 尽管记者搜集的老百姓的声音类似诉苦的叙述，但是名义上，它们已不是政府资助的题材。这种新叙述模式的出现被视为第二次解放，给了老百姓说话的空间，他们曾因某些极端的政策及其代表人物所犯的错误而身受其害。因此，人们试图把这类吃苦的故事看做是改革开放时期的"去政治化"文化倾向的一部分。② 许多这类的题材把吃苦的体验视为过度政治化社会里的一种个人维度，而不单单是政治的或是个人的。小说里经常这样描述，主人公和其他人一样，受到政治迫害，而政治已经渗透到日常生活的每个角落。他/她总是担心所想所为不具有政治性。但是在"四人帮"倒台之后，"回归"到自然秩序成为可能（比如：新近的自然化），每个人都能关注自己的事情，追求幸福，不受（新的，改革的，重实效的）国家的干扰。我们可以看到，在许多方面《芙蓉镇》都适合这个模式。可是，我要事先指出，我不认为这种重要的、个人叙述传统的转向是去政治化的一种形式。相反，它代表了政治领域内的重组，把家庭和个人的叙事当成一种新的政治领域，这种政治与国家领导人层面上的权力斗争截然不同。20世纪80年代的中国人，转而忙着"找乐儿"。对私生活的坚持，证明了个人位置在权力注入之公共领域中的抵抗作用。"找乐儿"强烈地显示了一种政治走向。

牢记苦难：《白毛女》

20世纪40年代经典歌舞剧《白毛女》的最早版本创作于"解放

---

① 英语出版物中类似的作品参见冯1991,1996，刘1983，和张欣欣1987。第五章中会提到中医写作中的个人回忆录也成为一种流派。
② 我在讨论《芙蓉镇》时，会再次谈论此话题。王瑾（1996）和查建英（1995）谈到20世纪80年代的这些很明显违反规章的写作，实际上和官方有关"文化大革命"历史的政策是相一致的。

区",当时是作为中国共产党教育农民、认清土地改革目标的手段。该剧综合了许多旧社会的因素,来为后代人界定那种历史苦难:逼租子、对妇女的压迫、迷信,还有饥饿。故事非常简单:一位佃户被迫为了相当于 25 美元的债务而把自己的女儿喜儿卖给了地主之后,羞愤地自杀了。(后来的版本改为杨白劳拒绝交出女儿,因此被地主的狗腿子痛打致死。)被强奸而怀孕的喜儿,最终被赶出地主家,只能躲在村外的山洞里。在那儿,她和她刚出生不久的女儿,只能靠人们到庙里上香时供奉的为数不多的食物存活。营养不良导致她的头发变白,有人偶尔在夜间见到她,害怕她,把她当成鬼。最后,八路军解放了这一地区,找到了她,"把她又变回了人",她的身世大白于天下,人们痛斥地主和狗腿子的罪行。人们不再迷信,而是全身心地投入土地革命。

自从 20 世纪 40 年代末期开始,该剧在全国范围内上演。之后,在"文化大革命"期间被改编成芭蕾舞剧,和其他几个样板戏一起,作为 20 世纪 60 年代中期到 70 年代末期,即改革开放前期寥寥无几的文化代表。在那个时代,这种戏剧形式对于强大的政治宣传是非常有用的。20 世纪 40 年代到 50 年代间,中国许多地方都有公共舞台,便于巡回演出,地方政府不用花很多钱,就可以提供给演员和歌手新材料,甚至在最小的村庄里,都可以找到演出场所(也能顾及到小山村的农民,因为各种生活形式都在政府的管理之下)。所以,有一段时间,在农村普及电视之前(即使在相对发达的地区,也要到 20 世纪 80 年代的后期电视才得以普及),这种巡回演出是政府声音的主要传播媒介。① 没有看到舞台演出的人们可以通过观看政府电影队播放的电影版,或者看村里公用的电视(一个村只有一台)播放的《白毛女》。作为政府对于艺术形式的影响结果(现在才有所松动),像《白毛女》这样

---

① 参见 Meserve 和 Meserve 1970。

的作品非常有影响力。一定年龄层以上的人都记得几部样板戏。这在移居到国外的中国人用英语写的自传中很常见。1997年我在北京的宿舍楼活动室里,看到电视正在播放《红灯记》,上述的一切就更明白了,大楼里的工作人员聚集起来,跟着电视一起唱他们喜爱的片断。他们边看边唱,兴高采烈。

《白毛女》显示出在中国社会主义的背景下,把吃喝与社会不平等联系起来是再自然不过的事了。一开始,富人非常奢侈地过年,而穷人只能勉强凑合出几个蒸饺子,地主黄世仁和他的家人非常得意地道出这种区别:①

> 花天酒地辞旧岁,
> 张灯结彩过除夕,
> 堂上堂下齐欢笑,
> 酒不醉人人自醉。(22)

下一个场景,舞台上雪花在飘,一位穷苦的农民唱道:

> 大风大雪吹得紧,
> 十家灯火九不明。
> 人家过年咱过年,
> 穷富过年不一般:
> 东家门里有酒肉,
> 佃户家里无米面!(31)

---

① 引文选自贺等人1945。戏剧被杨氏夫妇翻译为五幕歌剧《白毛女》,这里的英语译文是我自己翻译的。

事实上，面粉很不容易获得，当地几家人有时家里只有不到一斤的面粉，一个幸运的年轻人可能挣到一斤左右的猪肉。正是这些卑微的农民显示了他们自发的集体主义，聚集在一起，吃过年的饺子。他们同样展示了彼此的感情和相互的信任，暂时忘却了地主派来收账的狗腿子的凌辱，他们甚至奢望有一天喜儿可以和邻居的小伙子结婚。

戏里佃户所吃的和地主家的饮食有着天壤之别。可怜的喜儿被卖到地主黄世仁家当丫环，因为没有为黄老太太准备好莲子羹而经常挨打受骂。黄老太太躺在床上抽大烟，很难伺候，不是嫌莲子羹太烫就是嫌它太凉，要么就是嫌莲子的芯没有洗干净，使得羹太苦。喜儿当然被吓坏了，总担心被打。另一个仆人安慰她说："莲子羹是很苦，因为抽大烟的人嘴里除了苦没有别的味儿。"黄老太太的营养习惯和那些佃户的截然不同：独自享用美食，（虽然量不大）但是她一点儿也不觉得享受，因为她沉迷于更奢侈的大烟。和吃苦的穷人不一样，黄老太太只是想象她的生活有多苦。地主阶级不仅控制所有的食物，他们也失去了食物给人们带来的一系列简单的快乐。喜儿和她的邻居尽管非常贫穷，但可以享受到礼仪、孝道和再生产的财富给他们带来的自然人性，而压迫他们的人因为无法辨明苦与甜而变成了恶魔。

生活必需品和奢侈品之间的明确区别构成这出戏的政治轨迹。这种佃户制度让地主把农民家中最基本的生活用品都剥削光了，人们根本就无法活下去。戏剧以喜儿担心她爸爸开场，杨白劳为了躲避黄世仁的讨债，不得不逃离村庄。她不知道爸爸能否及时赶回来过年。过年时要通过吃团圆饭确认家庭美满的习俗有可能会遭到破坏，贫穷把人性置于危险之中。尽管喜儿和她爸爸可以和邻居一起，在除夕夜吃过年的饺子，但是，当杨白劳受不了收账的折磨而自杀的那个晚上，我们可以清楚地看到，在那样的情况下，维持生命也不是件容易的事。可以维持生命的简单食物：谷物和肉是必需品，而莲子羹和大烟则是恶魔的奢侈品。

当然,地主阶级要为得到的一切付出代价。剧末,新中国成立改变了对黄世仁和他家人有利的局势。八路军政府代表召集群众大会批判地主,重新分配谷仓内的粮食,降低租金,一群兴高采烈的农民合唱道:

> 千年的仇要报,
> 万年的冤要伸,
> 受难的喜儿,
> 今天要做主人。
> 千斤的铁锁链。
> 打得它粉碎碎,
> 咱们受苦人,
> 今天要大翻身!(149)①

像中国革命期间的其他官方文学作品一样,《白毛女》着重强调阶级斗争和报仇。这些文学作品告诉我们,人民的聪明才智使他们从物质上相互支持,牢记敌人的罪恶。"文化大革命"期间的样板戏提供了许多例子,但是比它们更早的《白毛女》通过穷人之间互送食物以及共同反抗地主的压迫表现了一种友爱之情。当地主家的仆人张二婶帮助喜儿逃跑时,告诉她,"这儿有几个馍馍,跑的时候喝水要喝长流水,千万别忘了他们是怎么迫害你家的,孩子,千万别忘了!"(95)戏剧的

---

① 即使是汉语原文也不是仅仅要体现那种微妙的差别。尽管歌剧中使用的形象过分简单化,但是,他们所代表的20世纪40年代政治颠覆很明显地愉悦了观众。事实上,作者们在序言里坚持说剧本中的许多歌词都是由农民、工人和军人提供的,是他们给最早的版本提了建议。(贺等人 1945:1—7)

大结局是个明显的大转变:统治的权力(很明显地)转给了另一个社会集团。戏剧的结束语认为甜蜜不在于承诺给所有人更多的食物和更少的辛劳,而是在新的政治格局中,罪恶一定会受到严惩。

> 黄世仁,你低下头!
> 你发了抖!
> 你千年的老封建,
> 今天要刨断根!
> 千万年的铁锁链,
> 打得你粉碎碎!
> 永辈子的受苦人,
> 今天要翻身!
> 我们要翻身!(97)①

按这种政治逻辑,生活得好不足以报仇。很明显,"忆苦思甜"的目的不仅仅是为了让人们产生感激或满足之情,那些贪婪剥削者的罪恶,也一定要受到惩罚。直到毛泽东时代的末期,忆苦思甜仍用于促进继续革命,确保人民明白阶级斗争的本质和必要性。阶级敌人是恶魔,而民众则表现了自发的团结一致和善良的人性。同时,像《白毛女》这样的作品,通过叙事把人的物质需求转化为政府许可的规则结构,主张社会主义合理性优于难以控制的感觉和需求。如果要使所有的饥民都实现温饱,政党就必须介入。在这种政治中,每一阵饥饿感、每一

---

① 这一段选自杨氏夫妇1954年翻译的五幕歌剧《白毛女》,而不像其他部分引用的是1945年版的《白毛女》(这是在美国能见到的唯一中文版)。我在这里引用的1954年的版本和1945年的版本相比,在结尾的唱段大不相同,它更着力强调阶级斗争,我猜想这是杨氏夫妇后来为了保证政治正确几经修改而造成的。

口食物、每一斤储存的谷物都有阶级特征和几近勇敢的特质。① 不同的食物把中国人民和旧社会的剥削者区别开来。按大众的心理,饺子成了人们天生就有权享用的食物代表。饺子是用一个圆圆的饺子皮,包裹上蔬菜和在艰难岁月里穷人们很难吃到的肉,在毛泽东时代的中国,饺子成为一个革命要确保实现的最小人性符号。"在旧社会,我们成年累月见不着肉,可是现在我们什么时候想吃饺子,就能吃上。"这是人们总结新中国的成就时常说的话。与此同时,像莲子羹这样的特权阶级的奢侈食物从公共视野中彻底消失了几十年。

精神会餐:《芙蓉镇》

诉苦和"忆苦思甜"是毛泽东时代试图确保人民牢记解放和土改时期(1949年到50年代中期)革命特质的手段,这种特质具有"苦"和"甜"双重意义。苦要记到邪恶的剥削者身上,甜是因为党领导的政府好。但是记忆是靠不住的,它能自相矛盾地让人想起和官方历史叙事相左的经历。物资的短缺常常会使人的记忆倒向"相反"的方向,回味过去的甜,反思现在的苦。②《芙蓉镇》反映了这种不可靠的短暂性。

当人们用日常生活的身体术语来描述悠久的集体主义历史时,日常体验可能会遭到意想不到的盗用和改写。在艰难岁月,个人历

---

① 例如,《林海雪原》是20世纪50年代的著名小说。其英译本名为 *Tracks in the Snowy Forest*。(Qu1962)在这部描写残酷斗争的小说中,地主抵抗土改,让受压迫的人们填饱肚子是军事策略。在东北的冰天雪地里,满车的粮食与被手榴弹炸飞的身体碎片同时出现在一系列的军事行动中。

② 乐钢在讨论王若望的《饥饿三部曲》时也提到类似的颠倒。"对于革命的矛盾心理展示了许多革命作家的苦恼,他们因为不能否认自己的过去。作者的阶级斗争不可避免地涉及他自己是谁,他就会自相矛盾地把'忆苦思甜'的结构弄反了。读者看他的作品时,会回忆起过去的甜(他参与的革命),并联想到现在的苦(革命悲剧性的失败)。"1999:168。

史的典故被用来帮助人们坚信现在的苦不能和过去的、特别是新中国成立前的甜相比。尽管官方认为新中国成立后,新中国的历史和旧社会的苦相比从整体上讲是甜的。20 世纪 80 年代早期之前,普通百姓已不必再接受这种简单化了的(被期待的)关于他们自身体验的描述,因为这已经不再是政治任务。大规模的群众运动已经不再那么重要,而且改革开放早期,许多文学家和记者回味过去的甘苦并把它们描述成个人的而非国家的经历。

这些作品中使用的身体比喻有时是广泛社会变革的隐喻,有时是对极"左"行为的控诉,那种过度行为歪曲了人民的聪明智慧。改革开放早期最有影响力的作品,栩栩如生地描述了"文化大革命"对身体健康和人的尊严的亵渎,表明"文化大革命"期间阶级斗争如何成为某种确确实实的存在。但是通过把历史重新书写为个人身体事件的编年史,这种新小说为读者的记忆创造了一种全新的、诱人的风格。这些文学和报道用许多不同的方式,以体现的语言,使原本公共的日常生活私人化。20 世纪 80 年代早期的现实主义手法以同样的姿态也表现出了使中国人民私人生活去政治化的倾向。

古华于 1981 年出版的小说《芙蓉镇》是 1979 年以后出现的一个相当典型的通俗文学作品。① 当小说特别有影响力时,曾流行一时②,很快被拍成了电影,并放映了很长时间。这本小说讲述了一个理想主义式的早期改革故事,它对于在"四人帮"倒台之后出现的记忆新结构产生了重要影响,重新铸造了日常生活的政治。这本小说不像样板戏那样完全是道德式的说教,但依然明确地区分了好人和坏人。古华满

---

① 这本书既可以被认定为伤痕文学,也可以被认定是草根文学的早期例子。参见王 1996。
② 关于在文学中,社会和政治的重要性,参见莫 2000:57,王 1996:159—162。《芙蓉镇》是 20 世纪 80 年代早期在中国相当流行的一本小说。

怀同情地勾勒出一些工人和农民，他们的生活因为一小群腐败空想家的阴谋几乎给毁得荡然无存。

作者讲述了南方一个有河的村镇，一位做米豆腐的小贩胡玉音和她的顾客在国家、地区不同的政治运动中命运的沉浮。胡玉音一开始和一位党的干部有冲突，该干部管理镇上一家国营餐馆，她很有野心。因为嫉恨胡玉音的豆腐摊以及她迷人的气质，一有政治运动，这位沮丧的老处女就把矛头指向胡玉音和她那些忠实勤劳的朋友们。玉音的第一个丈夫早逝，之后她的相好又锒铛入狱，她自己也被当成"黑五类"分子中的"新富农"而经常遭到羞辱。村镇变成了压制的场所，到处弥漫着怀疑的氛围，大家都缄默无声，害怕因说错话而遭到政治报复。当然，最终"四人帮"被捕后，邪恶的干部李国香和她的机会主义同党犯下的错误得以纠正，芙蓉镇的人们重又变得诚实，相互信任，乐于助人，与他人分享日常生活中的必需品。这个镇子叫得最响的空想家确定无疑地疯了，被送进了精神病院，因为他不停地在喊："千万不要忘记阶级斗争！"

从以下简短的概述中就可以清楚地看到对该小说的几种传统的、过度简单化的评判：性方面得不到满足的单身女人以各种方式毁灭社会；经过剧烈的政治波动，那些过去曾说服过人们，或者至少让人们深感恐惧的话，在今天听起来就像是疯话；村镇居民简单的愿望：只要摆脱控制，能过日子就行。我们非常熟悉这些叙事要素。然而，也许更有意思的是，与政治叙事相平行的另一种叙事，这种叙事在描绘日常生活——生发故事中更具戏剧性事件的自然主义土壤——的层面上展开。比如说，在小说的开始，芙蓉镇被描述为一个欢乐的贸易场所，赶集的时候，人们享受各色吃食，也可以进行食物交换。这是一个充满生机的集市，人和农产品自由地混杂在一起，每个人，包括在动物市场关门后去捡粪的人，都会从这种管理相对宽松的贸易中获益。① 但是,"大跃进"(1958年)后国家严格管制乡村市场行为,那些在自留地或者山上种农产品,然后拿到集市上去卖的人,谨小慎微,因为随时有被没收或者罚款的危险。部分地出于这个原因,人们吃不饱肚子。我们可以预见到,小说的大团圆式结局是自由市场又回到这个镇子,甚至比以前更有活力。

从自由市场到政治的控制和饥荒再转回到自由市场的这种变化,是和改革开放早期的经济政策相吻合的。国家首先在农村放弃对农产品生产和销售的控制权,"包产到户"的体制又把土地还给了农民,和他们签订长期的合同,鼓励农民用他们能想到的任何方式多产粮食。国家照样按计划收购粮食,价格明显提高了,许多乡镇企业也为农民一下子打开了大门。1981年,小说《芙蓉镇》上交提请审查,很快获准出版,毫无疑问,主要原因是由于它的结尾鼓励人们发家致富,提倡农村集市的乡土文化,认可了"致富光荣"的理念。② 和1981年通过政府渠道向外宣传的口号一样,小说表现了这样一种理念:生产者之间的直接市场交易是自然的,而政治对市场的干预则是对历史的背离。小说通过讲述道德故事,生动地描绘出在老百姓的生活中国家政策失误的代价,为改革时期经济策略的修正作出了贡献。

《芙蓉镇》通过饮食勾勒出新中国不同年代的和不同运动所造成的社会问题,直接触及读者的生活。胡玉音用微笑和打趣在集市上做她的米豆腐生意,而国营饭馆的员工们(对顾客)是那么的粗暴无礼、不合作。一位诚实的北方人靠学会吃小镇上的辣椒、地方特色的蛇肉、猫肉和狗肉而深受当地百姓的爱戴。但是,当另一位领导从上级行政部门下来检查和规范小贩行为时,人们则抱怨拿粮票的城里干

---

① 古华1981:158。这一段是我自己翻译的,但是全部英文译文可以参见1983年版。在我的译文中,我试图保留原文中所有关于食物和身体的意象,可能使用的英语就不那么流畅。
② 这是1979到20世纪80年代中期,中央政府在无数的官方集会时使用的宣传口号。

部，认为粮票制度把粮食的生产者和消费者截然分开了。"那些在城里拿工资、吃补贴的人们依然认为他们应该控制农民的油、盐、柴火、米，无论农民吃不吃得饱肚子。"工作人员巡查为数不多的集市，经常为了自己的政治目的去贿赂更有权势的领导而没收农民的上等物品。因此，食物在表征诚实的同时，也代表了腐败。私下里，食物依旧强化着社会关系。一位友善的老干部出席一对不被承认的情人的秘密婚宴。两个人生不得意的老朋友一顿豪饮，致使半夜狂乱吐真言。还有一只共享的烤鸡引发了一对狗男女干部之间令人恶心的私情。在所有这些文字中，食物所代表的不仅仅是营养和快乐，而是用一个小镇的吃，记载了国家的一段历史。

这样，古华用小说家的手法浓彩重墨地重新书写了历史。这种对新中国意义的重新理解是公然的民粹主义，公然对抗"阶级斗争"。值得一提的是，《白毛女》和《芙蓉镇》在结构上明显不同。后者避开了阶级报复。那个恶毒的女干部最后仅仅是被放逐到遥远的城市，嫁给一名干部，她的铁杆心腹被送进了精神病院。很明显，只要把这些滥用百姓信任的人们驱逐出小镇的日常生活就足够了。当小说面世时，在"文化大革命"中被打倒的人们多数都被拨乱反正，归还了家产，官复原职了。被平反的人包括政治信念不同的所有人们，他们自己可能很难原谅那些出卖了他们的人。改革开始之后许多年，这仍是许多焦虑的根源。

《芙蓉镇》在"精神会餐"这一节中小心地处理了记忆行为本身。作者用哀叹和嘲笑饥饿的方式成功地模糊了食物与政治之间的关系。①

---

① 这里的长篇论述取自古华 1981:166—67。

第二章 精神会餐

你可曾晓得什么是"精神会餐"吗？那是 1960—1961 年乡下吃公共食堂时的土特产。那年月五岭山区的社员们几个月不见油腥，一年难打一次牙祭，食物中植物纤维过剩，脂肪蛋白奇缺，瓜菜叶子越吃心里越慌。肚子瘪得贴到了背脊骨，喉咙都要伸出手。当然账要算到帝修反身上、老天爷身上。老天爷是五类分子，专门和人民公社公共食堂捣蛋。后来又说(饥荒的)账要算到彭德怀、刘少奇、邓小平的路线上，他们反对三面红旗吃大锅饭。

回首过去的 20 年，古华唤醒了读者对饥饿年代统治他们生活的那些标语的记忆。尽管他知道上文中所指涉的是两个截然不同的政策阶段，但他还是把所有的政治价值观都归结到一个叙事空间之内，这种归结有些荒谬可笑。我们猜测，这些概念很明显地被搞混了。在创作该小说的时候，邓小平已经忙于策划中国经济改革的蓝图。而且这是对革命的自负野心的嘲弄，现在人们可以清楚地看出，老天爷居然也被划成"黑五类"这种阶级敌人。随着小说的展开，这种讥讽的语气一直存在以保持一种历史的眼光，在人民公社年代，把食物的短缺与政治的矛盾混为一谈："那些大锅饭有什么错？那是长期没有油水的绿叶菜炖萝卜，要和回忆与比较一起吃下去，回忆过去的苦，反映现在的甜(忆苦思甜)。'如果你觉得苦，想想长征时红军的苦。'①"这样，在人民公社时期，吃和回忆并存，希望人们能在咽下饥饿苦果的同时接受国家对那段特定历史的描述。在国家建设时期，把食物的配给和对过去的叙述联系起来是非常有效的建构国家意识形态的方法。但是，如果食物非常难吃怎么办？吃得越多，人越瘦，最终对立的局面就会

---

① 惯常的说法是："苦不苦，想想长征两万五；累不累，想想红军老前辈。"——译者

浮出水面。肉体的感受将不再支持这种联系。

> 当年那些为着中国人民的翻身解放、幸福安乐而牺牲在雪山草地上的先烈们,如若九泉有灵,得知他们吃过的树皮草根竟然在为公共食堂的"瓜菜代"打马虎眼,真不知要作何感叹了。山区的社员们搞不清这些藏匿在楼阁嵯峨的广厦深宫里的玄论。民以食为天,社员们只晓得肚子饿得痛,嘴里冒清口水。蕨根糠秕吃下去,粪便凝结在肛门口,和铁一样硬,出生血。要用指头抠,细棍挑,活作孽。

真是艰难时世!就连最基本的大肠蠕动的快感都做不到!这里古华讥讽地把饥饿时吃的叫"瓜菜代",把"回忆和比较"视为不可思议的"玄论",是从"楼阁嵯峨的广厦深宫里",也就是政府里发出的高谈阔论。而且革命是,或者原本就应该是,保证最基本的身体健康,这一点谁都清楚。饥饿的芙蓉镇人仍然认为,能让人们过上正常的生活,吃到能消化的食物,是那些革命先烈的奋斗目标。甚至在这种讥讽中,作者构想出了政治语言和日常饮食的亲密关系。

接着,精神会餐把语言和食物、思想和感受更加紧密地编织在一起:

> 他们白天还好过,到了晚上睡不着。于是,人们的智慧就来填补物质的空白。人们就来互相回忆、讲述自己哪年哪月,何处何家所吃过的一顿最为丰盛的酒席,整鸡整鱼,肥嘟嘟的团子肉、皮皱皱的肘子、夹的筷子都要弯下去的四两一块的扣肉、粉蒸肉、回锅肉等等。当然山里人最喜欢的还是落雪天吃肥狗肉。正是一家炖狗肉,四邻闻香气。吃得满嘴

油光,肚皮鼓胀,浑身燥热,打出个饱嗝来都是油腻腻的。狗肉好吃名气丑,上不得大席面,但滋阴补阳,男人家在外边跑生意,少吃为佳,多吃生事。于是,讲着的,听着的,都仿佛眼睛看到了佳肴,鼻子闻到了肉香,满嘴都是唾液。日子还长着呢,机会还多得是,将口腹享受,寄望于日后。

希望将来能吃饱肚子当然是发展中国家意识形态标准的滞后方式。但是,在芙蓉镇饥饿的黑夜里,人们的精神会餐更能令人满足:肉能使"浑身燥热","肚皮鼓胀",这一天终究会到来的。政党把目标限定在让所有人能吃饱饭上,满足基本的生存需求。但是,当老百姓梦想着饥饿终结时,却有更高的希望。他们回忆和期望的不仅仅是吃饱,而是享受,不仅是一顿饭而是长期的力量、健康和享受。

对未来的承诺自然让人们忆起全国的政治局势,随着情节的展开,小说中出现了某种乡下人的爱国主义和对国家的信任:

解放十余年了的山镇,总不乏几个知书识字、粗通文墨的人,就拟定下一个文绉绉的词儿:精神会餐。这词儿使用的期限不长,有的村寨半载,有的乡镇一年。上下五千年,纵横千万里啊。神州大地发生过的大饥荒还少了吗?那时饿殍载道,枯骨遍野。在茫茫的历史长河中,"精神会餐"之类的支流末节,算得了什么?一要分清延安和西安,二要分清九个指头和一个指头。何况新中国才成立十一二年。白手起家,一切都在探索。进入现代社会,国家和百姓都要付学费。俱往矣,功与过,留给后人评说。

在这最后几行文字中,作者以更加同情的口吻,采用了政府的语言。人民的意象也有所改变。他们不再是非理性政治统治下的不幸受害者。相反,他们成了明智的幸存者,知道如何使用想象的滞后,度过艰难岁月。无论现在的饥饿被记忆替换为饱足的过去,还是当代政治灾难,都被视为向未来"现代化的社会"所交的"学费",问题的关键是,现在的苦难不像有时看上去那么重要了。再者,人们没有忘记政治(那些英雄)和食物,而且他们对物质上丰富的好社会充满希望。

该文本的主线是回忆发生在社会主义建立之后的一次饥荒,古华对现代中国历史进行了重新分期,把最苦的日子放在新中国而不是旧社会。《芙蓉镇》与名噪一时的伤痕文学具有异曲同工之妙。小说和20世纪80年代初期的政治高调保持一致,它把矛头对准"极端主义分子",并没有质疑共产党的政权和社会主义原则。主要受批评的形象不过是"没有油水的绿叶菜炖萝卜",一种糟糕的食物混杂在对美食的狂想中。人民公社的大锅饭,这是官方让人们回忆苦难的记录方式,希望生活在20世纪80年代改革时期的读者以"不再"来回应。在拒绝一种淡忘了的意识形态的同时,他们拒绝没有味道的食物。

上述的引文出自《芙蓉镇》的开篇。在"文化大革命"期间,以社会主义群众运动的名义,灾难一再降临在小镇人的身上。在小说的结尾处,改革开放已经开始,国家的宣传已经淡出,自由市场又重新出现了。这时,人们的食物有了显著的变化。精神食粮和物质食物,过去和未来这些作为精神会餐主要特征的东西已经在农村的消费主义大潮中退出了历史舞台。以下的引文可以让读者回想起毛泽东时代的计划经济:

芙蓉镇今春逢圩,跟往时不大相同。往时逢圩,山里人像赶"黑市",出卖个山珍野味,皮毛药材,都要脑后长双眼睛,留心风吹草动。粮食、茶、油、花生、黄豆、棉花、木材、生

第二章 精神会餐

猪、牛、羊等等,称为国家统购统销的"三类物资",严禁上市。至于猪肉牛肉,则连社员们自己一年到头都难得沾几次荤腥,养的猪还在吃奶时就订了派购任务,除非瘟死,才回到圩场上去卖那种发红的"灾猪肉"。城镇人口每人每月半斤肉票,有时还要托人从后门才买到手。

"灾猪肉"是改革开放时期许多典型的历史小玩笑之一。当国家再分配体制盛行之时,它根本就不是笑话,而是一种像"美国农业部认定"一样的专业术语。毛泽东时代的语言中有很多类似的术语,标志社会主义国家的统一思想、经济和食物的意向,政府起着类似老百姓衣食父母一样的作用。自由市场再次出现后,这样的委婉语只能令人一笑,它把"灾"这样的革命浪漫主义词汇和实实在在的"猪肉"或者"肉"联在一起。人们不禁会问,这是谁的灾?国家的?农民的(但他们毕竟可以从猪的疾病中获利)?也许这只是猪本身的灾。"灾猪肉"一词是语言和日常生活的彻底革命。一旦革命结束了,政治和吃就不再紧密相联了。(市场经济是如此的便利,不再受政治道德的阻碍!)这类词汇就变成了小小的精神点心。

小说中所列政府控制的农产品清单是日常生活的必需品:谷物、茶、油、花生、大豆、棉花、木材、猪、牛和羊。每家只许养三只鸡,还有必要的燃料和青菜,这些是人们的必需品。① 这些东西不允许农民之间直接交换。这个单子中没有奢侈品,也并没什么多样性。一个人为革命做出的牺牲就是不要求日常饮食有什么变化,这曾是芙蓉镇社会生活的标志。② 但是这一切即将改变。

---

① 这里的长篇论述取自古华 1981:194。
② 同上书,158。

时间真像在变魔术！"四人帮"倒台才短短两年多一点，山镇上的人们却是恍若隔世，进到了一个崭新的时代里了啊。如今芙蓉镇逢圩，一月三旬，每旬一六，那些穿戴得银饰闪闪、花花绿绿的瑶家阿妹、壮家大姐，那些衣着笔笔挺挺的汉家后生子，那些丰收之后面带笑容、腰里装着满鼓鼓钱荷包的当家嫂子、主事汉子们，或三五成群，或两人成对，或担着嫩葱水灵的时鲜白菜，或提着满筐满篮的青皮鸭蛋、麻壳鸡子，或推着辆鸡公车，车上载着社队企业活蹦乱跳的鱼鲜产品，或一阵风踩着辆单车，后坐上搭一位嘻哈女客，人们从四乡的大路、小路上赶来，在芙蓉镇的新街、老街上占三尺地面，设摊摆担，云集贸易。那人流、人河，那嗡嗡的闹市声呦，响彻偌大一个山镇，圩场上最为惹人注目的，是新出现了米行，肉行。白米，红米，糙米，机米，筐筐担担，排成队，任人们挑选议价。新政策允许社员们在完成国家的征购派购任务后，到市场上出售富余的粮油农副产品。肉行更是蔚为壮观，木案板排成两长行，就像在开着社员家庭养猪的展销会、评比会，看谁案板上的膘厚油肥，皮薄肉嫩。就是不逢圩的日子，新街老铺的猪肉也是从天光卖到天黑。产供销出现了新矛盾：社员要交猪，食品站不收。理由是小镇地方小，没有冷库，私人的猪肉都卖不脱，公家杀猪哪来的销路？和前些年相比，供销关系颠倒了过来，山镇上的人们啊，不晓得"四个现代化"具体为何物，但已经从切身的利益上，开始品尝到了甜头。

很明显，现在用不着怀旧或者乌托邦式的想象滞后。热闹非凡的圩场和供给充足的猪肉立刻就能刺激人们的胃口，而且想象得出，汉族青年与其瑶族、壮族邻居无需交换眼神就能理解彼此的心情。品种多样的食物又回来了。过去的必需品依然占主要地位,过去带沙粒的次米换成了白米、红米、糙米、机米,猪肉也是"膘厚油肥,皮薄肉嫩"。这些就足够让一个好厨子心花怒放的了。圩场还向人们提供了视觉享受:喧闹的集市,成排的、五颜六色的农产品,熙熙攘攘的人群。在不同的米和肉之间挑选,意味着周围市场上大有可选择的余地。有了"嫩葱水灵的时鲜白菜,满筐满篮的青皮鸭蛋、麻壳鸡子,活蹦乱跳的鱼鲜产品",巧妇不再难为无米之炊。人民公社大食堂里的食物平均主义,已经随着南瓜菜叶汤被人们抛在了脑后。

作者仍然把这些"山镇上的人们"描述为无法理解国家政策的群众,但是,现在他们几乎可以忘记政治。不过,他们依然心存疑问:"尽管现在没有什么好发愁的,人们还是担心将来。他们心中的阴影并没有完全消失。人们依然担心哪天'左'倾分子是否会杀回来,扑灭脆弱的希望的火苗。所有的口号和理论,斗争和运动会再次变得重要,统治人们的生活,把人们生活的必需品像油、盐、青菜和米都替换掉?"①

小说进行到这里,食物已经摆脱了过度政治化以及"所有的口号和理论,斗争和运动"。担心意识形态会代替"生活的必需品"意味着物质财富和政治思想之间的明显区别。人们指责毛泽东时代用非物质的观念填充人们的肚子,而改革开放时代则物质极大丰富。芙蓉镇新近出现的食物极大丰富与过去的食物短缺形成了鲜明的对照。与食物短缺相连的是想象中的吃饱肚子和政府控制的再分配系统。"四人帮"被打倒了之后,人们真正的需求得到重新界定,被当作相对简单的,不再是雄心勃勃的国家政治的基础。政府应当从人们的日常生活和生产活动中抽身而退,让人们和市场自行管理,让政治不再参与其中。

---

① 这里的长篇论述取自古华 1981:230—231。

"生活必需品"的概念是不言自明的,是由一系列主食(油和盐、蔬菜和米)惟妙惟肖地勾勒出来的。运用这个概念,《芙蓉镇》简化了历史和经济学,使得目前市场秩序趋于自然化(全国饥荒之后的几年,开展了非常广泛的群众运动,在小说中,这些阶段都被一笔带过)。有争议的"需要"是自然的人体对食物的需要,不应该受到共享理想的欺骗。但是,小说的开篇和结尾所提到与自由市场相连的充足和狂欢的意象,早已说明食物的供给不能和人们的生活质量割裂开来。人们不仅需要食物而且需要交往,不仅需要营养而且需要美食,用以支撑有滋有味的生活,可以和镇上的其他人交流。只有恢复了自由市场,生活在芙蓉镇的人们才能彻底地过上人的生活。

然而,人性的观念并不意味着它和历史之间存在着简单或者自然的关系。如上述引文所示,人们必须参与到可以创造的历史回忆中。像古华这样改革开放早期的作家,倾向于把物质与意识形态区分开来,这种做法就像是一种向马克思的历史唯物主义的机械回归,因为它彻底否定了经济基础的作用。① 政治运动不再能作为改造中国的力量。

身体的盛宴

《芙蓉镇》结尾简要描述的市场繁荣景象掩盖了该书自身无法解决的一个问题。就连山镇的人民也能看出,尽管食物对他们来说意味着一切,比饥饿更严重的问题依然存在。古华的小说表明改革开放前最黑暗的时候,是引起社会混乱和道德沦丧的时候。阶级斗争的极端

---

① 书中提到了这种向更优越的社会主义回归。当胡玉音得知她的丈夫被平反了,她兴奋地叫道:"老天爷啊,共产党又回来了。新社会没消失,它的政策也好像回来了!"(古华:229)

主义政治,甚至连吃"瓜菜代"时一点点欢笑都不允许。

在高度艰难岁月期间,精神会餐毕竟可以带来某种真实的满足,甚至在饥荒最严重的时候也是如此。"画饼充饥"虽然不能填饱肚子,但是可以帮助人们一起熬过漫漫长夜。与饥荒的苦难混合在一起的是活下去的希望,对美食的念想,和可以成为一种政治叙事的食物(无论食物有多么糟糕)。《芙蓉镇》通过带领我们经历了可怕的阶级斗争、邻里之间的背叛以及自由市场的恢复,明确了一种与吃相关的价值观。人们发现,食物是社员们生活的基础。而且,自由市场是件好事,因为它允许人与人之间直接交换食物,不再受到政策的干扰。政治和意识形态都不如食物和人重要。

这是一种过分简单化的手法,试图把人们的需求简化为食物(还有伴随物:衣和住)。① 小说本身也提到"旧的阴影还没有完全从(人们的)心中消失"。想要卷土重来的无论是"左派"分子,还是前所未有的、鲜为人知的全球资本主义恶魔,对它们,新的市场秩序都无法应对。然而,《芙蓉镇》中的市场在更有效地填饱了人们肚子的同时却没有为人们提供足够的精神食粮。改革开放时期,身体的盛宴取代了曾经帮助人们度过漫长饥饿夜晚的精神会餐。这种二元对立是民粹主义者刻意坚持的,他们的理念就是"对老百姓来说,食物就是一切"。

但是有些集体主义的场景比饥饿更糟糕。玩笑和记忆冲淡了"三年自然灾害"的可怕特质,但是当"文化大革命"期间最狂热的空想家也被打倒时,又该怎么评论这段黑暗岁月呢?深受当地政客之迫害的山镇人,看到他们所熟悉的芙蓉镇上那个所谓的"真正的左派"也被北方来的红卫兵打倒时,倍感震惊。

---

① 《芙蓉镇》关注衣和住,破衣服象征着旧社会的苦,摇摇欲坠的房子和旧社会与毛泽东时代相关,而胡玉音用发家的钱所买的房子则代表改革时代。

> 红卫兵莽莽撞撞,头脑膨胀,一口北方腔,用牛皮带抽得李国香这个自封的"真正的左派"有口难言,一时无从申辩。
>
> 那是什么样的年月?一切真善美和假恶丑、是与非、红与黑全部颠颠倒倒光怪陆离的年月,牛肝猪肺、狼心狗肚一锅煎炒、蒸熬的年月。正义含垢忍辱、苟且偷生,派性应运而生、风火狂澜。①

这种政治局势通过把不可想象的食物与不可思议的善恶决战这两种意象相连的方法,对现实本身提出了质疑。没人同情李国香,因为她长期以来已经脱离了山镇里那些有"右倾"思想的人们。但是普通老百姓如何能理解突如其来的政治形势所造成的混乱呢?当红卫兵来的时候——他们好像来自火星,带着北方口音——把一切都颠倒了。生存变得异常艰难,因为那是一个把诸如"牛肝猪肺、狼心狗肚"等可怕的东西"一锅煎炒蒸熬"的年代。被打倒的"左派",那些用直接的身体主宰来表现政治对抗的人,就像是狼心狗肚,又有谁能想到它们会在同一口可怕的锅里被一起炖了呢?

当然,《白毛女》的叙事就比较清晰明了:打倒了地主,穷人得以翻身。也许戏剧结尾最好可以被理解为清算行为:如果要彻底革命,地主阶级也应该像旧社会的农民那样,忍受死亡、饥饿和屈辱。他们储备的粮食也应该充公,再分给穷人。有些人也要为他们欠下的血债,付出生命的代价。只有当彻底报仇之后,才可以想象没有压迫、没有阶级的未来。出现于40年后的小说《芙蓉镇》,通过其对好人和坏人的区分、对自由市场到集权政治再到自由市场的描述,也阐明了上述观点。芙蓉镇的人们被描述为简单的生产者和消费者,通过在市场和

---

① 古华 1981:196。

圩等场所相互交换其产品来满足他们的需求。改革时期,随着这些交换活动日趋重要,人们重新界定了人和自然。或者我应该说"目前",因为不确定的地方依然存在,过去和未来依然无法彻底摆脱政治。

小说最后说得很明白:山镇里喊口号的极"左"分子,其阶级斗争的口号令先前的受害者心烦意乱,现在也降格成了老百姓。最后,他被遣送到精神病院去"接受治疗",芙蓉镇的知识分子、玉音的丈夫,最后说道:"现在有哪个城镇里没几个这样的疯子,到处溜达,胡言乱语?他们是一个值得同情的时代的最后见证。"①他的话好像给空想家们造成的伤害盖棺论定:政治的狂热自然变成了疯子般的胡言乱语和历史错误。芙蓉镇里喊口号的极"左"分子被暂时地遣送了,但是,从餐桌上彻底清除政治实际上要比古华想象的要难得多。

超越需求

出现上述困难的部分原因在于吃是愉快的,是人类存在的美好体现之一。至少这是陆文夫的中篇小说《美食家》所建议的,该小说通过对吃的美学性的坚持,来解释食物如何微妙地再次被政治化。在这部小说中,中国的"苦行—马克思主义"(asceto-Marxism)竭力想把奢侈从人们的头脑中清除,即使是在美食的吸引力依旧存在之时,小说探讨的仍是这个依旧存在的问题。② 在这一点上,很像古华的精神会餐,对美味的享受是通过狗肉体现出来的,这种"油腻腻"的地方美食可以"滋阴补阳",在寒冷的冬天,使人"浑身燥热"。这种食物具有鲜明的阶级性:"男人家在外边跑生意,少吃为佳,多吃生事。"③故事发生

---

① 古华 1981:231。
② "苦行的马克思主义"是乐钢的用语(1999)。
③ 古华 1981:166。

在一个小城镇,在那儿几乎所有人都属于同一个阶层——狂热的"左派"分子只能找出区区二十几个黑五类分子——古华把整个生活描述成是由喜欢吃狗肉的人组成的。但是在阶级成分更加复杂的城市,在那些不仅仅满足于简单民粹主义的作者们的笔下,人们口味变化多端。

《美食家》是以苏州为背景,写于1984年,只比《芙蓉镇》晚几年面世。它从吃的另一个侧面——政治性——来展开故事,而这一侧面正是《白毛女》和《芙蓉镇》所要极力回避的。《美食家》拒绝把吃的问题简化为人的基本需求,相反,它通过不断提及吃给人带来的快乐并使之复杂化,表现出话语的转置、不平等社会中存在的对立在概念的层面上颠覆了"大食堂"。在当今的社会,肉体的享受能和物质的掠夺分开吗?这是《美食家》提出的问题,然而它却没有给出答案,这在人们的意料之中。但是,在小说中,易变的道德习惯被描述为一种属于当代中国食客的特性。

在这本描写美食的小说开篇,作家这样描述那个新中国成立前一种属于房东的的闲适生活:

> 朱自冶向房间①里一坐,就像重病号到了病房里,一切都用不着自己动手。跑堂的来献茶,擦背的来放水,甚至连脱鞋也用不着自己费力。朱自冶也不愿费力,痴痴呆呆地集中力量来对付那只胃,他觉得吃是一种享受,可那消化也是一种妙不可言的美,必须潜心地体会,不能被外界的事物来分散注意力。集中精力最好的方法是泡在温水里,这时候四大皆空,万念俱寂,只觉得那胃在轻轻地蠕动,周身有一种说不出的舒坦和甜美,这和品尝美食有异曲同工之妙,但是二

---

① 指午饭后的澡堂。——译者

者不能相互代替。①（6）

对于食物、烹饪和吃如此生动的描述贯穿全书。陆文夫在成功地刺激了我们感官的同时，也审视了日常生活中生产和消费的政治性。他对朱自冶午后到澡堂里洗澡消食的描写，确定了整个故事的双重语气。在展现主人公对于房东阶层表示不屑的同时，也唤起了读者对这些享乐主义寄生虫的世俗认同。

主人公老高是国营餐馆的经理，是有良知的社会主义干部，他的对立面，远房的亲戚朱自冶是个美食家，是以前有闲阶级的一员。老高因为其对正义的追求而痛恨朱。老高宣称自己蔑视餐饮和那些非常看重吃的寄生虫们，但是作为故事的讲述者，他对革命和新中国历史的叙述却是通过吃的意象来完成的。小说中随处可见有关食物的词，而吃、烹饪、花钱买吃的和食物运输贯穿全书。敌对的行动用吞、烤和切片来表示，痛苦是酸的、辣的和焦的，而感情和事件既可以是苦的也可以是甜的。身体的快感是特别甜蜜的，细腻的感官意象就是用来传达这

北京街头小吃摊。小贩正在卖一种北京人冬天常喝的辣的汤，里面有猪的内脏。（作者提供，1993年）

---

① 陆文夫(1982)1986。文中引用的页码指中文版的页码，英语译文是我自己翻译的。

种快感。同时,通过对当地烹饪的精细描述,古老的城市苏州的形象被再现出来。马路上、小巷里,到处充斥着小吃摊的叫卖声和食物的香味。

这是一种现实主义的手法,感觉和时空被融合在一起。朱自冶必须起早赶到一家特定的苏州饭馆去吃第一锅"过桥"米线。他还为自己的嗜好找到了充足的理由:"吃的艺术和其他的艺术一样,要严格控制时空的关系。"他还雇用了主人公高,在高很小的时候,让他跑遍全城去为他和他的朋友们买小吃,送到小酒馆给他们下酒。这样,高对于新中国成立前苏州的食物分布了如指掌。多年之后,朱成了"美食家",他就时空的美学大发宏论:

> 东酸西辣,南甜北咸,人家只知道苏州菜都是甜的,实在是个大的误会。苏州菜除掉甜菜之外,最讲究的便是放盐。盐能吊百味,如果在鲍肺汤中忘记了放盐,那就是淡而无味,即什么味道也没有。盐一放,来了,鲍肺鲜、火腿香、莼菜滑、笋片脆。盐把百味吊出之后,它本身就隐而不见……这放盐也不是一成不变的,要因人、因时而变。一桌酒席摆开,开头的几只菜要偏咸,淡了就要失败。为啥,因为人们刚刚开始吃,嘴巴淡,体内需要盐。以后的一只只菜上来,就要逐步地淡下去,如果这桌酒席有四十个菜的话,那最后的一只汤简直就不能放盐,大家一喝,照样喊鲜。因为那么多的酒和菜都已吃了下去,身体内的盐分已经达到了饱和点,这时候最需要的是水。

这段宏论让人想起了中医教学:治疗是灵活的,要针对不同的地点、时间和个人(事实上,中医也使用了同样的术语:因时、因人)。很明显,和第一章提出的观点一致,这位美食家想展示的是,精心烹饪的美食何以调动那些产生快乐体验的力量。但是,陆文夫不满足于这种身体政治,他坚持认为在社会生产和消费的层面上,食物也具有政治性。

生产和消费的道德与政治性、集体主义的责任以及个人的愿望都可以通过吃的寓言方式得以无限扩展。在上面引文中提到的对于澡堂工人的剥削——每个人至少应该自己脱鞋——就是众多事实中的一个,证明朱自冶是把自己的快乐建立在广大的劳动人民之劳动基础上。在文中,美食家的太太辛勤地烹饪,以满足他自命不凡的客人。她说:"他这人是宜兴的夜壶,独出一张嘴。"(84)这个比喻逼真地勾勒出了一个在道德上一文不值的消费者形象。不事生产而大贪口腹之欲,房东朱自冶就是个寄生虫。在新政府没收了他的财产之后,他也有定期津贴弥补个人的收入损失。他就像是只夜壶,唯一的功能就是接受,而无其他价值。美食家为了享受而吃,而不是为了健康或者强化社会关系而吃,这是对平均主义道德标准的公然挑衅。他没有变成为人民服务的社会主义公民,贪吃使他成为一个不知道如何工作的、只知道追求身体快乐的朝生暮死的蜉蝣。

最糟糕的是,美食家和他的朋友们沉迷于食物的色、香、味,他们无法感知到他们是在剥削。劳动理论至少要认可小高跑腿所消耗的体力、妻子或者母亲切菜炒菜所付出的努力。虽然朱自冶的太太在厨房的劳作非常辛苦,但她说那是因为餐馆里不可能烧出家中为特别的节日所烹调的美食,因为最好的食物要花好几个星期去设计、准备。她的丈夫从没有看到他的爱好需要付出辛勤劳作的一面,但是,当老高想招待从远方来的朋友时,才发现日常生活中存在的这种不对称问题。尽管平常都是母亲烧饭,这次老高让他太太去买点菜烧给朋友们吃。他那具有现代思想的年轻太太反驳道:"怎么,你把说过的话都忘啦,你说年轻人如果把业余时间都花在小炉子上,肯定不会有出息……你看,我这个有出息的人还不知道油瓶在哪里!"(39)老高向工人阶级做承诺,期望一个没有剥削的共产主义到来,但是,他忘了他是多么依赖他的母亲。

"文化大革命"后期,朱自冶和老高的命运被联在了一起,对他们不满的服务员给他们编造了莫须有的罪名,这时朱子冶自私的本质更加暴露无遗,但已不仅仅体现在大男子主义的层面上了。

> 居委会也不能没有表示……他们之后勒令我和朱自冶、孔碧霞(他太太)早晨到居委会的门口请罪。我和朱自冶终于站到了一起!
>
> 挂着牌子站在居委会的门口请罪,那滋味比"押上台来!"更难受。……
>
> 孔碧霞可熬不住呀,她是个爱打扮而又讲风度的人,如今剃了个阴阳头,挂着个女特务的牌子站在那里。……再加上那个该死的朱自冶,居然交代他曾经看到孔碧霞从国外(她前夫从香港寄来的)罐头上剥下商标纸,一直压在玻璃台板里,破四旧的时候才烧毁。……这密码就在商标纸背后!孔碧霞又羞、又恨、又急,站了不到半个小时便砰的一声倒地,满脸鲜血,人事不省。(55—56)

那些被认为对人民有罪的人,在人们的监督下,要经常反思自己的错误(50,54),但这位美食家只会把罪责转嫁给他的太太兼敬业的厨师。食品罐头的商标纸上可能记着反革命密码,这个想法吸引了人们的注意,让人们看到即使是日用品也可能具有政治性。就他而言,密码完全是绝望的美食家臆想出来的。在一个政治敏感的社会里,他好像认为,食物是不会说话的,吃就是吃。

在这次告发后不久,老高和他的家人都被下放到农村,有好几年,他们吃的是咬不动的老鸡,喝的是劣质的酒。朱自冶过的是相对没有被打扰的生活。"依然(和孔碧霞)住在五十四号院",吃得也还不错。与《芙蓉镇》不同,陆文夫的这部中篇小说对饥饿不感兴趣,而是把注意力放在日常生活所体现的社会差异上。例如,老高劝说他的工人朋友阿二,放弃被人看不起但是赚钱比较多的拉人力车的工作,但是当阿二找到唯一能代替他以前的工作——去河道挖淤泥——他家吃得喝得还不如以前呢,"烤鹅和红酒都一度消失了",老高从中得到了教训:思想的正确并不能带来任何实际的好处。

即使是"三年困难时期",陆文夫也没有像某些作家那样,用启示录式的语言来描写。相反,饥饿再次区分了主人公——自私的唯美主义者、忠诚的干部——和朱自冶。当有人送老高一车南瓜,这在中国绝对算不上美食,但对他忠实的朋友阿二来说,这简直就是一笔横财,两个人希望做熟的南瓜,可以帮助因营养不良而造成浮肿的老高太太恢复健康。美食家朱自冶也想为自己要几个南瓜,便加入了推车的行列。在饥饿的年代,他的对手也对他产生了恻隐之心,老高想知道他的老房东是否最终会意识到劳动的价值和他寄生方式的愚蠢。然而,他们在推车时的谈话证明老高想错了。朱所谈的还是吃,他在进行着自己的"精神会餐",向根本就不想听的老高大谈过去和将来的美食。甚至在国家饥荒最严重的时候,他的思维依然是个美食家,把普通的南瓜想象成难以置信的"八宝南瓜盅",里面放满了当时无法获得的好东西。

这样的人物让我们想到,在现代中国历史上,不仅食物的数量和种类有所变化,分配不均衡,而且吃的日常行为也建构和重建了人与人之间的不对等联系。正如我们"永远也忘不了吃",总会回到餐桌所体现的社会关系问题一样,《美食家》也不断在重新评价美食家和道德家、房东和干部之间的关系。食物在他们之间流动，反复提及知己之感出现的可能性，然后重新指出是他们之间的不平等把他们分离开来。也许重要的是，这不是权力上的差异：从始至终，朱自冶几乎都比老高富有，但是他总是处在真正社会权力的边缘。但是，让老高反复沮丧地咬牙切齿的是，他的权力唯一无法控制的人就是他那位寄生虫亲戚——朱自冶，这只不可救药的硕鼠，好像总是游离于改革的权力之外。

权力的问题在《美食家》的结尾说得很清楚。这位依然忠于职守的干部，现在人们称他为高主任而不是同志，被哄骗到朱自冶家参加一个宴会，一群立场值得怀疑的朋友们撺掇老高聘用"吸血鬼"朱自冶做他国营餐馆的顾问。我们的叙述者设法在做出任何承诺之前溜了出来（在关键的时候，谈话停下来，上"三套鸭"）。他对朱自冶所有的仇恨又复苏了。他带着这种仇恨到阿二家参加婚礼。

所有的婚礼都差不多："这里是个欢乐的世界，没有应酬，没有虚伪，也谈不上奢靡。天井里坐满了人，在那里嗑瓜子，吃喜糖。"老高一岁的孙子也在。这小家伙已经被所有的大人宠坏了，因为他们总是给他最好的东西。但是他不吃一般的中国硬糖果。有人给了他一块巧克力——一种很贵的外国糖，小孩立刻接了过去，这令大人们非常高兴："哎呀，这孩子真聪明，懂得吃好的！"这话激怒了老高：

> 我的头脑突然发炸，得了吧，长大了又是一个美食家！我一生一世管不了朱自冶，还管不了你这个小东西！我伸手抢过巧克力，把一粒硬糖硬塞到小嘴里。
>
> 孩子哇的一声哭起来了……
>
> 满座愕然，以为我这个老家伙的神经出了问题。(185)

到此小说戛然而止。外国享乐的邪恶甚至已经渗透到老高的家庭内部,腐蚀着小孙子的未来。这位有良知的社会主义干部无法运用他的权力改变强烈的身体需求,因为这种需求产生于味蕾和胃口,而不是心灵和思想。从小说一开始,这个美食家就依据更深层次的更永恒的人性行事,他的这种行为远非他的理想主义的亲戚可以理解。这种结局和《芙蓉镇》相仿。这时的意识形态变成了一种疯狂的形式,但是食物是唯一自然的东西,尽管便宜的硬糖和昂贵的巧克力之间存在着差异。

但是如果从整体上看,此文本则更加复杂。阅读陆文夫小说就好像自己也成了美食家,替别人(也许是罪过地)享受朱自冶享受过的美食——头锅米线、菊花鱼、雪花鸡球、蟹肉菜心、桂花小圆子,还有孔碧霞精心制作的心形的西红柿里面放满炒熟的虾仁,我们也参与到小说制造的某种快乐中,体味早期苏州绅士的日常生活,想象当地精致小吃制造出来的美味。如果我们与老高这位叙述者为伍,我们就会拒绝"懂得吃好的",因为那暗示着自我沉醉和剥削,而且我们可以和他一起分享对未来中国的希望,那时不再有人为了短命的快乐而利用他人的劳动。如果我们跳出文本的声音来阅读(我们是和作者一起阅读,还是和他写作的那个时代一起阅读?)我们会为中国而哭泣,因为它在二者之间徘徊,一边是掠夺性的全球资本主义的"巧克力"(这是一种把让人民果腹的经济与调和社会分裂的政治无情地分开的制度和语言),另一边是"封建主义"的三套鸭。而这种徘徊仅仅是因为是它为少部分人提供了至乐。① 对下面的问题

---

① 乐钢称之为小说的第三种声音,他认为,这种声音在小说中并没有得到充分地展现(1999:182—83)。他这样讨论第三种声音的问题:"两种叙事纠缠在一起,无法辨明第三种声音。他在两者之间摇摆不定,编织了他们的社会历史,当面对自我创造的模糊画面时,第三者也不得不自嘲。用这种方式,作者利用叙述者把自己作成一个影子,像美食家幽灵般地困扰主人公一样。第三种声音的良知轨迹标志作者从信仰到嘲讽的心路过程。无论他的信仰有多么崇高,必须处于一直变化中的饥饿大潮之上。"(175)关于吃得好的问题,参见 Derrida[1989]1991;在第三章中,我会再次提到他的评论。

难以提供一个满意的答案：如何吃才既有道德又有快乐，也就是说"如何才能吃得好"？

陆文夫典型的味觉比喻三套鸭分散了朱自冶家客人们的注意力，使老高得以借机溜了出来。这个比喻是改革时代社会分层的最具雄辩力的物质体现。这道高难度的菜是"把一只鸽子塞在鸡肚里，再把鸡塞到鸭肚里，烧好之后看上去是一只整鸭，一只硕大的整鸭趴在船盆里。船盆的四周放着一圈鹌鹑蛋，好像那蛋就是鸽子刚生出来的"。难怪这些美食家们会停下政治宏论，惊叹这道美食的神奇！三套鸭确实和几十年来老百姓好日子里吃的肉馅饺子有天壤之别。只有真正的专家才能做得出这道菜（而饺子是在全家人的参与之下做出来的），它把许多异乎寻常的原料放在了一起（这里不光是猪肉、面粉和大白菜），它即使不用主要的谷物和蔬菜，也含有所有的蛋白质。它既让人想起，又巧妙地遮蔽了社会上所存在的、弱肉强食的等级分化现象。饺子是可以让所有人都可以吃到的食物（有些时候，几乎还由政府提供），而三套鸭除了美食家之外，不是每个人都能有幸吃得到的。

以美食家的身份作掩护，朱自冶逃过了"文化大革命"之前的反右斗争以及"文化大革命"中影响了许多人的批斗囚禁。除追求口腹之欲，他从不尝试做任何事情（他自己根本不会做饭！），因此也就不用为任何危险的事情承担责任，对他最严厉的指控不过是"吸血鬼"——一只吸血的蚊子。他的故事描述的是一种无节制的吃，这种吃所带来的快乐只能留给历史分析家来论定。

《美食家》的结尾非常模糊，但也暗示到，美学家和空想家之间的对立是无法消除的，两者都过分强调食物的一个方面，因此都显得滑稽可笑。朱自冶迷恋他的胃，享受美食；老高为人民着想，要让所有人能吃得上饭就得节制。两者互不相称，但又共存共生。陆文夫作品的

第二章 精神会餐

力量在于,为我们提供了一个非常复杂的文本,该文本为我们带来的快乐甚至超过了他的主人公们为我们带来的快乐。《美食家》在为读者提供想象、欢乐和美的同时也涉及了历史、苦难和道德。它不仅仅涉及吃的问题,还表现了吃的过程;既刺激了读者的味蕾又挑战了读者的消化系统。该文本既是政治的,也是美学的;既满足了感官,也挑战人们的智力,它是真正的"精神会餐"。在想象和记忆的宴会上,读者成了被体现的客人,和小说中的人物一起,享受到了美味以及和美味相关的谈话,忍受着饥饿和焦虑。在他的叙述中,陆文夫用一个欢乐的、社会性的、对抗的、渴望的和政治的混合体剔除了所有的矛盾。

陆文夫在《美食家》中所使用的策略,与20世纪80年代中期作家

在附近的饭馆里,女主人等着客人来品尝特殊的饭菜。(作者摄于2001年)

们展示的"美学对抗"是一致的,都在反叛过去的文学政治化。① 这种对抗反对把语言和经历彻底政治化。随着改革的深入,作家们尝试语言使用的多重方法,把新的特征注入现代汉语,这种汉语曾充斥着国家主义、马克思主义和阶级斗争。文字需要寻找新的所指,这就要求作家创建一个新的语境,在这种语境中,文本可以具有超越几十年来官方话语的意义。《美食家》在两个层面上参与了这种美学对抗:朱自冶被描述成一个美学家,陆文夫也用明显的美学手法弥补了他社会视角的苍白。《美食家》在为读者提供亲密体验美食快感的同时,也质询了身体和自我,这个20世纪80年代早期才刚刚出现的问题(第四章会着重讨论这一观点)。

陆文夫对极"左"路线的抵制,在餐馆的工人("红卫兵")对主人公滑稽可笑的指控那一段描写中,表现得非常明显。"这种不可思议的"

---

① 关于20世纪80年代文学争论和流派的启发性讨论参见王 1996:137—194。在20世纪中国文学中,意识形态和美学之间不稳定的对抗,参见乐钢1999年的深入反思。20世纪80年代中期,中医也对美学产生了简单而有限的兴趣(参见王 1989)。关于《美食家》,乐钢特别写道:

> 《美食家》提供了一个令人信服的例子。表明政治义务符号(politically compulsive semiosis)如何穿越吃的口头空间,(在改革时期)对于吃的政治性多元解读(political overreading)如何使口福成为美学对抗。陆的小说通过追溯1949年以前,中国食物的政治系统的"源头"而把新中国食物的整体政治弄得更加复杂,使人们认为治愈现存社会疾病的最终良药是对1949年后的中国进行病理多元解读(pathological overreading)。文本反映了食物消费的社会历史,把社会主义一幅罕见的图片描绘成为马克思式的解读,它必须触及关于欲望、快乐和消费等一整套道德问题。

> 乐钢对于陆文夫小说的解读也像小说本身一样具有矛盾心理。人们会为饥饿和不平等所感动,特别是在可怕的大范围内出现这些问题的时候,这让我们联想到20世纪中叶备受战争创伤的中国。我们肯定中国共产党为了改变引发饥饿和不平等的根深蒂固社会实践而付出的正义努力,特别是当它涉及改革时期的穿透力,渗入人们的思想和日常肉体的存在。同时,他赞赏20世纪80年代出现的"美学对抗"的创造力。但是,他依然坚持革命原始初衷的严肃性,其理想是要让所有人能吃上饭,消除有闲阶级对工人阶级的剥削。

场景涉及从香港的罐头商标、艰难岁月时作为礼物的南瓜。陆文夫似乎想和读者一起分享脱离政治的办法,试图在小说中营造一种吃就是吃的气氛,但是却没有一顿饭不带政治性。他只能退到关注语言的运用层面上,用怀旧和味觉的美以及俚语去分散我们的注意力,但是这些依然涉及权力和不平等,与那种沉重的道德相对立。古华用《芙蓉镇》刻画改革时代物质需求和政治理想之间的对立戏剧性地表现出来,同理,陆文夫和许多其他毛泽东时代后期的作家们,试图从国家政治的过度简单化中去除身体的生活。① 但是优美的语言不足以回答革命,以及几代中国人的吃所带来的问题。

事实上,陆文夫好像意识到,不仅是吃,而且美本身也应当引起社会的重视。毕竟,他的家乡苏州是中国乃至全世界公认的风景如画的"人间天堂"。1983年我去那儿旅行的时候,也就是《美食家》正在写作的时候,苏州的园林经历了多年的废弃和乱用。但是修复工作正在进行,政府动员了拥有精湛技艺的木匠重建亭子和连拱廊,组织园林工人栽培稀有植物,重现微型园林景观。要做的工作以及相关费用在说明改造的路标上四处可见,许多地方都有募捐箱。陆的小说也提到阿二在放弃拉人力车的工作后,也参加了早期美化苏州的劳动。那工作就是在苏州狭窄的运河里清运淤泥。"这个工作很辛苦,但也很有意义。旧社会给我们留下了很多污泥浊水,我们要把污泥浊水变清流,使这个东方的威尼斯变得名副其实,使这个天堂变得更加美丽,是我们革命的一个方面。"(20)然而,阿二的新工作——美化苏州,要比为

---

① 陆文夫比古华描写的差别更加细致。后者不加评判地把物质和意识形态的区别自然化了。有些作家引发这种二元的不同形式,遭到另一些作家的反抗。特别是当20世纪80年代快要过去的时候,他们当中很多人避免这种把物质和意识形态的简单区别自然化,试图通过美学的方式,把写作、意义和生活从政治领域中提取出来。这些被称为朦胧诗人、寻根小说家和经验主义者的作家们全部用不同方式再造曾经完全被"毛式"话语统治了几十年的普通话。参见王1996。

朱自冶拉人力车四处去吃东西累得多,而且一天却只能给家里带回三斤米。换句话说,为持续的美付出的劳动,要远远多于为消费阶层服务所付出的劳动。从社会学的角度看,朱自冶非常个人化的"无以言表"的口腹不同于可以使市民生活得更好的城市的可爱:平静的园林、美化的街道、清洁的水道。

也许,20世纪80年代的一段时期内,对于像陆文夫这样的作家,以及改革时期中国广大读者来说,只要有美就够了。但是引导读者和作家(即文化的中国)得出这种明显结论的历史还没有消失,也不能消失。《白毛女》所提供的深层满足为受压迫的大多数沉默农民找到话语权和权力(但是依然坚持阶级斗争)和《芙蓉镇》所体现的极度简单的物质需求(然而无法消除模糊的记忆),在《美食家》中都变成了美学。《美食家》中的不同人物和他们的经历,表明中国人所特有的对过去的感受、对逝水年华的魂萦梦绕。例如:老高是作为新中国和党的道德代表出场的[他的学生时代表明了这一点(9)],而且作为故事的叙述者,他对新中国成立前苏州的乞丐和工人的赤贫状况描述得非常细腻。文本很清楚地表明他的话代表了20世纪80年代早期一个依然忠诚的共产主义者的观点,所以他不愿意忘记旧社会的苦。尽管就餐馆的生意而言,他已经看到了某些极"左"的错误,但他还是不愿意放弃根深蒂固的过去时代的平均主义。

《美食家》还给我们描述了一些虽不能言善辩、却对道德忠贞不贰的角色。阿二,任劳任怨的工人;孔碧霞,勤劳(而且美丽)的厨师,嫁给了"夜壶"朱自冶。这些人物不像该书的主人公,他们没有把食物或者吃上升到理论高度,他们只是过日子,为了最基本的吃提供服务和进行生产活动。从某种意义上说,高和朱是"不是拿工资,就是吃补贴的人",而阿二和孔碧霞虽然他们不是粮食的直接生产者,但是他们靠劳动维持了生计。他们二人以局外人的身份在小说中出现,他们才是道德的权威,但是他们却没有话语权。

当然,令人回味无穷的是朱自冶。在小说的结尾,这位美食家变成一个善谈的人,尽管在老高看来,他说的都是些空话。但这是这个人物的唯一变化。作为食客,他依然没有改变,照吃如故。在身体和渴望的层面上,他的存在,在新中国成立前的旧社会和改革开放时代都没有任何差别,因为在这两个时代中,"致富"都是光荣的事情。这样,陆文夫通过朱自冶表达了人类社会本质的一种内在趋势,他自私地追求口福的方式是以吃本身的问题为基础的。这种比喻还暗示了另外一种自然化:贪婪是自然的,它的终极形态是疯狂——"他们一定认为这个老家伙彻底地疯了"——为了集体的利益,以理想政治的名义要控制贪婪。

我的祖父,一位高中的拉丁语教师,总是用一句"De gustibus non disputandum est"(说到口味,没有什么好争辩的)来解决他年轻的孙子们之间的争吵。他的手段很高明,毫无疑问,这是他所受的古典教育的结果。他非常巧妙地把我们之间争端归结为仅仅是口味的问题,然后,做出终极宣判,"没有什么好争辩的"。本章中所讨论的材料呈现了许多有关口味的争论,表达了深刻的历史对抗,至少从理论上说,并没有定论。但是这些争辩没有触及口味本身。当身体的体验被如此自然化了,历史的区别就被避开了。当快乐、渴望和贪婪仅仅被视为对于任何政治来说都是不可避免的、无法改变的条件时,身体的诸多变化着的方式就无法被领悟。事实上,快乐和贪婪会随环境的改变而发生巨大变化。

正如第一章所提到的,我们会在下一章看到,世俗生活所依托的政治,在当代中国已经变得非常明晰。不同时代的作家以不同的方式认真地探究身体和社会的语言习惯,这些语言习惯用集体主义的观念来评价食物,远远地超越了营养的层面。尽管我所探查的文学作品都完全忽略了这一点，但是我们仍能从第一章中看到，有关味道和权力的理论在中医的技术中依然存在，换句话说，这是一种历史上可能存在的快乐的语言。是什么把这两种关于体现的语言联系起来了？是什么把70年代中期以后社会或者批评维度与医学理论化治疗或者那些在医学上理论化了的生活现象学联系起来了？在第三章里，我要把伟大的小说家莫言的一些反思和中医的某些理论资源结合在一起以探讨这些联系。但是，这些联系并不能解决上述这些矛盾，只能在某种意义上，通过《白毛女》、《芙蓉镇》和《美食家》来凸现这些矛盾。为解决口味上（用我祖父的话说）的争端做了大量的努力，但在中国，像在其他地方一样，人们仍可以看到，争辩仍在继续。

第三章 "实"与"虚"

> 问题不再是想知道究竟是吃他者"好"还是他者"好"吃,也不是想知道到底吃哪一个。你要么吃掉他,要么被他吃掉。……因此,道德问题从来就不是一个吃还是不吃,吃这个还是吃那个,吃活的还是死的,吃人还是动物,既然人总得吃东西,东西又好吃,"好"这个概念又没有什么其他的定义,人究竟怎么吃才算吃得好?这又意味着什么?吃到底是什么?如何确定这种"信念融合"(introjection)的换喻?通过语言表述的这些问题如何给我们提供更多的精神食粮呢?是靠食肉动物吗?
>
> ——雅克·德里达

"人究竟怎么吃才算吃得好?"米访雅克·德里达时提出的问题,回应了本书第二章中所分析的小说所讨论的道德与政治问题。[①] 我们看到,中国作家们讨论这个问题的方式,在很大程度上受新中国历史的影响。特别是陆文夫,尽管他试图通过写作把吃提升到美学层面,但是,他在书中还是展示了人们所面临的那种道德上的困境:这些人非常清楚,有些人(如《美食家》中的朱自冶——译者注)是靠剥削而

---

① Derrida [1989] 1991:115。

生存的。虽然德里达是在人们长期以来无法准确区分自我与他者这两个概念的背景下,提出了吃得好这个问题,但中国的作家们却是试图通过在匮乏和过剩之间寻找一个中庸立场来阐明吃的问题。他们也试图按照经济规律来规范"信念融合"的换喻——食客与食物之间的关系确认了他们之间的绝对认同。生产者流多少血汗才能生产出消费者所需要的食物?邻居们都在忍饥挨饿的时候,这伙幸运儿应享受多少快乐才算是适度的?如果处在社会"底"层的人根本就无法享受到如此精致的快乐(比如美食),那么,"高度"的文明还有什么价值吗?过去的饥荒能使现在和未来的暴饮暴食名正言顺吗?

中医与20世纪所关注问题的类似之处在于,它使用了丰富的术语,把物质的过剩和匮乏比喻成病理学中的"实"和"虚"。许多疾病表现为体内某种重要代谢物的低下(比如体液、血液),或身体各系统的功能低下(比如肾亏、气亏)。与时下有关疾病的解释不同的是,中医领域的郁滞是指身体内部的机能紊乱致使某种物质在体内某一部位积聚过剩,涩滞不通。因此,某种机能性衰竭可能会导致不可逆郁滞(repletion)。早在19—20世纪的马克思主义和资本主义经济之前,医学和经济学领域中"过剩"和"匮乏"的概念就已经借用了市场和农业领域的古老隐喻。然而,它们在近代史上拥有举足轻重的地位,因为它们为多种当代体验提供了颇具特色的表述方式(idiom)。诊所里的患者们饱受"虚损"或"实邪"等痼疾的折磨,需要接受漫长而复杂的专业治疗方可痊愈。与此同时,在患者所在的国家,虽然其政体受到了饥荒和生产力失调的严重影响,但是个人财富和特权却在无限膨胀。①

我们看到,革命时代提倡平均主义和投身革命(革旧社会的命),

---

① 关于这些说法,一个有名的出处是由毛泽东的"私人医生"李志绥写的毛泽东传记(1994)。在中国和我聊过这本书的读者普遍认为,李志绥和他的书都不足为信,他们认为他有政治企图。我也持同样观点,但书中有些内容描述得很好。

通过节约财富和资源实现其经济目标。从《白毛女》中地主的谷仓到《芙蓉镇》集市上卖的山货，都被看成是会让某些人财富过剩的一种形式，应该在国家的掌控下进行重新分配，这样就可以确保每双"筷子头上都有阶级斗争"。用显然"不带政治色彩"的中医领域的话语来说，中医也注意"过剩"与"匮乏"的问题，采用"节约的"手段进行诊疗，帮助饱受身体功能紊乱折磨的患者恢复健康。

在本章中，我将探究中医与食物的伦理及政治之间的关联。这类问题早已引起当代作家，尤其是小说家、散文家莫言的关注。莫言这位中国作家以其对饮食、世俗的身体功能的兴趣而著称。莫言笔下所描绘的有人吃得过多、有人不够吃这一现象，与中医对于功能衰竭与气血郁滞的分析有异曲同工之处。在本章中，我还将介绍我所观察到的一种吃，许多人认为它代表了一种令人无法容忍的社会性过剩。要想明白这些看似毫不相干的因素之间所隐含的关联，就要回到本章开头所引用的德里达关于伦理问题的论述。德里达的话之所以能被用来精当地评论这些中国问题，是因为将中医、批评性写作、公务宴请类的社会习俗等领域联系起来的话语和实践之间共有一个宽泛的经济逻辑。这一逻辑能调整过剩与匮乏的状态。正如德里达所观察到的，除重新解决资源分配不均这类数量问题之外，还存在着权力（agent）的问题：谁吃谁？如何理解吃本身和被吃的他者？又该如何调整它们之间的关系，即"信念融合"的换喻这一关系？能培养出一种更广泛、更符合伦理道德的共餐习惯吗？又在什么样的体验的基础上会形成道德歧视呢？

在众多当代中国经济学者的话语中，唯有中医这一领域为这些问题提供了答案，并为如何走出平均主义的困境提出了建议。平均主义是一种不合情理的重新分配资源的联想模式。它试图解决有人太穷、有人太富这个问题，试图消除消费者和生产者之间的一切差异。人们沉浸在平均主义总会有效这种逻辑之中，以至不愿放弃整个体系将来一定健康这种幻想。现实中诊所里的医生和患者都必须寻找某种办法来医治虚实失调这种病患。有时他们找到的解决方法未必是平均主义，本质上也未必是进步的。然而若以某种方式解读中医，就会发现中医的实用逻辑中蕴含着有趣的政治和道德方面的寓意。正如德里达在访谈时曾提到的，"联系他人是把他者与自我相连的最佳的、最充满敬意的、最满怀感激之情的、最慷慨的方式"。对于治疗"实邪"或长期"虚损"，中医从血液循环和脉络生理学的角度提供了治疗方法。人们只有在谈及完全不同的话题时才可能用到这些毫不相干的话语，而这些话语都超出了盗用和剥削的范畴。这些领域无论是在北美还是在中国都是伦理道德所关注的焦点。

　　撰写医学书籍的作者们很少把他们的视线投射到"社会"或者"政治"问题上。理由很充分：身体并非社会，个人的需求和能力与社区的需求和能力不同。然而，如果经济过剩与匮乏对于了解当代中国的困境是个很有说服力的比喻的话，那么身体的"虚损"或"实邪"就会情不自禁地从一个不过问政治的角度来对这个国家的各个领域展开近距离的评论了。但在开始这种改头换面的评论之前，我想弄清楚，改革开放时期的大众话语如何描述当代中国所面临的物质过剩和物质匮乏这一广泛社会问题。

实现共产主义的时候

　　在马克思《德意志意识形态》中有几段令人难忘的章节，其中一段给共产主义的日常生活提供了一个乌托邦式的意象。他在文中写道："在共产主义社会里，任何人都没有特定的活动范围，每个人都可以在任何部门内发展，社会调节着整个生产，因而使我有可能随我自己的心愿今天干这事,明天干那事,上午打猎,下午捕鱼,傍晚从事畜牧,晚饭后从事批评,但并不因此就使我成为一个猎人、渔夫、牧人或批判者。"①马克思认为,劳动这一日趋复杂、严密分工的固定社会角色使人们产生了疏离感。他所指的或许就是"原始共产主义",而非实现了共产主义才能出现的画面。但是,这种意象在未来主义者对许多社会主义运动的设想中占了一席地位。如果我们认为意识产生于人类的生产活动,那么一个"调控一切生产"的社会,与"只要我愿意"就能够从事各种各样的生产劳动的工人个体之间显著的矛盾就能得到解决了。(毕竟,这正是《德意志意识形态》的核心论点。)一个完全集体化的个体一旦意识到为大众的利益而劳动所带来的直接好处,就会很"愿意"全心全意接受社会的"调控"。但在这种诱人的、如田园诗般美丽的意象中,人们忽略了可能产生的其他问题。总的说来,猎人、渔夫和牧人并非大规模的生产者,只有大规模生产出来的产品才能够进行广泛的分配,才能支持一个21世纪国家的所有经济活动。只有想象出来的当代经济才能满足马克思著名的"批评之批评(critical critic)"的生活方式:有森林、小溪,还有羊群,这是一种物质极大丰富的生活方式。②社会调控一切的生产应该创造出丰富的盈余,那样一来,管理层无需费尽心机再做出决定,没有专业技术的工人也能轻松地分担工作,不需要任何个人付出任何持续的劳动。这是一个超越了消费者剥削生产者劳动的社会,是一个吃与被吃者之间没有差别的社会。极大丰富的物质本身使得这个系统得以运转。

中国马克思主义的逻辑学把社会财富和社会主义调控结合在一起。通过把国家指导下的现代化政策与"当共产主义实现时"所带来

---

①② Marx[1844]1972:160。

财富的意象相结合，中国共产党保证将永远结束中国历史上长期的物质过剩与匮乏。当人人都丰衣足食时，社会主义就会变成共产主义，人们可以做"只要我愿意的事情了"。例如，毛泽东在他早期（1919年）的一份宣言中写道：

> 世界什么问题最大？吃饭问题最大。什么力量最强？民众联合的力量最强。……刻不容缓的民众联合，我们应该积极进行！……我们中国民族原有伟大的能力！压迫愈深，反动愈大，蓄之既久，其发必速，……诸君！我们总要努力！我们总要拼命向前，我们黄金世界，光荣灿烂的世界，就在面前。①②

既然最大的问题是吃饭问题，黄金年代可能就包含在这种具体的饱足中吧。有这么一种假设，经过长期积累的物品会"其发必速"，这种假设在30年后的土地改革中得到了证实。这期间，在中国共产党的领导下，对私人财富进行了重新分配，这使得许多农民在几年时间立刻富裕了。人们把20世纪50年代早期的"黄金时代"看作是丰收的年代、家庭控制生产的年代。对于许多从前曾经赤贫的人来说，生产的盈余都能让他们有点积蓄了。行政单位无论多么小，土地改革还是对它们的物质过剩和匮乏进行了痛苦的计算和操控。但是土地改革一完成，有那么几年，人们真的在享用他们获得的新资源了。③ 过去被

---

① 这段引文最早刊登在1919年《湘江评论》第一期和之后同年出版的文章中。Stuart Schram(1969:162—164)艰难地收集（并作了翻译）资料，我没有查到在北京出版的第二手资料。
② 此段中文分别引自《湘江评论》创刊号，第2、3、4号。——译者
③ 关于土地改革的经典论述参见 Hinton 1966:174—175。

少数人控制的、没有变化也无利可得的物质过剩转到了许多人的手中,使他们过上了适度富足甚至略有盈余的生活。

作为领袖,毛泽东的担子越来越重,但他的乐观精神并没有完全消失。① 在中华人民共和国成立的前夕,他说:"世间一切事物中,人是第一个可宝贵的,在共产党领导下,只要有了人,什么人间奇迹也可以创造出来。……我们相信革命可以改变一切,一个人口众多、物产丰盛、生活优裕、文化昌盛的新中国,不要很久就可以到来,一切悲观论调是没有根据的。"②

我马上要谈到莫言的一篇文章。他在文章中提到 20 世纪 70 年代的一位战士。他的父亲从贫困的山村到儿子的部队去探亲,发现军队改编了:"因为新兵连里缺乏活力,连队刚刚被分成新的工作单位,这些单位就像是人间天堂。我们单位只有 11 到 12 人。我们耕种差不多 50 亩地(相当于 8.2 英亩)。每年我们种两季庄稼,一季麦子,一季玉米。麦子被磨成精粉,玉米用来喂猪,所以你可以想象我们在单位的生活有多么好!我那久经战场的父亲来后,在部队吃了几天,简直不敢相信。他说,什么是共产主义?这就是!"③

新政体所指的共产主义并非如莫言父亲大快朵颐的猪肉和馒头那样是一种新的行政体系。当时流行着这样一则笑话:"对于苏联人来说,共产主义就是土豆烧牛肉。"④ 很显然,这种说法比较的是两个国家的饮食习惯而非社会主义阵营的两种政治理论。

---

① 如果按历史顺序阅读毛泽东的著作,人们可以注意到几个重要的倾向,一个倾向是日益强调阶级斗争,另一个倾向是行文越来越抽象,满是术语。他的作品并未关注 1919 年的革命运动。在他日趋占优势的愿望中,未来以及未来的光辉渐渐消失。在各种大众话语中,物质财富和真正共产主义继续结合在一起。"文化大革命"后期的宣传机构更是鼓励人们把物质财富和真正共产主义继续结合在一起。
② Schram 1969:350。
③ 莫言 1997:96。
④ 王君,私下交流。

爱看电影的人还能回忆起张艺谋的电影《活着》,该影片描述了一幕真实的(合乎当前对于历史真实的理解)"大跃进"时期公社生活的场景。①

第一个场景,正值调动一切力量在当地的高炉里炼钢铁的高潮之时,儿子很疲倦了,他的父亲就用一个假设的故事来转移他的注意力:

有庆喜欢吃饺子吗?
——喜欢。
——有庆喜欢吃肉吗?
——喜欢。
——很好。如果有庆按照爸爸说的去做,我们的日子就会好起来。
——我们家就像是一只小鸡。等它长大了,就会变成鹅,之后变成羊。等羊长大了,就会变成牛。
——那牛以后呢?
——我们就每天吃饺子和肉。

几年后,改革已经开始了,还是那位父亲,和他的孙子馒头想给刚刚买的几只小鸡找个地方。他和孙子之间有段类似的对话:

——这个箱子比纸盒子大,它们有足够的地方活动,只要它们活动,就吃得多,吃得多就长得快。
——它们什么时候长大?
——很快。

---

① 参见关于现实主义流派使用人类学手法的讨论的介绍。

——它们长大以后呢？

——等鸡长大了，就会变成鹅，之后变成羊。等羊长大了，就会变成牛。

——那牛以后呢？

——牛以后馒头就长大了。

——我要骑牛。

——馒头不用骑牛，馒头要坐火车和飞机，日子就会好起来。

显然，在两个场景中，把未来共产主义和未来现代化对立起来，目的就是要标示从毛泽东时代到改革开放时代的人们价值观念的转变。用一种生活，那种馒头这代人所期盼的舒适、灵活、不带任何政治色彩的未来，来取代另一种生活，那种鼓励有庆那一代人所梦想的理想政治制度，这算不得什么大的飞跃。在某种程度上，假设市场经济要发展到更高层次的共产主义，二者间的这种关联不断暗示官方的经济政策，而制定政策的目的是要在中国实现共产主义这个目标。在这两种理想的社会主义状态中都可以找出一个假设的痕迹，那就是物质的极大丰富能解决社会不公这个顽疾。但是，像莫言这样的作家也对这种假设产生了质疑。

莫言的《忘不了吃》

如果把中国的困惑理解为物质的过剩与匮乏，那么叙述历史就易如反掌了。在中国 20 世纪的最后几年里，人们回忆过去最普通的方式就是批判新中国最初的几十年运动太多，与此同时，还要把过去所有的苦难都看成是物质的匮乏，饥饿尤其是个特别例子。对此，在改革开放时期,流行着一种复式簿记的做法,同时还有一种政治补偿的活动,人们旨在"发财致富"、"找乐儿",以弥补他们曾经遭受的贫穷与困难。但是任何一位中医都会告诉你说,不是轻而易举就能把实邪和虚损分别归入世俗的小壁橱里。物质匮乏之后的暴饮暴食绝不利于健康。任何造成功能紊乱的危险趋势都不能全部归咎于过去,甚至有食物吃的人也能患虚损症。没有食欲绝对是(也很普遍)患病的症状,正如吃了饭却没有饱的感觉,或者吃了也无法保持体重。再者,许多实邪症会伴有,甚至还可能导致相邻系统同时患有虚损症。只要认真调理,虚损症状就能得到治疗。但是乱用补药也会导致危险的实邪症。一旦出现实邪症状,不仅必须要消除,而且还要了解病因,以免身体局部再次发生类似症状。

因而,如果把历史进行简单的时代划分,整个时代又被斥为病态的,例如,如果把毛泽东时代的中国笼统地视为物质匮乏与政治泛滥,那么就难以理解把物质过剩与匮乏联接起来的社会和经济运动了。在莫言《忘不了吃》一书中,作者通过毛泽东时代不同的记忆,试图描述的正是这些运动。

莫言是位著名的小说家,他的写作生涯贯穿整个改革开放时期。电影《红高粱》就是根据他的小说改编的。他近期的一本小说《酩酊国》有人译成"Liquor-land",有人译成"The Republic of Wine"。他在书中经常写到食物、酒和食人肉者。[1] 从《忘不了吃》这一富有讽刺意味的开场白来看,作者惯用身体意象,他关注被一些批评家们斥之为粗俗的东西,比如吃与排泄的循环。因此,文章描述的都是些"鸡零狗碎的破事",把些非比寻常的东西——昆虫、捣碎的萝卜叶子、热带鱼提升到了食物的高度。

---

[1] 莫言[1999]2000。亦见乐钢 1999:262—287、杨小滨 1998。

它们既然是食物,就免不了过剩或匮乏这类问题。例如,为了讽刺某些作者狂热追求优雅,他在文章一开始就大唱土豆赞歌:"如果你喜欢,你就吃白面饼,但是我吃山药蛋。山药蛋真是一种雅俗共赏的美好食物,皇上爱吃百姓也爱吃,烧着好吃煮着也好吃,煎着好吃熬着也好吃,山药蛋哦,你的名字叫美丽!哦,山药蛋,多少谎言假借了你的名字,如果你就是'土里面的豆子'的话。话分两头(高雅的和粗俗的),我们抛下着土豆,暂且不说。"(93)因此,甚至语言也会走极端。正如一个有关苏联共产主义的笑话提示我们的那样,莫言一部分的讥讽任务就是把在中国身价远不如大米和麦子的土豆,提升到皇帝的美食这样的地位。颇具讽刺意味的是,他提议美化这种食物的名称,借以提醒作家同仁们,注意语言"有两类"这句话的社会阶级含义。

文章接下来再次回忆起莫言(生于 1955 年)曾亲身经历过的 1958 年到 1961 年间的饥荒。除怀旧外,这篇文章一再地向人们展示,匮乏眨眼间就转化为过剩,反之也如此。但莫言最开始的讨论是基于饥饿这一事实:"从我有记忆起,就一直饥肠辘辘。这样说很可能又要招致一些好汉们的痛骂,给我扣上一顶'给社会主义抹黑'的大帽子。但事实如此,饿肚子既不光荣也不美好,何必假造?但饥饿有没有炫耀'苦难'的意思呢?有,的确是有,至少这是我跟着你们学的。"(93)[①]为了回应评论家和作家同行们,在此,莫言认为许多作品中都存在着一种伤感的趋势。这类作品回顾那场全国饥荒并把"文化大革命"时期看成是纯粹的虚损。(例如,回想一下《芙蓉镇》中谈到食物这个话题时那种说教式口吻。这种口吻与书中"给社会主义抹黑"的调子相当一致。)在后来的段落以及全文中,莫言的讽刺批判表现得更清晰。他回忆起人们靠野菜、鱼和昆虫为生的那三年困难时期:"很多文章把三年

---

① 莫言 1997。

困难时期写得一团漆黑,毫无乐趣,这是不对的。起码对孩子们来说,还有一些欢乐。对饥饿的人来说,所有的欢乐都与食物相关。那时候,孩子们都是觅食的精灵,我们像传说中的神农一样,尝遍了百草百虫,为扩大人类的食谱作出了贡献。① 那时候的孩子,都挺着一个大肚子,小腿细如柴棒,脑袋大得出奇。我是其中一员。"(93)

　　这真是一幅因潜在的物质匮乏而导致的物质过剩的真实画面!随着文章的继续,出现了寻找食物并获得快乐和意外收获的趣事。不光找到许多应季的"油蚂蚱","味道美极了,营养好极了",而且还在附近的洼地里抓到了美味的螃蟹和鱼。对于昆虫的描述简直令人垂涎欲滴。除了具有"奇异的香气"的蟋蟀,还有朝灯笼上扑的蜻蜓幼虫(所以有个俗名叫"瞎眼撞")。"这种昆虫相当多",莫言写道:"停在枝条或是草棵上,一串一串的,像成熟的葡萄。晚上,我们摸着黑去撸'瞎眼撞',一晚上能撸一面口袋。此虫炒熟后,那滋味又与蟋蟀和蚂蚱大大的不同。还有豆虫,中秋节后下蛰。此物下蛰后,肚子里全是白色的脂油,全是高蛋白。"(94)饥荒时,那些人类无法食用的树叶,在豆虫肚子里被转化成了固体蛋白质。低等昆虫的消化过程成了非人类食物和人类饥荒之间的斡旋使者。莫言在此描述的那种从昆虫身上所得到的短期馈赠虽然能让人活命,但并不能真正缓解人们的饥饿。此外,人们时时能感受到浓浓的同志情意、足智多谋和风趣幽默。"我们成群结队,村里村外的觅食。我们的村子外是望不到边的洼地。洼地里有数不清的水汪子,有成片的荒草。那里既是我们的食库,又是我们的乐园。我们在那里挖草根挖野菜,边挖边吃,边吃边唱,部分像牛羊,部分像歌手。我们是那个时代的牛羊歌手。"(93—94)②如果

---

① 这里指鲁迅的评论,参见 Rae Yang 1997。
② 文章中主要的比喻之一是把人与动物进行比较,这是莫言作品的特点,这种腐蚀性的实利主义观点,毫无疑问,令许多高雅的批评家们难以接受。

文章局限于这种相当天真、漫无边际的闲聊，它不过是普普通通的感伤而已。但文章还详细叙述了一些令人更为不安的事件。例如，棺材不够用就意味着饿死的人会被狗吃掉。这样一来，人类的耻辱反倒成了动物的盛宴。莫言写道："人死了，好歹拖出去，让狗吃了拉倒。那是狗的黄金岁月，吃死人吃的，都疯了，见了活人也往上扑。"(95)这种黄金岁月眨眼就变成遍地疯狗！有枪的干部嫌吃死人的狗太脏，宁愿打些兔子这类野物。因为身体太虚弱跑不动，每个人都害怕野狗伤了自己的性命。恐惧笼罩了整个村庄。因此没有现成的办法可以解决人口不足与狗过多这个危险局面。

还有一件事，官方试图把仔细称好重量的简单粮食分给大家来缓解饥饿问题，但这种努力很快就走了味。

> 大概是1961年的春节吧，政府配给我们每人半斤豆饼，让我们过年。领取豆饼的场面真是欢欣鼓舞的场面。有的人用衣襟兜着豆饼，一边往家走，一边往嘴里塞。我家邻居孙大爷，人没到家，就把发给他家的豆饼全都吃光了。他一到家就被老婆孩子给包围了，骂的骂，哭的哭，恨不得把他的肚皮豁开，把豆饼扒出来。可见爱在饥饿的人群里，要大打折扣。孙家大爷躺在地上，面如灰土，眼泪汪汪，一声不吭，任凭老婆孩子撕掳踢打。孙家大爷当天夜里就死了。他吃豆饼太多，口渴，喝了足有一桶水，活活给胀死了。那时我们的胃薄得如纸，轻轻一胀就破了。孙大爷死了，他的老婆孩子，没掉一滴眼泪。多少年后提起来，孙大奶奶还恨得牙根痒痒，骂老头子吃独食，连一点人味都没有，死不足惜。(95)

每人半斤豆饼足够村民们吃上一阵子的，但决不能算是过量的食物。

然而,在饥饿的人手中,这么一点食物未必能支撑多久。莫言说村子里有17个人被豆饼撑死了。如果为吃付出死的代价还不算昂贵,什么才算呢?

《忘不了吃》给我们描绘了一幅难以区分细微差别的饥饿图。画里面五味俱全,变化多端,并非一切都令人愉快。莫言于20世纪70年代早期参军的时候,还擅长描述餍足。

> 我当兵之后才真正填饱了肚子,有了一些人的尊严,就冲着这一点,也不敢对军队没有感情。当兵临走前,村里的几个复员兵来给我传授他们在部队里积累的宝贵经验。他们说:如果吃面条,第一碗捞半碗,连吹带搅和,凉得快。吃完这半碗,再去狠狠地盛来冒尖一碗,慢慢地吃。如果第一碗就盛得很满,等你吃完再去捞时,锅里就只剩下汤水了。如果碰上吃米饭,万万不可咀嚼,只要一咀嚼,南方兵就发笑。我到了部队,才发现那些复员兵纯粹是在胡说八道。……分到新单位,简直就是上了天堂。(96)

换句话说,一旦食物充足,足够分配给大家,那些习惯了饥肠辘辘,一旦有机会吃总要想尽一切办法尽可能多吃点东西的人们发现,他们这种策略现在用不上了。作者的父亲到儿子单位探亲时不由得惊叹:"什么是共产主义?这就是!"但是这种旺盛的消化能力很快就转变成了一种食物过剩。连长发现新兵们都特别能吃,就下令杀一头猪。他说:"能吃的兵必能干,不能吃的兵也不能干。再说了,我们的粮食大大的有,明天就给我杀猪,给这几个小子油油肠子。"

在军队这个小小的"共产主义"组织里,显然,人们没必要担心食物不够吃该如何,或者食物过剩又该如何。"油油肠子"这个意象,尤其迎合了中国人关于食物过剩以及它所衍生出来的好处的淳朴观点。新年是庆祝丰收,通过社会网重新分配财富的时刻。在中国南方的一些地区,白白的肥猪肉,在油锅里好好一炸,就是新年饭桌上的一道大餐。猪的肥膘代表了猪的肥壮,也就代表了社会体制的富足。军队的共产主义让军人们觉得自己走在实现理想社会道路的前沿。在那个理想的社会里,食物过剩成为普遍现象,有过剩的粮食可用,因而也是有益于健康的社会。

然而,随着描述的继续,莫言再次暗示,长期匮乏往往会导致变态过剩。

> 第二天果然宰了一头大肥猪,切成拳头大的块儿,红烧了半锅。馒头是新蒸的,白得像雪花膏似的,猪肉炖得稀烂,入口就会融化。啥叫幸福?啥叫感激涕零?啥叫欣喜若狂?这就是了。这顿饭吃罢,我们几个新兵,走起路来都有些摇摇晃晃,吃猪肉吃醉了。我个人的感觉是肚腹沉重,宛若怀了一窝猪崽。这一顿真正叫过瘾。二十年来第一次,就此逝世也不冤枉。但后遗症很大,我整夜在球场上溜达,一股股的荤油像小蛇一样,沿着喉咙往上爬,嗓子眼像被小刀割着似的。第二天还是大白馒头红烧肉,我们开始羞羞答答,挑拣瘦肉吃,吃起来也有些文质彬彬了。连长骂道:"原以为来了几条梁山好汉,却原来也是些松包软蛋。"(96)

从饥饿的角度讲,再多的食物都不嫌多,但莫言只用了几小时就意识到了这一点——尽管他目睹孙大爷因吃多了政府分的豆饼而胀死,早该清楚地认识到这一点,餍足也要付出代价。

随着时间的流逝,即或是昆虫和野菜,也能被再次改写成餍足的例子。有个和莫言在洼地里一起挖野菜长大的男孩，与其他孩子不同的是，这个男孩小时候能趴在地上舔洒在地上的粥。他后来靠饲养昆虫发了家。"那当年的男孩，现在已是我们村的首富。他靠养虫致富。养蝎子，养知了猴，养豆虫，高价卖给大饭店和公家的招待所。他看准了有钱的人和有权的人味蕾越来越敏感，口味越来越刁，他们拒绝大鱼和大肉，喜欢吃'奇巧古怪'，像可爱的小鸟。眼光就是金钱。他说下一步要训练贵人们吃棉铃虫。"(93)棉铃虫，这种遭所有棉农憎恨的昆虫，在莫言的家乡山东，是出了名的害虫。收割完第一季麦子之后，人们就在部分麦田里种上棉花、玉米和花生。家里种有棉花的妇女们，几乎每天身背沉重的喷药箱，沿着犁沟边走边操纵一个手泵向棉骨朵喷洒农药。男人们通常不参与和纺织有关的农业生产劳动，女人们以为慢性背疼是一种常见病。她们生了一个又一个孩子，自然而然就背疼。她们既要洒完所有的农药，同时还要用手摘掉棉花上的棉铃虫。这是一种昆虫，换言之，是一种让人们多吃苦的虫子，是一种对于支持完全由性别来决定的社会秩序作出积极贡献的昆虫。想象一下，这是个多么有趣的意象，"有钱和有权的人"把棉铃虫当成了高价的奇异食品！事情出现了这种不可能的转变，这对于农村日常生活中的食物过剩和匮乏会造成什么样的影响呢？不过，这种把变态的餍足转化成弥补食物匮乏的想法只是莫言跟人们开的一个玩笑而已。他并没有建议人们在现实生活中真的那么做。

在文章的结尾处，莫言总结了饥饿和欢乐、饥饿和饱食之间存在的问题，对有钱人越来越刁的胃口表示厌恶。在20世纪90年代初期消费热潮席卷中国的时候，莫言就发表文章，谴责过度消费和近来饥荒造成的食物匮乏这两个极端。"又过了几十年，当我成了所谓的'作家'之后，在一些宴席上，又吃到了蚂蚱、蟋蟀、豆虫等昆虫，又吃到了（作为美食的）当年吃坏了胃口的野草、野菜，满桌的鸡鸭鱼肉反而无人问津。村里的首富,竟是一个养虫的专业户。我想,怪不得哲人们说两极是互相联系的,原来饿极了和饱极了都要吃草木鱼虫,就像北极和南极都是冰天雪地一样。"(96)中医也找不出这么言简意赅的语句了。因为两极是相连的,它们两者之间存在多种可能性,没有绝对的界限,正如我们下面所谈到的,"主要的过剩都有匮乏的状态,高度的匮乏也会有过剩的时候"。[1] 与此同时,至少任何事物的两极都不适合人生存。

莫言的文章通过对"鸡零狗碎往事"的讽刺性回忆,对消费问题进行了评述。消费问题是当代中国伦理、政治和文化生活的中心。尽管莫言想尽力避免使用陆文夫在《美食家》中那些带有明显政治色彩的语言,在《忘不了吃》这篇文章中他仍然掩饰不住对于新贵们过度放纵的道德排斥。他暗示,某些贪婪思想在中国的经济繁荣中随处可见,这种思想可以借助于过去人们的某个简单想法使之含蓄地合理化,这种想法是:只要人们对饥饿和匮乏进行分期和移植,并把这些匮乏置于极"左"的社会主义模式中,他们就可以心安理得地大饱口腹之欲。但很显然,无论从历史的角度还是从个人的角度来说,这种分期都不起作用。莫言对于往事的回顾引起许多同龄人的共鸣。他的作品有助于人们对于历史和社会的范畴或者是个人习性达成一种共识。这种共识现在值得商榷。甚至饥饿也有欢乐的味道,人们有时也能从中体味到胜利。然而饱食中所隐含的是更深层次物质匮乏的致命状态。

系统的虚损与局部的实邪

关于这种对立状态,中医有相当丰富的话语与实践。过剩与匮乏

---

[1] 邓铁涛 1988:177。

之间的变换关系所带来的快乐和危险可以用医学中的"虚"和"实"来表示,医生在日常临床工作中经常使用到这两个词。尽管虚和实用词大不相同,但是非专业人士对这些基本概念和经验并不陌生。因此,传统中医可以揭示身体的局部特征,正如我在第一和第二章中所论述的,它也可以揭示区域政治的某些特征。

中医领域中实与虚的关系是一个抽象概念,是对于饮食二元对立的一种不同认识:吃太少就会饿,吃太多就会消化不良。或者从宴会上饮酒的角度来看,喝太少不够大方,喝太多了就要出丑。《芙蓉镇》的作者认为食物的匮乏无法与过剩(在意识形态语言的层面上)并存。《忘不了吃》一书又向我们展示了变态虚损和变态实邪之间转化之迅捷。无论他们所描述的是哪个领域的物质生活,书中的资料都表明,过剩和匮乏的逻辑适用于并且能够阐明人们的多种经历。而且,因这种二元性是中医学领域的特殊焦点,人们可以立足于医学界来解读社会。我并非想把医学看成表达广角社会的一种形式,或者与人体类似的一种社会结构,我探索的是中医与其他领域在哪个层面共有某些习性与常识,寻求二者间平行而重叠的社会领域。在此,社会领域指的是饮食以及有关饮食的作品。

同20世纪80年代和90年代其他社会实践一样,人们日常生活中的担心忧虑也渗入到了医学领域。人们的焦虑自毛泽东逝世后发生了重大转变。饮食也是如此。但是,中医大师们与我所提到的一些作家不同,他们不能袖手旁观,对虚损与实邪的发展历程进行冷嘲热讽。作为医生,他们必须干预,必须消除虚损状态,使患者恢复活泼健康。他们必须帮助患者祛除实邪,以免病患再次发作。面对患者,医生不能表现出宿命、超然的态度,或自怨自艾,显得束手无策。无论与任何领域相比,中医都有其特殊优势,比如将中国食物分配或世界的经济状况和物质力学与受疾病折磨的身体之能量循环之间进行对比。

中医对于身体系统机能紊乱的诊断必须通过药物治疗加以证实。在身体状况得到持续的、实质性的改善之前治疗过程不能中断。中医领域所使用的术语以及该领域的智慧结晶,给治愈慢性虚实失调症提供了一剂灵丹妙药。

正如第一章健忘病例中谈到的,中医尤为擅长确认体内虚损的部位,这些身体部位通常表现为功能低下或虚损。通过诊断找出身体虚损部位,给予治疗以滋养身体虚损部位,最终消除虚损症状。谈到健忘症,它的问题出在"心肾系统的虚损上,同时神智混乱,精神不稳定"。通过补肾养血,同时还能增强心脏功能,调节气血。这样一来,身体的两个部位都得到医治。这两个身体器官相互影响,掌控全身各大功能。肾功能提高了,气血循环加强了,心脏系统("甚至"是其中一个方面)也开始恢复健康了。

令中医感兴趣但又颇为棘手的(无论出于技术的角度还是从哲学的角度考虑)是郁滞症。"郁滞"指的是过剩,但通常指某种物质在体内某一部位积聚过剩。身体各部位很快呈现出虚损症状,而郁滞症往往固定在身体的某个部位,导致重要营养物的运行受阻。这些营养物本应在体内流通运行。以腹部水肿为例,人们首先就会想到肾脏系统。既然这一内脏的功能就是让体液和其他物质在体内流通(使清气上升,浊气下降),那么多数肾"郁滞"可以解释为潜在的肾功能虚劳,可能还包括其他相互关联内脏器官的虚损。

实邪和虚损是医生诊断时常用的四组既关键又相互对应概念中的一组。这四组术语被称为八纲辨证(另外三组是寒热、表里、阴阳)。多数医生使用这些术语对患者自述的以及医生征询的症状加以分类,描绘这种病症的大体状况。① 表1列出了这些术语描述的症状范围,

---

① 我在 *Knowing Practice* 中讨论了八大术语的分类(1994:76—85)。

以及从属分类:气、血和五脏,这些都是做出正确诊断必须考虑到的因素。根据它们在不同内脏中的不同作用,以及它们与气血的关系,有关实损和虚邪的表述不同。血虚可能造成"心烦不寐",而心虚会导致"多悲"。再者,必须经过仔细诊断才能分清血虚的"心烦不寐"和心实的"神志失常,喜笑不休"。

表1 虚损和实邪所引发的症状

位置 种类	虚　证	实　证
气	肺气虚:气喘息短,自汗,言语无力。 中气虚:四末微冷,腹胀时减,痛而喜按,不欲食,便溏或泻。 元气虚:多虚阳上浮,两颧嫩红带白,耳鸣虚聋,头晕心跳,或两手发颤,或气不接续。	肺气实:胸痞头眩,痰多气壅不得卧。 胃气实:中满,嘈杂懊(憹),嗳腐吞酸,呕吐呃逆。 肠气实:腹胀满,绕脐痛,大便秘结,或下利赤白,潮热谵语。 肝气实:头晕目眩。
血	血虚:唇淡面白,心烦不寐,精神衰弱,精液不足,夜热盗汗,筋惕肉(目闰),甚则手足瘛疭。	瘀在膝里,则局部青肿疼痛;在经络,则身痛痠挛。瘀在上焦,则胸膈肩膊刺痛;在中焦,则脘腹窜痛;在下焦,则小腹胀满刺痛。凡淤血作痛,痛处不移,或大便色黑。
五脏	心虚:心虚多悲。 肝虚:目(目)无所见,或阴囊缩,痉挛,善恐。 脾虚:四肢不用,饮食不化,腹痞满,善忧。 肺虚:少气息微,皮毛不泽。 肾虚:头昏眼花,腰酸痿厥,大便秘,小便失禁或不通,遗精,五更泄泻。 心实:神志失常,喜笑不休。	肝实:两胁、少腹痛,多怒。 脾实:腹胀满便秘,身肿。 肺实:气逆喘咳。 肾实:下焦壅闭,或痛或胀。

虽然虚损和实邪的分类从逻辑上来看是对称的(上表尤为如此),但医生在行医过程中发现,虚损症更常见。实际上,医书认为许多实邪症都是由虚损症引发的。例如,邓铁涛在《实用诊断指南》中引用了古典文献《黄帝内经》中的"邪气盛则实"的观点。他鼓励临床医生"深入探究"疾病的症状表现,以便找出疾病变化的真正原因。① 常被诊断为实邪的症状包括:肿胀、腹痛以及脉搏加速(医书中谈及这种情况,与我在中医诊所中观察到的情况别无二致)。如果诊断出病症是因虚损所致,人们便想到肿胀的身体,精神过度紧张,过度操劳,因为五脏中的一个或者几个功能减弱(功能过于低下)都将导致身体所需的营养物无法正常运行。换言之,尽管在中国古典民俗文化中,胖是个褒义词,但表面肥胖也许实际上是一种有害健康的肿胀。在某种不常见但可能存在的情况下,似乎是由心实所致的歇斯底里行为,或许是肾虚所造成的。肾虚是指肾脏系统无法起到降温、调节心火的作用。② 诊断的任务是查出病根。除非找出具体部位的功能低下,否则难以辨认症状的真伪。

过度通常指的是体外而非体内因素。对那些身体原本虚弱的人来说,尤其是在季节不合的时候,过热、风寒或者潮湿都很容易成为致病因素。③(多数中医能在某位感觉自己非常健康的人身上看出某些有可能发展为虚损症的苗头,或者在少数情况下,能看出有可能发展为实邪的趋势。与自然达到完美和谐的身体状况极为少见。)

以本人为例,自 20 世纪 80 年代早期开始,我刚接触到中医时就有人告诉我,我的脾脏系统有虚损的苗头。"要小心,"我广州的朋友

---

① 邓铁涛 1988:177。
② 这个例子是基于内脏之间相互影响关系的五行逻辑。在这个系统中,心属火部,而肾属水部。简言之,可以把一些生理功能理解为肾液控制心火。
③ 关于天气因素所进行的有趣历史探讨给中医学提供了思考线索,参见 Kuriyama 1994。

们说:"你离家这么远,又是在热带天气里,思念你的家人会伤脾的。"凭一般经验了解到:"脾厌湿"之后,又回想起脾脏系统和"思念"均属于"五行"中的土,这就让我清楚了,但仍然令我感到有趣的是,思念为什么成了致病原因。我喜欢把脾虚视为对学者的一种职业威胁。历经几十年顽强的健康之后(其中有几段思乡情),1998年在闷热潮湿的北卡罗来纳,一段奇长的"酷暑"终于把我打倒了。在我身上出现了表1中所列出的脾虚的一些症状。尽管我把身体不适归结为其他原因(年纪大了、工作压力、腕管综合征等等)所造成的,但很快我就乐意将身体的疼痛归咎于恶劣的天气了。归咎于外在因素,心里就不觉得内疚了!再者,经过一段时间的针灸治疗之后,我感到身体不适症状很快得到缓解。这段时间的针灸治疗目的是补脾脏,增强肌肉力量(能为脾脏输送营养),并通过补充肾液控制心火。

正如天气状况一样,情绪也可以导致疾病。某些情绪是比较危险的,例如怒气,如果任其失去控制,则会伤肝。事实上,医生经常告诫患者不要动怒。有一次,在一个妇科门诊待了一段时间后,我问那位医生,为什么他总是告诫中年患者要尽量避免生气,她们怎么可能控制自己的情绪呢?我感到疑惑不解。这位医生解释说,在某些病例中,生气只能加重病情,延缓健康的恢复。他承认说,不错,生气是很难控制。他又加了一句说,令中年妇女生气之处有很多,难伺候的丈夫、父母和孩子们,还有工作也要操心。但是,任由自己发怒,结果除了会进一步损害健康之外,其他情况丝毫也不会好转。

当代中医的教材也都喜欢批驳各种形式的实邪。吃太多油腻的食物、饮酒过量、过劳以及过度沉迷于性生活都对健康有害。到目前为止,我最喜欢的一种诱发实邪的原因依然与情感有关,特别是那句古典中医名言:"喜伤心"。一本1989年出版的"理论基础"教材探究了个中原因:

> 由于情志因素可以使人致病,所以中医的摄生,非常强调"恬惔虚无"和"精神内守"的原则。正如《素问·上古天真论》所说:"恬惔虚无,真气从之;精神内守,病安从来?是以志闲而少欲,心安而不惧,形劳而不倦,气从以顺,各从其欲,皆得所愿。故美其食,任其服,乐其俗,高下不相慕,其民故曰朴。是以嗜欲不能劳其目,淫邪不能惑其心。……所以能年皆度百岁而动作不衰。"①

通过把时尚的科学用语("情志因素"以及给古代哲学术语加引号)和首部中医经典著作(编纂于公元1世纪)中警句式写作风格并置,这段引文就把个人修养、占主导地位的古典儒家思想与当代心理学结合起来。这种承诺相当诱人:如果我们淡泊名利,不再受制于情感,我们便可以大饱口福,肩负起我们的重任,尽情享乐了。当中医大夫劝告患者"别生气"或者"别担心"时,他们实际上给病人做出了或明确或含蓄的承诺。

尽管我在临床观察中,很少看到哪种疾病主要是由过度享乐或其他情感因素造成的,但是,许多书中记载了类似的病例。医学著作中经常收集这些病例用作治疗心理异常的示例。② 但即便在诊所里,患者和医生也很难探讨情感问题。人们难以忘却情感生活、变化的情绪多端和平静的心情。正因"七情"具有极强的致病力,它们以独特的方式攻击身体的某些系统,医生们便能从脉象上、从舌头的颜色和舌苔的变化上、从患者对病症的自述上,分辨出强烈的情感活动如何对患

---

① 印和张 1989:20。
② 心理学的分类并不完全适合中医界人士的分类,这里所谈论的问题向人们暗示了这一点。到目前为止,该分类只是给收集与情感和神经衰弱之类症状相关的中医材料提供了一个标题,但它并未真正把中医重新区分为身与心两个领域。

者的身体造成影响。这样,他们便可依据对于患者身体状况的诊断,再把愤怒、忧虑甚至喜乐等可能致病的因素考虑进去,开出药方,或者通过针灸疗法,试图强化患者最薄弱的身体系统,从而保护患者免受日常生活的打击和沮丧的情绪。①

医学在阐明身体与环境的实邪和虚损的流变性时所体现的超凡能力,与第一章中讨论的中医临床工作经验有关。我认为中国人加工食物和药品的工艺可以起到某种控制作用,在此,我旨在探讨综合考虑快乐和功效或者经验和权力的"政治现象学"。吃得好再加上服药,益于人们吸收他人经验,从而使那些社会权力每况愈下的人们产生高效的个人经验。但是正如古华、陆文夫和莫言这些重要的作家所暗示的那样,吃得好绝非一件容易的事。药膳发出的馨香气味正是人们必须警惕的东西,它们有可能导致实邪和虚损。人们如何知道虚损症何时削弱他们的能力呢?我们如何辨认实邪症呢?从医学的角度来看是很容易的,但从社会的角度来看更容易造成混淆。

多乎哉?

莫言在《酒国》里也运用了大量的篇幅讨论了这个问题。这部小说出版于1992年。他在小说开篇,描述了一个酒国举行的宴会。该宴会着实令人不安。省高检的侦察员丁钩儿着手调查一件事,传言当地官员饲养男婴,红烧了,用作宴会中的一道菜。丁钩儿面对金刚钻——可能就是这出骇人阴谋的元凶时,他被金刚钻的酒量惊呆了。

---

① 我通过和两位同仁的谈话澄清了这一点。一位是山东邹平的杨润生博士,另一位是北卡罗来纳州的王君博士。

第三章 "实"与"虚"

> 他端起一杯酒,轻轻地喝了,不滋不咂不洒不剩,酒风淳朴而优雅,显示出良好的酒场风度。然后他越喝越快,但动作准确、干净,有节奏有韵律。(三十杯中的)最后一杯酒,他缓缓地端起来,在胸前画一个优美的弧线,好像小提琴的弓子在琴弦上运行,优美低沉的琴声在餐厅里回荡,在丁钩儿血液里流淌。他的警惕性渐渐瓦解,对金刚钻的好感像春天坚冰初融的小溪边的草芽,缓慢地生长起来。他看到金刚钻把最后一杯酒送到唇边时,明亮的黑眼睛里闪烁着忧郁的光彩,这个人变得善良宽厚,放射着淡淡的感伤气息,既抒情又美好。琴声悠扬,轻凉的秋风吹拂着金黄色的落叶,墓碑前开着白色的小花朵,丁钩儿双眼湿润,似乎看到了那杯酒像一股涓涓的石上清泉,流进了碧绿的深潭。他开始爱这个人。①(51—52)

不一会儿,他们给丁钩儿上了一道大菜"一个男孩盘腿坐在镀金的大盘里,周身金黄,流着香喷喷的油"。(52)

对于宴会上的酩酊大醉,作者令人诧异的描述把我们带回到第二章有关美学的问题上。我们看到,在一个整体匮乏局部过剩的经济体制下,人们对于过度消费产生了道德困惑,陆文夫阐明了这一问题。之后他转而描述美、美的作品、美食。美在他的小说中成为社会矛盾的唯一解答。在《酩酊国》里,金刚钻喝酒的动作十分优雅。在酒精的作用下,丁钩儿对金刚钻的看法更加伤感,把金刚钻的动作之优美划到了伦理学的范畴。仅凭他是一位英俊的赴宴客人,他就变成了"一

---

① 莫言[1992]2000。我在此使用了Goldblatt的译本,他依据的是1992年台湾出版的《酩酊国》。我参考的中文版《酩酊国》是1995年北京出版的版本,和Goldblatt的译本只是标题有所不同。

个好人,一个慷慨的人",值得人们不加批评地去爱。然而,当这个县城的副业"香喷喷的"证据隆重地、仪式般地呈现在这位特殊的侦察员面前时,这种可爱人物的罪恶本质立刻浮现出来。在金刚钻和他的酒刺激下,丁钩儿对金刚钻所产生的可爱感觉立刻转回到可疑感觉。

随着情节的展开,莫言质疑一切美和罪。面对书中故事叙述者和其他人物的意图和批判能力,这位红烧"男婴"的真实性令人怀疑。莫言在书中探讨了酩酊国存在真善美的可能性。书中的酩酊国代表了食物过剩。① 酒,这种农产品中提取出来的精华,也可以当作食物,它本身即代表食物过剩也代表食物过剩的生产者。莫言在书中讽刺那位多少带点理想主义色彩的丁钩儿,使丁钩儿对于真理的执着显得软弱无力、荒唐可笑而又具有欺骗性。更有甚者,丁钩儿对于美的敏感,尤其是美食还有美酒,最终导致他的失败。他的道德观念无法抵御找乐儿的诱惑,酩酊国几乎所有人等,最后包括他自己都经受不住诱惑而变成了俘虏。

最终,对于他所描述的(或者虚构)酩酊国可耻的过剩现象,莫言没有表明自己的立场。透过他对宴会场景的描述,作者已经表明了自己的看法。毕竟这种现象对我们都有影响。作为酒徒和食客,我们自己也难以区分足够与过多,特别是当我们出席众多宴会时,我们难以估算消费所带来的社会后果。

在当代中国,情况的确如此。20 世纪 80 年代,在餐馆、会议中心、乡村以及村镇会议室里举行的宴会,成为新的经济条件下建立和维系社会关系的重要手段。20 世纪 80 年代中期以来,报纸上刊登了大量文章或记录,谴责商界和政府部门公款吃喝的腐败趋势。安德鲁·吉

---

① 在此,我不想总结《酩酊国》里作者措辞的目的或者讥讽的成就。我无法论及莫言写作的一个方面是他的小说中有关写作本身的精彩探讨。

普尼斯提到1995年的一篇报刊文章。据估计,每年领导干部们花在宴会上的费用就高达12亿美元。人们充其量把这笔花销视为浪费,是一种以损害公众的利益来满足个人欲望的行为(如此一来,批评的矛头直接指向了商界和政府,特别是这两个不再像从前那么水火不容的领域)。然而,吉普尼斯还提到中央政府一再指示要限制或取缔公款吃喝。20世纪90年代早期,他在山东观察到这么一个现象,众多国家媒体机构的社论对于地方上这种吃喝风也展开了批判,但收效甚微。美菲·杨认为宴会上的你来我往避开了国家明令禁止的领域,可以让干部们在"正规渠道"之外建立关系网从而使工作得以顺利进行。① 这一点足以解释为什么改革开放时期这种做法如此盛行。但宴会并非仅仅是达成交易所采取的策略,尽管在某种程度上,它们起到了这样的作用,同时它还成为人们从前难以得到的快乐之源。在此我想说明,人们可以通过参加不同场合的宴会,结识不同阶层的人来建立社会关系网,而他们的快乐正是来自这种交往的过程。伴随餐桌上食物过剩而来的是食物匮乏。宴会虽不能摧毁一切不平等的现象,但确能改变食客带到餐桌上各色资源的摆放位置。

虽然各地宴会有不同的讲究,但它们具有一些共同特征。从宴会的规模到客人名单、菜谱、座位的安排、上菜顺序,以及祝酒等均代表不同含义。与其他社交仪式一样,这顿众人分享的盛宴既受许多"传统的"(不言而喻的传统)限制,又排除了这种可能性,即任何事情都有可能发生,而后果无法挽回。宴会期间总会有豪饮,这些复杂的聚会既可以办成高风险的社会娱乐活动,又可以成为增进友情的欢乐场合。它期望每位与宴者都能在心里维持并修正相关的等级关系,同时

---

① Kipnis 对于山东宴会的讨论非常细致、实用(1997)。Mayfair Yang 更广泛地分析了20世纪90年代宴会所涉及的交换逻辑(1994)。

又希望每个人都能自得其乐,更重要的是,人们要表达对与宴者的喜爱之情(这就是感情,或曰"情感",是吉普尼斯充分探讨的问题)。这种听起来令人难以置信的平衡行为几乎变成共餐者的第二本性,但人们要学会这套规则还需要时间和磨炼。其中部分原因是出席宴会除良好动机之外,还需要有政治意识和强健的胃,需要人们处理好宴会中所体现的社会关系(即中国有名的"搞好关系"技巧)。还是用我自己的亲身体验来加以说明吧。

1987年,我回到中国,开始在山东农村做田野调查。① 我上一次到中国是1984年。尽管在20世纪80年代早期我也出席过宴会,但是这次回来情况大不相同。作为一名教授,我来到一个没有丝毫学术气氛的地方,那个地方与我最早在广州做田野调查时居住的家相距甚远。我既要表明自己的身份,又要在宴会成风的政治气候下疏通各种必要的社会关系。换言之,我逃不掉各种宴会,因为我不得不在饭桌上奉献些什么(科研经费以及任何与当代富足的美国相关的东西),以期得到地方官员对我科研的支持。他们对此交往做出的贡献是,给我提供了我希望采访的医生和患者的信息以及关系。我(或多或少)在广州一所中医学院学会了应付一种宴会,但这种新型山东式宴会令我不太舒服。首先,与宴者都是男性。我发现与我频繁共餐者都是县、乡和村里的各级领导,他们所代表的是我无法理解的权势范围。离开了与中国医学领域共有的专业知识,我和山东领导们很难交谈。在广州与共餐者有共享的领域,令我与他们的交谈收获颇丰。对我而言,

---

① 美国科学院通过中国交换学者委员会资助了这次田野工作。当时有很多人相当关注这个问题,那就是什么人可以"接触"有关中国农村地区社会学记录和历史记录。因此美国科学院经与山东省政府和邹平县政府协商,希望得到他们的许可,允许几组美国研究人员在该县进行长期研究工作。这项田野工作因此既得到官方的支持也得到官方的认可。这种关系对于我所从事的医学工作(一个政治色彩不太强烈的领域)很有帮助。迄今为止,我所关心的重点之一是政府机构在提供和规范医药市场时担任的角色,机会难得。

餐桌变成了让人难以理解的(也是毫无意义的)一连串的祝酒、嬉笑与邀请。我在餐桌上从始至终都很紧张,小心翼翼,唯恐自己出洋相,总希望附近能有个花盆,能让我把杯中的白酒倒掉。

最终,我学会了一些规矩,成功地发明了一个折衷的办法,频频向年长者敬酒,然后敬同桌的人,每人至少一次。我也不再那么怕喝白酒了,还学会了承认女性是弱者来逃避频繁饮酒。人们认为女人不必像男人一样善饮,我很乐意用它作挡箭牌。有几位女干部是出了名的酒徒。显然,她们之所以赢得了男同事们由衷的尊敬与合作,是因为她们能和男人一样喝酒。十分遗憾的是,我的酒量不大,不能效尤。随着我出席宴会次数的增多,我对于众人惯常开的玩笑(通常与性或阶级有关)多了些忍耐,对于那些非比寻常的小游戏也多了些理解。但我还是花了很长时间才适应了宴会。我依然认为我不是与宴的行家里手。

在此,我和其他多数在改革开放时期出席过中国社交宴会的美国人没什么两样。正式社交活动的中心问题似乎是围绕"白酒"问题。宴会的主要任务是喝白酒。向别人祝酒时既要避免自己喝醉,还要回敬别人的祝酒。既然最常用的祝酒词是"干杯"或是"喝光杯中酒",而不是礼节性地喝一小口,人们常常彼此检查、评论每个人杯中所剩酒的多少,那么想要保持头脑清醒就相当困难。人们大加赞赏那些千杯不醉的人。无数道菜之后还能站稳脚步或者不耍酒疯的人就这样与别人搞好了关系。(我回忆起在广州一次有六桌酒席的宴会上,在场的一位韩国医生喝得兴奋不已,四处走动要求大家和他一起唱歌。人们很快就把他送回到自己的房间。)只要谈话在继续,喝多少酒都不算多。但是出于礼貌,也是一种策略,要做出再喝一杯就要醉倒的样子。那些承认自己酒量大的人,人们肯定反复敬酒,直到他们喝到极限为止。如果他们始终不乱方寸,就会赢得人们的敬佩。

我对于宴会的看法有了转变。我以前始终认为宴会既耽误我大量的时间，又浪费政府的钱财。有件事让我突然觉得宴会是真正的享乐。20世纪90年代早期，在访问山东期间，在这个地区度过了数个夏季后，我应邀出席一个县卫生部门的两名干部为招待我而举行的小型宴会。我很害怕出席这种场合，因为我知道出席宴会的都是些什么人：主办宴会的两名工作人员，我和他们不熟，他们出于义务才主办这场宴会。其中有一位行将退休的西医，常被派来跟着我采访医生和患者，我从不喜欢他作陪伴。一位是当地中医院的院长，是个很有意思的人，说话干脆利落，他浓重的口音丝毫不影响我和他进行交流。还有一位是县外事办的副主任。这个人是外事办的中层干部，参过军。我很喜欢他，他也常照顾我。这人工作最称职之处就是在宴会上能喝酒。与宴者都是男性，每个人都曾找过不同的借口拒绝陪同我。

宴会设在县城一个大餐馆的包间里。"哦，不，我不该坐在这儿，您请，您请上座。"一番寒暄之后我们在各自的位置上坐定，开始边吃凉菜边聊天。这顿宴会或许不是这个星期他们吃的最有成效的一顿宴会。比如没有地方特色菜——油炸蝎子，谈话的内容诙谐轻松。而且，看上去中医院的院长似乎与这伙人不太熟，甚至不习惯出席正式宴会（之后他在医院食堂的包间里设宴招待过我）。当然了，他是那天宴会上最不起眼的小角色，他的日常工作就是确保这家非常不景气的医院正常运转。主持那天宴会的正是他们的上级部门，不过医院从他们的上级部门那里没有得到过任何资助。他的窘迫显而易见。从宴会一开始大家都想尽办法让他放松，比如说用些过了时的尊称戏谑他，那些称呼既不常用也不恰当。宴会继续下去，一道接一道色、香、味俱佳的热腾腾的菜端了上来，人们的关系变得融洽起来。那些对临床医学和研究感兴趣的人（院长、西医和我）开始讨论我们感兴趣的话题：这个县近来的疾病特征，临床上发现的疑难杂症，为农村妇女提供医疗保健政策等。

我们都知道在宴会上讨论这类话题不太适宜,参加宴会的官员们开始取笑我们谈话太严肃了。我们三人联手还击,取笑他们的工作就是翻翻报纸文件。我们的谈话把外事办的工作人员与医疗部门的工作人员分成了两大阵营。医疗部门的工作人员因时不时地与医学打交道,加入到我们的阵营。随着谈话的进行,酒局上人们祝酒时说着半真半假的话,但也能表明他们到底属于哪一方。这样一来,即使我们(或者是我?)喝得醉醺醺也能分清谁站在哪一"边"。

最后干部们开始比较中医和西医之间的差异,借以打破我们医学界的小联盟。他们的话还真起了作用。当人们攻击他的专长时,我那位院长朋友搜肠刮肚,搬出他所知道的所有笑话,取笑西医是多么笨拙、狭隘、昂贵,赞扬中国传统医学是本土的财富。当然,老资格的西医也不甘示弱。他用些许科学加上骇人听闻的传言半开玩笑地反击中医。连我都试图插一两句陈旧但真诚的话,支持中医是本土的"宝贵财富"。我清楚记得我(多少)违反了敬酒的顺序,我向院长致以特别的祝酒词(用手势而不是用语言),表明我和他是同一战壕的战友,表明我了解中国传统医学的价值。他明白了我的善意,引得同桌其他人也善意地大笑起来。那一刻我们站在了同一条战线上。这位严阵以待、经费不足的单位领导得到了来自富庶之邦的外国友人的支持。在卫生部门试图与我保持友好关系的努力中,他的弱势变成了财富。

那天晚上,我喝了有生以来最多的酒。我感觉头脑清醒,但是四肢不太听使唤,我爱上了这些男人,特别是那位院长。但是我也爱其他人,无论他们是我的同盟还是我的对手,感谢他们把我带入到一个男人的圈子里,感谢他们尊重我和院长,不再挑战我们支持的中医,感谢他们陪同我们畅饮嬉戏。此后多年再见到他们时,我们依然能回想起那次宴会。我们未必比从前有更多共同的兴趣、思想和能力,但因我们生命中分享过一段真实、快乐的时光而联结在一起。这种感情一直延续下来（我们当中有些人一直保持联络），成为我们继续合作的坚实基础。这种基础正好衬托了工作关系中我们彼此的贡献和索求（过剩和匮乏）。

这种团结、包容和感情应该是在中国宴会上产生的。当代中国的很多文学作品中都提到关系问题。关系常表示通过招人讥讽的宴会这一工具结成的"关系网"。这类作品把食客与敬酒者之间形成并加深的关系简化为取得（或多或少自私的）功利的手段。安德鲁·基普尼斯在他对农村关系网的研究中，彻底批判了对于中国社会关系术的功利性解读。他不仅强调人们之间所产生的感情，而且他的研究还向人们展示，宴会不只揭示了现存的等级关系，他们产生的是一种社会主体："在过去感情交换的记忆所拉动的人类特定的感情磁场中，建构了主体。"[1]

当然，我无法肯定我的体验和中国参与宴会的人们一样。或许我因喝酒或交谈引发的感情并不像"真正的"、纯粹"中国的"宴会上所产生的感情。但自那晚之后，我对宴会产生了不同的认识。我能理解为什么那么多不同的人们都喜欢这种社会活动。为什么有人不图回报为人（比如说）保媒，因为他们喜爱婚宴，婚宴上弥漫的是浓浓的亲情。我也理解了为什么有些退休干部常说，与退休前的其他上班活动相比，他们最怀念的是宴会。[2] 从这种场合得到的快乐部分取决于有酒佐食的宴会食品，还取决于欣赏宴会的能力，取决于你是否有能力愿意欣赏并融入到共餐人中间去。

正如吉普尼斯所指出的，人们以宴会风俗为核心探讨它的基本双重性时会发现，"敬酒把尊敬物质化了，喝酒解构了主人和客人之间的

---

[1] Kipnis 1997:53。
[2] 关于在陕西农村的婚配工作，参见刘辛的讨论（2000:71—75）。

界限,允许感情流淌于其间"。① 一个人必须举起杯才能表示对他同伴的尊敬,也只有喝了酒才能找到与同伴在肉体上、感情上和精神上的共同点。这种技巧是一种生活姿态,它混合了身体上的消费体验,但收获的是政治利益。它既化解又修订了权势等级。既不需要理论也不需要任何规定,推杯换盏间就完成了双重或多重的任务。即便描述我所参加过的宴会,也难以表述那种身临其境感,那种诱惑力和那种急切的心情。

若非莫言极力提醒人们,在吃喝之间人们很难做出必要的道德判断,也许我描述的宴会将以正面的形象留存在我的记忆里。或许我们那晚一切的所作所为再造了一种精英特权。也许和我一起共餐的人把我引诱到不平等、分配不公的腐败体系中。再或者我在用同样的方式腐蚀着他们,至少是在浪费他们的时间。对此我难以做出判断,因为我深陷其中,无法和宴会保持一定距离。宴会超越了把人们区分开来的兴趣和判断。杯光酒影中,我成为这个群体中的一员。

在此描述的宴会构成了改革开放时代的饮食与社会关系。在小小的空调房间里,那些圆形餐桌就是一种新的混合空间,既非公共空间也非私人空间,既非集体空间也非个人空间。房间内通常嘈杂非凡,烟雾缭绕,人们通宵狂欢。酒宴上觥筹交错但又弥漫着强烈的等级意识,处处体现出人们政治操控的潜力。宴会上的一切都离不开食物的物质特性,尤其是酒:促进工作,达成交易(尽管宴会之后才决定交易的细节),欢迎新人,慰问老同志,交换内部信息,酝酿新计划等。人们不会忽略任何令人难以察觉的藐视和疏忽,若一切运转顺利,等宴会结束时,大家都有些许变化。这种活动与 20 世纪 80 年代初国家提倡的、给普通中国人灌输的政治活动大不相同,也有别于新生商人

---

① Kipnis 1997:185。

阶层所需建立操纵网的政治活动。相反,宴会是一种仪式活动。人们在仪式上得以重新定位(因此得以重塑),甚至他们对宴会这一娱乐场共有的或个人的看法也会改变。餐桌上,随着原有不平等关系的消失,新的不平等关系又产生了,人们能否谈论美味——政治层面的快乐,还是世俗——等级层面上的罗曼司呢?①

划 界 线

人们对于起着良好润滑剂作用的宴会的热爱,对于运用关系的热爱,对于游戏伙伴的热爱,是否为另一种形式的道德放纵?人们又如何知道这些快乐何时越界进入到社会病理学的领域呢?既然人总得消费,无人能逃避不公平的分配,那么谁能够回答我们这个问题呢?用本章一开始所引用德里达的话就是(莫言在《酩酊国》的结尾处回应了这一句没有是非观念的话):"好这个概念有没有什么其他的定义,人究竟怎么才算吃得好?"([1989]1991:115)事实上关于"好"有其他的定义,如基督教的、马克思的和人性论的定义,但这些定义迎合了人类超常的、以意识形态来划定界限的价值观。上帝的爱和审判使基督徒的是非观念得到认可,而人类作为生产者的概念给世界上多数马克思主义者提供了一个乌托邦式的构想。与此同时,欧美常识中所认知的准神圣个体既支持了自由的道德观,也支持了解放思想的政治活动。然而,人类学更加难以实现上帝和人的概念的全球一体化。这些

---

① Ann Anagnost 注意到了随着社会调控取得"小成功"而发出的光彩。她把关系学的运作,特别是大师手里的运作,看作具有"某种娱乐的价值,可以'颠覆'适当的中心,成功地在系统的限制周围内交流适度的快乐"(1997:65)。Mayfair Yang(1994)着重强调关系学的实践受到人们的强烈抵制。但是,她有两分这种抵制区域的趋势,一个极端是多少有些具体化了的状态,另一个极端是理想化了的人们。

概念是我们伦理学和政治活动的立足点。元叙述的后结构主义批评使我们失去了优先考虑普遍价值观的感觉，那些普遍价值观是我们建立道德观的基础。随着人们将视线投向历史，及其利益、对抗和政治层面的游戏，以理论为基础的学术研究日益难以区分伦理学和政治活动，难以区分谋利活动和崇高目标。人们很难找到不受时间限制、超越一切标准的"好"的定义。①

事实上，在我们的讨论中，好吃并不能直接导致我们在道德或政治上得出结论。两种好的感觉（快乐与美德）是分离的，人们认为好吃的体验不道德。② 必须承认，我在餐桌上所获得的快乐或许某时蒙蔽了我的双眼，使我对厨房中的"红烧男婴"视而不见。但我如何知道这种情况何时出现？又是以什么其他的经验（例如：政治经济分析、历史研究抑或心灵上的领悟）为基础呢？

当代中国食客曾借助于毛泽东主义的道德观，将食物视作政治的核心问题。他们提出通过国家社会主义来解决分配不均的问题。《美食家》中的老高，那个自我正义感很强的国营餐馆干部，正是毛泽东时代试图在饥荒和餍足之间寻找一条中庸之道的代表人物。他的努力证明，他追求梦想，追求激励着他的道德观，这个道德观也曾激励了许多他那个时代革命的一代人。他们的意愿证实了一个很有代表性的比喻：我们今天（道德上）做好了，我们的明天会更美好（快乐）。在新中国成立后的30年间，人们小心地维系着这两种"好"的观念之间的关系，但又在战略上瓦解了这种关系。理论家们找到了更为精确的方法来区别"好人"和他们（邪恶的）的阶级敌人，这种方法确保后者遭受

---

① 相关的理论著作对于削弱启蒙运动的道德学基础和认识论出了一份力。这些著作包括：Smith 1988、Laclau 和 Mouffe 1985、Lyotard 1984 以及 Latour 和 Woolgar（[1979]1986）。
② 淡化快乐和体验的政治色彩趋势的一个例外便是 Vance[1984]1992 年的文中提到的女性主义趋势。

折磨。革命浪漫主义的宣传工具立刻把建设社会主义描绘成一个正确、快乐的过程。人们通过广告牌、海报和传单上双颊红润、面带快乐笑容的模范工人和农民来塑造"好"的形象。这种"好"的含义是双重的。这些正直的公民们享受着丰衣足食、同志间的友情、忙碌一天之后可以好好休息的温暖的床,他们的笑容也发自内心,知道他们不是在为自己,而是在为人民服务,这项事业更伟大。

  好也罢,坏也罢,当代中国人的脸上失去了这种发自内心的光芒。许多人都曾认为这种光芒的确发自内心。人们绝不会把那些人看作社会主义的画报儿童。正如以上所探讨的,举国上下公开谴责过剩与匮乏。随着对于经济生活限制的日益解除,社会差异愈加显著。说到如人口般多样化的城乡对立、意识形态等问题,人们通常借用经济模式中过剩和匮乏的概念来解释国家流通领域的弊病。以我的经验而言,城市居民和农民都赞同政府的观点:中国人口过多,很快就会出现食物匮乏的局面(这种局面业已出现,但对于那些抱怨人口过多的人来说,这属于另外一个问题)。不少新杂志的作者特别提到长期以来中国城乡划分的不对称现象:农村没有多少学校和医院,而生活在城镇的人们享受到昂贵的个性化服务。在我认识的人中,有教语言的教师,有街边商店里的裁缝。这些人私下里坦言,中国最大的问题是精神上的:虚伪做作,缺乏坦诚。北京街头的出租车司机和街边小店的店主都会如此议论国内事务,老百姓普遍囊中羞涩,只有少数人发大财。"我们是个落后的国家,没有多少财富,可是我们四处可见的是,隐藏在高档公寓里穿着时髦、自私的人,满大街跑的是他们带空调的小汽车。"这绝不仅仅是国家主义者关注的问题。人们在此把"中国"看成单一、自成体系的国家。人们之所以发怨言是因为他们认为应该有人负责,确保国家经济发展进程平等、公正。尽管人们认为通往更为稳步发展的政治途径需要政府的间接操控,而非生产资料直接国有化，但国家面临的基本问题仍然是：必须改变中国贫穷落后的面貌，必须抑制国家财富的掠夺者（特别是惩治腐败和犯罪分子）。

把中国看作一个遭受过剩与匮乏折磨的国家，这种观念使我义无反顾地回到中医领域。中医把身体视为一个可强可弱的系统，其中营养物质既可以积聚也可以流失，从而出现病态症状，比如我自己的脾虚症就是如此这般得以治疗。中医的诊断分析确定虚和实在不同的时间出现在具体的部位，同时也指明中药或者针灸可以针对虚损和实邪对症下药。

论及食物及其分配，中医有关血液循环的观点颇具诱惑力。以第一章中所引用的中医教材为例，它使用了5味来归纳中医的功效。

> 辛有发散、行气、行血、或润养作用。一般用于治疗表症的药物……或治疗气血阻滞的药物。
>
> 甘有补益、和中、缓急等作用。一般用于治疗虚证的滋补强壮药，缓和拘急疼痛、调和药性的药物。
>
> 酸有收敛、固涩作用。一般具有酸味的药物多用于治疗虚汗、泄泻等症。
>
> 苦有泄和去燥的作用。泄的含义甚广，有指通泄的，适用于热结便秘；有指降泄的，适用于肺气上逆的喘咳；有指清泄的，适用于热盛心烦等症。至于燥，则用于湿症，湿症有寒湿、湿热的不同。
>
> 咸有软坚散结、泻下作用。多用于治疗瘰疬、痰核、痞块及热结便秘等症。[1]

---

[1] 成都中医学院 1978:7。

回顾这些中药的功效，我难以想象有什么实邪症和虚损症是这些中医的综合力量无法治愈的。如此一来，人们一定禁不住诱惑，要开始分析自己身上某种稍纵即逝或实或虚的不适，以便制定出一套"溢香"食谱，既可治疗也可排除吱吱作响的关节、打嗝、青春痘或者脱发等现象。这样会令人产生一种立刻想付诸实践的欲望。有现成的语言可以描述自己的分析了，多么令人开心。这些词汇用来描述生物医学可诊断出的器官损伤和疾病时不太令人开心，但用于描述我们生命的短暂，那些在我们体内不知不觉间发生的变化，那些我们虽不情愿但还是会引起我们注意的变化时还是令人开心的。

当然，医生在诊断治疗时需要相当的专业技术才能看出变化。确定身体的哪个部位需用辛药活血或者使气运行，何种甘药能令人产生轻微饥饿感，何种内湿须用苦药安全祛除，这是个非常复杂的任务。必须通过训练，有了经验，医生才能确保哪味药对哪个身体部位产生疗效，同时又不伤及周围的器官或功能。作为一种象征，中医是一种综观全局的结构。这种结构非常真实有效，但同时也是一种复杂的模式，给其他的经验领域赋予了意义，具体表现在中医一贯强调极具吸引力的循环和精力。

这是人们能够直接体验的精力。接受中医治疗的患者们明白什么叫保持身体适度活跃。他们所理解的健康是指消化功能好、精力充沛、胃口适时大开、疲乏按点而来。当然，我在诊所里也听到患者抱怨他们服药后并未达到理想的活动状态，看到他们还要频繁光顾诊所，因为医生希望能通过调整患者的能量循环取得满意的饮食效果，使患者劳动效率高，睡眠安稳。① 人们认为汉语和中医所表述的这些世俗的满足感是一个过程。若希望这个过程运转正常，就必须使不同的循

---

① 我本人在诊所待的时间不长，难以亲眼目睹此类患者常常复诊。尽管我只观察过一位患者，但从他们的病历中，从他们每次看医生时详细列明的症状中，我已能看清楚事情的来龙去脉了。

环形式保持活跃状态。

同理，如果社会生活离开了活跃的循环网络，那么社会生活就会出现问题。正如脾脏和肾脏可能出现虚损的症状一样，人们的家庭、村落和某些地区也会遭受常年匮乏。如果从中医的角度来看，身体的虚损症是可以治愈的，治疗方法是刺激体内某个"上等"部位，多数症状都出现在该部位，从而建立某种关系。那么，社会的局部匮乏也可以通过加强不同地区的机能关系，使那些地区的过剩可以运转到匮乏的地区。以山东农村的婚姻策略为例，贫穷村庄的人们总想把女儿嫁到比较富裕的村庄或者县城，以便她们能找到去工厂或机关工作的机会。这样做不仅保证女儿能吃得好，还能时不时地给娘家带些好东西回来。婚姻的政治活动中明确体现出一种长期实用的逻辑条理。与富足的村庄或者富裕的家庭联姻，一旦成功，就可以形成那种与"上等"的关系，这样使得利益流动到原本匮乏的地区，使得这些地区也变得活泼有生机。既然联姻是通过姻亲关系缔结的，在未来也可以形成其他的联系。既然新的工作机会和好的农产品交易可以通过男人完成，那么也可以通过女人来实现，这是传播财富和机遇的途径。因此，情况通常是，在协商的婚姻中，贫穷的家庭比富裕的家庭会花费更多的物质财富用在订婚和婚庆上。这是一种投资，它可能会导致更严重的匮乏。贫穷的家庭勒紧裤腰带，四处借贷，在短期内，建立某种关系。这种关系通过改变家庭与家庭（村庄与村庄）的关系来逐步治愈原有的贫困之症。①

---

① 这个例子是以我 20 世纪 90 年代早期在山东所做的多次采访为依据。我非常熟悉这个地区的村庄，农产品富足，又有能干、负责任的领导。然而周围某些村子非常贫穷。当我注意到许多周围贫穷村子的新娘嫁到这个村子时，我所勾画出的策略情形就一目了然了。当然，在此情况下，相对富裕村庄人们的动机也非常有趣。当某些家庭试图把小麦生产的良好管理体系控制在本村人手里时，就出现了村庄内部通婚的趋势。对于许多更加形形色色，有着更深远经济利益的关系来说，这种趋势奠定了财富基础。参见 Harrell 和 Davis 1993。

既然中医有关虚损和实邪的语言也可用于描述非身体状态的过剩和匮乏（与莫言《忘不了吃》中的警示类似），同样值得人们注意的是，虚损有很多的不同的表象。几天的肺功能虚损很容易导致体液循环的紊乱，干扰流经该系统体液的流动。结果人们看到的不仅是出汗的身体、失去光泽的头发和皮肤（见表1），而且很快会感受到其他内脏功能的连锁反应。供应肾脏体液少于以往，肾脏需要消耗自身储备的必要体液应急。肝脏通常由双肺的呼吸提供气流的导引，一旦失去这种导引，肝脏或许会产生过多的气，气上行，则会令人身体表现出实邪的症状、身体某一侧疼痛，或者多怒。对此莫言深有体会："两极是相连的"，虚损症很快转化为实邪症，二者都是病态。长期忍饥挨饿使孙大爷和他的家人对食物都变得脆弱不堪，"胃薄得如纸"，实在无法消化政府分的豆饼。从中医的角度来看，无论市场那只无形的手还是社会主义国家这只有形的手，它们都无法仅靠分发食物来解决经济失衡问题。这会是一场永无休止、注定失败的战斗。即使原有的虚损和实邪症暂时得到控制，但在新领域它们又开始了战斗。

根据那时的经济理论，匮乏源于资源分配不公。只要人们稍加努力就可以得到丰富的资源。如果有人饿肚子，那是因为有的人吃得过多，把别人的那份都吃了。从国际领域来看，这种逻辑很受欢迎。如果世界是一个系统，就确实存在资源分配不均的问题，造成一些国家富裕，而另外一些国家"欠发达"。中国20世纪50年代的土改和（人民公社）集体化使得消费模式单一化，使欠发达中国的所有公民变得相当贫穷。尽管贫穷的方面不同（农村的、少数民族的、工资的等等），很少有人享受财富的特权。类似"大跃进"（1957—1959年）这样的运动，认为中国的资源没有得到充分利用，群众运动可以使国家资源得到合理运用。只要每个人更加勤奋工作就可以缩短工业化和现代化的进程。中国将在15年内赶上英国。实现了共产主义，人人就有足够的饺子、米饭吃了。作为一个社会主义国家，中国不必像其他国家那样靠剥削来解决长期匮乏问题。只要劳动人民当家作主，就不会出现特权阶级剥削穷人血汗的现象。剥削阶级永无翻身之日。

三年"自然灾害"之后，"文化大革命"又出现了。在沿海大城市里上演一幕幕举国幸福安康画面的同时，生存问题依然困扰着生活在农村的人们。只要政府大力干预资源再分配，个体就不可能成为剥削者。再者，持续的阶级斗争总会找到足够的斗争对象；一旦有政治运动需要肃清队伍时，每个工作单位和人民公社都有一群当过地主、资本家或老右派的人。一旦需要清理阶级队伍，随时可以批斗他们。这些人都曾为剥削者，现在都被剥夺了权力，成为旧社会的象征。只要食物是由社会主义国家直接或间接提供的，人们就会心满意足，至少到目前为止，阶级斗争尚未落到自己的筷子头上。通过凭票供应、提供津贴、赈济饥荒、政府配给等手段，所有剥削的味道从吃的行为中清除了。强大的宣传机构大力宣传食物的道德与政治意义。

20世纪70年代末和80年代产品和分配私有化使对集体的责任感和被强化了的道德主义加强道德教育发生了剧烈的改变。首当其冲的是食品业和市场。20世纪70年代初期，许多村镇已经开始尝试小型、准私有化的食品加工业。早在1976年毛泽东逝世之前，我最熟悉的山东农村就有了个体经营的馒头加工厂和面粉厂。馒头加工厂与面粉厂都是以村委会的名义签的合同。20世纪70年代末的"自由市场"成为自由化的重要标志。正如《芙蓉镇》所提示的，"自由市场"成为许多人热望的焦点。但是，随着食物供应渐次掌控在市场这只无形的手中，社会不均的再现，即公共场所出现的明显社会弊端（乞丐、棚户区、随处可见的商贩），与建国初期的30年相比，经济方面的过剩和匮乏呈现出前所未有的特征。随着分配不均问题的加剧，改革开放时代的人们是否认为有的人生活日益舒适，有的人理所应当就得付上受苦的代价呢？

因此，对于那些自认为高尚的人们来说，某种社会斗争又回到他们的筷子头上了。人们注意到并怨恨其他人所吃的东西，他们抨击官方宴请，抗议食物价格日益上涨。我在北京学术界和中医界的许多熟人都是靠工资养家糊口。因此，他们对于生意人（无论是街边的小贩，还是连锁超市的主管）抱有一种特殊的愤怒。他们认为生意人把市场应承担的成本转嫁到普通消费者身上，欺骗了普通消费者，因而抬高了商品价格。他们认为生意人靠剥削消费者发了财，他们不讲道德，利用了政府的自由市场政策。20世纪90年代在我所工作的北京学术机构中，教职员工们日常谈话的中心是何处可以买到既便宜又好吃的食物。人们一年四季都要购物，论到购物又免不了提到价格。但说到价格尤为低廉或格外高涨时，人们难免狐疑：为什么有些人可以不劳而获，而有些人则必须拼命工作才能勉强养家糊口。众所周知，有些人无需自己掏腰包就能吃到山珍海味。尽管吃好、尽享美食不过是人们的一大爱好而已，但要说到吃，人们总免不了流露出对不公平以及管理混乱所产生的不满情绪。

中医成为改革开放时期过剩与匮乏问题的隐喻载体，它解决虚损和实邪症的方法完全可以用来解决吃好的问题。中医治疗要求体内关键物质保持流通，需要所有的关键部位处于正常运行状态，这样既能产生气、血和体液，也能从周围相关部位吸取营养。肺必须给肾脏提供氧气，肾液必须冷却心火。如果脾、肺没有准备好传递、转换食物与氧气，身体从外部吸收的食物和氧气就没什么用途（或者更糟，或许会导致实邪症）。确切地说，没有任何内脏系统是独立存在的。以身体各器官为中心的身体活动网络的本质就是通过深奥的循环系统，向身体各部位转化及传递营养物质与动力。这一循环体系有选择地与外部条件发生联系。肺转化呼吸到的氧气，给肾提供可"吃"的气，换言之,肺"给"肾吃它转换过来的气,然后,肾转而用这气冷却心火,同时,把动力传递给骨骼,把润泽传送给头发。生理过程不单消耗体外空气、食物和饮料,而且需要肾脏的精华,多种气是靠精华转换的。关于普通中医生理学各分支之间持久的关联,人们可以一直追述下去。人们可以把身体看作宴会,所有与宴者的行为不是往他人口中送食,就是从他人那里获取食物。没有任何一个身体部位可以自给自足,也没有任何一个内脏系统可以停止转换与传递活动。任何一种活动功能减退都将导致实邪症的出现。当此类虚损和实邪症出现时,各味中药可以刺激身体各个部位,使其功能恢复正常。

当然,为了该比喻的缘故,我大大简化了这个过程的描述。况且,当我们思考我们可取的道德姿态——生活在一个过剩与匮乏并存的世界上的人们可采取的道德姿态——时中医的注解很实用。我认为,它们与本章所引用的德里达观察到的情况是一致的。正如他所说:"人不是为了自己吃,这形成了'人必须吃好'观点的基础,它是热情好客的理由。"[1]正如各内脏体系根据其他身体部位及外部环境的要求调试自身一样,正如它们不断地转换同时也传输营养物一样,我们同样需要重新定位我们作为消费者的立场,把我们"自身"视为积极运转网络中的应急场所。

无论我们的需求是什么,我们都无法仅从自身得到满足。我们必须吃东西。再者,为了保持身体以及社会功能网络的正常运转,我们也得给他人饭吃。消费是在多种场所里进行的,过剩和匮乏的区域相互交织又相互依赖,分配和消费系统的不同需求取决于各个系统间相互依赖的程度。如同德里达和中医共同主张的——"吃不是个体的行为"。我们有责任确定"联系他人是把他者与自我相连的最佳的、最充

---

[1] Derrida[1989]1991:115。

满敬意的、最满怀感激之情的、最慷慨的方式"。① 自我和他者是交换网络中的活跃区域,如果我们无法超越挪用的逻辑范畴,自我和他者都不可能存在。按照挪用的逻辑,人们假定自己可以"接收并掌握"食物本身。那么,吃的道德学就是寻求"为了吃而学会给予"这个问题的答案。②

或许就好客和流通的问题而言,我在本书第一章所分析的作家或者事件与德里达或者我所讨论的问题并不一致。或许那个尚未被完全遗忘的、党和国家对所有中国人提出的"为人民服务"的要求和"为了吃而学会给予"的观念之间没什么太大的区别。但有一点毫无疑问,改革开放时期,尽管阶级斗争的宣言早已不复存在(《美食家》向我们表明了这一点),但在中国,食物依然具有政治性,而且所出现的社会与经济的极不平等仍令许多人胆寒。莫言是他那一代人中唯一一位通过文章和"红烧男婴"这类的描述,猛烈抨击过剩和匮乏这两个冷酷的极端问题,以寻求解决饥饿和贪婪这类问题的途径。他们关于几代人共同经历发人深省的作品,并不仅仅只是一本历史备忘录。相反,他们作品中所展现的是历史和社会领域里的常识,也包括个人习惯领域里的常识。这些问题现在非常值得人们探讨。即使饥荒都有了欢乐的味道,有时还带有胜利的感觉,饱食之中依然隐藏着致命的极度匮乏。在这两极之间,倘若我们能找到一种慷慨的协调途径,我们就有可能学会"品味我们的食物,承担我们的责任,并在热情中欢悦"。

---

① Derrida[1989]1991:114。
② 同上书:115。

第二部分
欲：体现的伦理

第二篇
外来物质的

导　言

杜晚香：优秀共产主义者的瑰丽光环

女作家丁玲在其20世纪60年代中期写出初稿，经过修改于1978年出版的小说中，把女主人公杜晚香塑造成了一个性别特征不明确的人。① 例如，在她13岁结婚那天，她非常兴奋，仅仅是因为夫家的条件比自家要好，为新人准备了温暖的床和崭新的被褥。有关她丈夫的信息，我们只知道他是家里的幼子，而关于小晚香，除了后来小说提及她是位贫家女之外，对于她的性别并没有直接的阐述。其婚姻关系中最亲密的一段时间是她丈夫从朝鲜战场回家后宣布自己已经加入了中国共产党。晚香的"心几乎跳出来了。她不再把他看成是过日子的伙伴，而是能终身依靠的两个有着共同理想、共同语言的神圣关系的人"②。

在丁玲小说后来的情节中，晚香成为一名劳动模范，这在中国20世纪60和70年代的小说中很常见。在跟随丈夫去了"北大荒"之

---

① 这里我倚重的是 Tani Barlow 对丁玲小说的译本以及她对丁玲生平著作的分析(1989：1—45；329—54)。小说的汉语版本参见丁玲1988。
② Barlow 1989：335；丁玲 1988：254。

173

后,她没有了固定工作,成了一名"依靠"丈夫的家庭妇女,从这时起她开始了自愿为人民服务。

> 这个新凑合起来,还只有三十多户的家属区,却一天天变样了。原来无人管的一个极脏的厕所忽然变得干净了,天天有人打扫,地面撒了一层石灰,大家不再犯愁进厕所了。家家门前也光光亮亮,没有煤核、垃圾、烟头。……有些人家孩子多,买粮、买油常常感到不方便,看见晚香没有孩子,就托她捎东西,看看孩子。慢慢找她帮忙的人多了起来,……见她在做鞋子,就请她替孩子也做一双;看见她补衣服,也把丈夫的衣服拿来请她补补。还有向她借点粮票,或者几角钱的,却又不记得还。晚香对这些从不计较……①

我们的女主人公所做的工作具有明显的性别特征,这不仅因为这些工作具有居家的性质,也因为这些工作没有报酬,又低微肮脏。晚香默默地承担着为集体打扫卫生的任务,她承担着"党的女儿"的责任,巩固了共产主义国家家长一样的地位②(每一个家庭都需要打扫卫生,女儿或是年轻女性承担着这一任务)。坦尼·巴洛在评论这个故事时强调指出,杜晚香的劳动是具有政治色彩的性别超验。她对国家的爱胜过了一切个人私欲,这其中包括她偶尔对快乐婚姻生活的向往。当然,它同时也是对性别责任的延伸,因为杜晚香现在是为整个中国服务,同时她也从这种服务中得到满足。

---

① Barlow 1989:345;丁玲 1988:264。
② "人民的女儿"一词被过度使用,用来描述模范妇女。

导　言

一张题为"山村新户"的宣传画。和杜晚香一样,这位妇女在持家的同时快乐地为人民服务(屋子里有一个赤脚医生的药箱)。社会史国际所 Stefan R. Landsberger 收藏。

这不仅仅是一种理想的超验,作者用活生生的语言进行了描写:

　　杜晚香在充满愉快的劳动中,没有疲劳的感觉,没有饥饿的感觉。大家休息了,她不休息,大家吃饭,她也不停下手

175

> 脚。在场院参加劳动的工人、家属的工资,有计时的,有计件的,而她的工资,是既不计时,又不计件。全场院的人都用惊奇的眼光望着这个个儿不高,身子不壮,沉静地,总是微微笑着的小女子;奇怪她为什么有那么多使不完的劲,奇怪在她长得平平常常的脸上有那么一股引得人家不得不去注意的一种崇高的,尊严而又纯洁的光辉。①

整个故事充满了比上述引文更加富有诗意的、带有国家主义色彩的语言。这些语言或是展示杜晚香的"个人"思想,或是描述其他人对她朴实而无私的服务的感念。在这样的段落中,个人与国家是不可分割的。在毛泽东时代的这类作品中,一名充满爱国情操的"崇高、庄重而圣洁的"公民不仅要具有忠诚和耐劳的品质,还必须有为人民服务的精神。②

晚香的身体在集体的身体中找到了生的力量和自身的意义。这位模范为远离南方舒适的家乡而去开发北大荒的工人们做的演讲是其故事的高潮。她用"朴素的讲话"赞美了艰苦工作着的工人们,她的话深深地打动了听众:

> 杜晚香没有引经据典,但经典著作中的某些名言哲理,都融合在她的朴素的讲话里了,就像庄稼吸收阳光雨露那样。一些好人,好事,好话都浸润在她的心灵里边,血液里

---

① Barlow 1989:345;丁玲 1988:266。
② "杜晚香"的故事是毛泽东时代社会主义—现实主义的典型作品。Barlow 把它置入作家丁玲的所有作品之中,从而展示了这个故事所充分反映的政治(和性别)历史的复杂性。但是,它更多地体现了人民共和国建立头十年的文学传统,却与随之而来的20世纪80年代的个人和非政治化的文学联系甚微,不过它为本研究的阶段划分提供了清晰的例证。

边,使她根深叶茂,使她能抵抗一切病毒。杜晚香没有慷慨激昂,有的只是亲切细致。不管她怎样令人景仰信服,但她始终是那么平易近人,心怀坦白,朴实坚强,毫不虚夸,始终是一个蕴藏着火一样热情的,为大家所熟悉的杜晚香。……猛然,礼堂里轰地响起了春雷似的掌声。从沉思中醒过来的广大职工,如同在深夜里发现了一团火光似的,心中涌起了无限的希望,他们完完全全肯定了杜晚香,她不愧是我们的排头兵,我们一定要向她学习,和她共同前进。①

毛泽东时代的模范标准是,他们必须来源于大众,并体现大众的政治纯洁性,杜晚香正是这么一个最完美的典型。这是一个把爱和性结合在一起来考虑的世界,人们的感情首先是集体主义的感情。杜晚香既"和蔼可亲"又"热情如火",她在国人心目中塑造了一个乐于助人的、爱的形象。同时,对于认同杜晚香的读者来说,她得到的来自各个方面的爱创造了一个神话。这位模范妇女在一个宏大的集体主义中闪耀着瑰丽的光芒,展示着只有集体主义才能创造出来的快乐的纯粹形式。

　　这部短篇小说出版于以反集体主义文学作品闻名的年代,它也许是最后一部反映社会性别、性征和个人的毛泽东式理想的著名小说了。当它在1978年出现时,其他不同的激进作品也即将问世。我将在下一章讨论一些改革时期的作品,我将以反对模范逻辑的叙事材料开始,借以探察个人的内心世界(第四章),然后再转向与杜晚香"圣女光辉"毫不相干的关于性行为方式的非小说类文本(第五章和第六章)。我想探讨的是,改革时代转向个人心灵和私密卧室的作品并不

---

① Barlow 1989:354;丁玲 1988:273—74。

是在扭曲人性的集体主义时代之后向自然的人类选择的回归。相反，我认为，这种对隐私性的爱和性的描写是一种建构，它们是对成功缔造了集体主义之爱的王国的反叛。毫无疑问，那些尝试杜晚香式感情的人经历了无数的挫折，而且其中也不乏虚伪的成分，同时，培育那种感情的理想世界不可避免地失去了对公众想象力的操控。而且，通过过分的抒情、难以置信的现实主义叙事手法以及复杂的历史定位，丁玲的小说证明了爱可以是广泛的、复杂的同时个人又可以得到回报的可能性——甚至是现实性。

公开场合的激情

丁玲在 1978 年描述的那种情欲很快就被人们淡忘了。但是，它从后毛泽东时代人们的习惯中彻底消失的缓慢程度也许大大超出了我们的想象。比方说，杜晚香式的集体主义热情已融入了人们的生活和工作，在那里几乎没有私人活动的空间。1978 年以后，公众对于集体主义的信奉急剧改变，但真正可以实现个人化生活的条件却迟迟没有到来。例如，20 世纪 80 年代早期，我在广州工作时所在的科研单位已经开始实行教育和机构改革，但是，个人和家庭所应享有的私人空间却没有太大的改善。他们的工作和生活处于高度集体化状态。许多夫妇由于双方工作单位相距甚远而不得不分居，而那些能够厮守的夫妇通常也挤在筒子楼里公用厨房和洗手间。常常至少六个人共用一间办公室、实验室或是宿舍，可供学习的唯一空间也是公共的。同时，那时的结婚条件要比现在苛刻得多，不鼓励大学生谈恋爱，而结婚是根本不允许的。毕业分配的体制使得大学里最好的朋友很有可能天各一方，甚至都不在一个省份。许多学生认为工作单位稳定之后再寻找婚姻伴侣是明智之举。因此许多人宣称要避免遭遇浪漫爱情，很显然，他们在与同性同学的交往中得到了快乐。

当然，人与人之间的特殊友谊也还是存在的。虽然安排起来有些繁琐，但是秘密聚会却很常见。那些年间，为了和中国朋友们私下里聚会我也费过不少周折。那时，大学教师和外国人交朋友还不甚合时宜，同时，男女之间也要尽量避免单独待在一起以避免他人不必要的误解。有时我和几个朋友下班后在办公室或实验室待到很晚，这其中既有男性也有女性。寒冬数月很受欢迎，因为可以在夜色中散步，并低声交谈。

有一段时间，在我工作的地方，晚饭后散步成了人们的习惯。在校园主楼前散步的老年人和家人中间，常常有几个大学生聚在一起。他们看起来似乎都漫不经心，但很显然他们想和其他人保持距离，说话的声音也压得很低。有时三人中的一个会不经意地离开，好像有什么急事，另外两个继续交谈。但我敢肯定，这一切都经过了精心的安排。

这种秘密生活对我这样的外国人提出了特殊的挑战。和其他中国朋友不一样，我住的地方晚上十一点钟就关大门了。有时我和某个朋友在紧挨着我宿舍楼的实验楼逗留至深夜，但我必须要在锁门之前按时离开。有时出了实验楼我会在黑暗中朝相反的方向走一段路，兜一个大圈子，这样我就可以假装刚从市中心回来，然后踱回留学生公寓。

有时我会在大门口碰见其他晚归的人。也许他们是刚从学校附属医院回来，也许他们到城市的其他地方去拜访了亲戚。尽管如此，我也常常设想他们刚从公园秘密约会归来。公园晚上照常开放，而且只有特定地点有灯光，因此被大家看作是可以保留隐私的好地方。我想晚上常去公园的人都彼此心照不宣。那会儿没人到公园去锻炼或赏花，所以每一个人都能做到"只扫自家门前雪"。

这样,除了拥有二人私人空间的夫妇,很难安排其他直接与性有关的活动,因而这类活动非常少见。这种情况使得日常生活也笼罩了某些感情色彩。我感到和那些秘密朋友们令人激动的偶遇总会在教室或是和一大群人一起工作时不期而至。我们会交换一个比平时更微妙含蓄的会心的眼神,装作不经意地碰碰肩膀或手臂。众所周知,这种亲密的举动仅限于恋人之间,但是在毛泽东时代,工作单位的社会环境使得它们也成为表达其他许多种爱的方式。它们与性有关,或者至少那个时候看起来如此。①

我花了很长一段时间才适应这种特殊的生活方式。在对日常集体生活中这种情感特殊性的兴趣与对特别吸引的我工作伙伴的兴趣之间,我感到前者更加强烈。似乎每个人都有理由在集体活动中创造出某种特殊的东西。这种特殊的东西为我所教授的英语课上热烈而又敏捷巧妙的对话、出人意料的课堂表演以及热烈的"洋泾浜"英语讨论(hilarious language hybrids)等课堂活动增添了无穷的乐趣。我所教授的学生都是些中年生物医学方面的医生,他们到这所学校进修两年,我们之间的亲密关系使得课堂气氛生动热烈。

最后我终于学会了如何去享受这种微妙的情感交流方式所带来的乐趣(而不再渴求没有可能的完满)。我现在就已经开始怀念那种感受了。现在我拜访学术或是临床机构时发现,很多人已经拥有了私人生活,工作一结束他们马上就回到自己的空间。工作单位已经分解,它不再能保证同事之间会一生都保持朋友或是邻里关系。我肯定,大多数我那时的伙伴都会喜欢这许多带来私人生活空间和

---

① 整个第二部分,我都故意不对爱和性关系加以区分。在本研究中,我更注重明确什么是性而非什么是爱,但是我坚持认为只有把二者看成是紧密相连的事物,我们才能发现日常生活中存在的某些色情性。本研究的焦点不在诸如色情业、单身酒吧或是恶劣的婚姻关系,因为在谈论这些题目时把爱和性混为一谈是错误的,甚至是令人作呕的。

为性活动提供更好条件的变化。不过我不能确定的是,他们是否还会记得他们在公共活动中曾经运用过的情感传递方式。他们是否还会和我一样能够感受到公家人杜晚香心灵深处那静静闪耀的爱的光芒呢?

第四章　书写自我：个人的罗曼史

中国医学是一个伟大的宝库，这是客观存在的现实。我们要有民族自豪的气魄，放宽眼界，解放思想，以自然辩证法为武器，去珍视和研究这个宝库。应当真正认识到，中国医药学是中国人民几千年来在与自然作斗争，与疾病作斗争的实践中积累起来的、有丰富内容的一门科学。我们古代和先辈的高深学者，常常站在朴素的、唯物辩证的角度去观察人体生命现象和疾病现象，把这些现象与整个自然界的某些客观规律联系起来，并将长期实践得来的医疗经验不断加以深化，从而逐渐形成了具有独特理论体系、具有高度系统性和科学性的中国医药学。对此，我们中华民族应当引以自豪。

——《名老中医之路》

我们就怀抱着一种难以稍缓的急迫感。……这些（老中医去世的）消息使我们难以平静，使我们在翻阅诸老文稿时手里如同捏着一团火，直感到一个无声的命令在催促我们：快些整理，快些誊清，快些使专辑问世；抢救老中医经验的工作实属刻不容缓。

——《名老中医之路》

第四章　书写自我：个人的罗曼史

这一章讨论的是书写与经验,同时也阐述了在改革时代早期一些作家把个人的经验和记忆与公众分享的紧迫性。① "四人帮"倒台后,个人经验的交流发生了深刻的变化。这些转型对于理解改革时代的文化生活,至少与自由市场经济以及政府向资本主义世界开放的政策具有同样的重要性。有些作家把改革时代中国主体性和亲密的新形式看成是一度隐藏东西的再现,一种摆脱了压抑性集体主义枷锁的自然个体的解放。我认为这种观点是错误的。关于具有普遍需求和能力的自然个体的简单化观点无法解释改革时代作家们为展示经验、自我、回忆和话语新形式所做的努力。② 自然个体这一概念本身也具危险性,因为它为自己提供了一种自由伦理的土壤,这种自由会使其忘记对政治变革的义务。

当然,通过叙事来创造和修订个人经历的伦理政治努力并不仅仅局限于 20 世纪 70 年代晚期和 80 年代早期的中国。在当代世界中,现实主义写作在哪里被广泛传播和阅读,哪里就可能出现貌似真实的人物和世界。中国所特殊的地方就在于"文化大革命"之后所有——包括个人和集体、文本和非文本的——事情所发生的急剧变化。在后文中,我将通过追寻新的经历形式的出现,来阐明这些变化既与现实主义的话语紧密相连,又避免直接再现。我还想指出的是,与其说新经历是一种私人生活的退却状态,不如说是为适应市场王国的出现所

---

① 卷首引语引自周等著(1981—85:Ⅰ:Ⅰ)。
② 我整章都在谈论经验,好像它是一种不言自明的东西,或者至少是一种像包容老医生积累的经验一样可以容纳奇妙情事的自然范畴。但是,正如我在引言中所述,我把经验看作是一种极其不易把握的概念。对于 20 世纪 80 年代早期的老中医而言,它是个人权威形成的土壤。对于一年左右之前的小说读者而言,它是隐私主体性的展现。虽然经验有时貌似简单的现实,对于整个话语来讲有时容易书写,但是不得不承认的是,书写和经验之间的关系很难定论。例如,即使是汉英语言在用法上应该相似这一事实也无定论。但是,正如张洁在其短篇小说中所展示的那样,一些历史学家和文学家认为把文本看作是对经验的明晰反映是无知的。

作的治理层面上的(governmentality)重新组织。

前面所引用的段落摘自一部著名的老中医自传体散文集的序言，诠释了我所关注的转型的某些重要部分。两段引文之间只相隔几页，但侧重点却迥然不同。第一段反复强调了在1981年出版中医著作的重要性。人民几千年来所积累的斗争经验被看作医学知识和技能的宝库。文章采用了一种保护性的笔调。几十年来，中医面临着有关合理性的双重难题：这一领域的作者们认为，他们不仅要在重视科学的资产阶级现代人面前，同时也要在强调世俗合理性、文化演进以及普通人民的中心地位的马克思主义者面前证明其存在的合理性。这里的一些程式化语言是(1981年以前)一种富有时代特色的表述方式，用以断言传统医学在政治和经验层面上的价值。它也采用了改革时代的乐观主义，认为"不再局限想象的范畴"和"思想自由"，同时它又坚持了时代的特点：认为医学是"中国人民几千年来与自然作斗争，与疾病作斗争的实践中积累起来的"宝库。这是该时代回忆录的一种官样形式：与几千年的历史相比它是短暂的，它强调人民的永恒性和创造性，同时也想象人类的斗争将取得进一步的胜利。

第二段引文关注的是特定人群而不是全体人民。它涉及的是中华人民共和国建立之前就已经行医(至少是学习医学)，建国后又为建立国家级行业努力工作的那些老中医。同一篇文章还指出，到1981年这些老中医已经"寥若晨星"了。这一领域的老医生特殊的"工作和现实"使得他们的经验不易流传，这种经验不会轻易通过积累变成一个巨大的宝库，而是随着他们的辞世将面临消失的危险。"拯救"这些个人经验对这些颇受尊敬的个人和医学界的遗产都是一种贡献。这在当时似乎是一项既令人气馁又十分危险的任务，因为仅仅在几年前，这种关注和颂扬某个"专家"的行为还被认为是反革命的。

这一章谈论了改革开放早期出现的几种个人的体验。无论如何，

"人民"大众不再倍受瞩目,个人特定的"道路",或是个人的故事开始受到大众的欢迎。后文还将继续深入探讨《名老中医之路》,但是后文我讨论的重点将放在1979年出版的、与中医毫无关系的、具有突破意义的短篇小说上。然而,张洁的小说并没有讲述任何意义非凡的事情:它以个人经历为中心,以个人回忆的形式叙述了一个亲密的题材,因此给读者留下了无限的想象空间。改革时代许多领域的作者对此表示了认可。①

《爱,是不能忘记的》以其全新的题材在80年代早期颇受欢迎。这部叙事作品在全国发行的杂志上连载,反映的是在毛泽东逝世和"四人帮"倒台后几年间既隐私(甚至是秘密)又显著的问题。描写个人之间的浪漫爱情,这是很多年的文学作品中都没有出现过的主题,张洁的小说开辟了一个新领域,人们在这里可以探索刚刚开始的大规模社会转型背景下个人生活的可能性。她并不是当时唯一一位创作这类题材小说的作家,但她的这部短篇小说无疑是新型爱情故事最重要的典范。在20世纪80年代的前几年,它成了每个人的必读作品,赢得了全国人民的喜爱。以这篇小说命名的《张洁作品集》所获得的偶像效应已远远超出了其自身的内容。人们互相传阅,表现了人们对小说所描述的价值观和爱情有着一定程度的认同。

与张洁的小说同时出现的还有其他一些强调个人经历的题材。20世纪70年代晚期,"伤痕文学"颇具盛名。这些文学作品通常由作者讲述自己在"文化大革命"中的遭遇,有些细节有过分渲染的痕迹。作品的主要笔调是感性的,叙述的是重要事件,而且许多小说都表达了一种非常自负的信念:改革时代世界再一次发生了翻天覆地的变

---

① 王菁 1996:32—36,引述戴厚英,讨论了"人道主义"的特殊形式,指明改革时代早期出现了"'有血有肉、有爱有恨、能够独立思考、充满感情和欲望'的小说人物"。戴厚英的小说《人啊人》初版于1985年。

化。我在这里提及"伤痕文学"的主要原因在于,它体现了回忆的一种非常传统的形式。在这些小说中,1976年毛泽东逝世之前的岁月不堪回首。小说所提供的一个暗示是,虽然教条主义和极端主义的时代已成过去,但是作家有责任牢记那些黯淡的日子并把它们如实地反映出来,只有这样,悲剧才不会重演。因此,这类题材是由近代历史的某种特定的概念所造就的。由于这些作品,当然这只是其中一个原因,"文化大革命"在公众的心目中变成了全国性重大"错误"的十年。①

中国的回忆话语中早就出现过这种对历史的清洗和对道德的确认。仅仅在几十年之前,鼓励每个人在公共会议上、收音机里或是报纸上"忆苦"。这和"伤痕文学"相类。"忆苦"用一种直接的方式为历史打上时代的烙印:几千年的旧社会为绝大多数中国人带来了苦难,解放(1949年)改变了这一切。但是苦难的过去应该尽可能清晰而长久地被人们牢记,只有这样,年轻人和幸运的公民才不会忘记继续奋斗的原因。这两种叙述过去的方式——20世纪50和60年代的"忆苦"以及70年代晚期到80年代早期的"伤痕文学"——从广义上讲具有某种共性,它们都是被官方认可的历史观点。但是,这种观点具有把精神简单化的特点。

通过书写"文化大革命"期间政治和道德经历的复杂性来回忆毛泽东时代出现的问题,这一形式变得越发单一:通常都是作者回忆自身所受到的不公平指控或是意识形态领域中的极端主义。但是,"伤痕文学"是那个重要时代的标志,在那期间毛泽东的遗孀江青和她的

---

① 除了"伤痕文学",20世纪70年代晚期到80年代早期其他小说也以同样的笔调描写了"文化大革命"。典型的例子是谌容的幽默小说([1983]1987b)《减去十岁》,它描述的是一种想把"文化大革命"从历史中抹去的趋势,因为"文化大革命"仅仅意味着一场噩梦。小说描述了一群干部风闻上级由于"文化大革命"十年耽误了许多人的青春,所以所有人在计算年龄时都可以减去十岁。

三个同谋由于"文化大革命"期间所犯的政治错误而受到了审判,这样,其他人都被看作是他们强权操控下的无辜受害者。也许对于中国普通百姓来说,这些作品比官方模糊的陈述在文化上更有效地完成了某种思想转向的任务。

在"伤痕文学"尽享其短暂辉煌之时,其他文学模式正肩负着使主体性非集体化和使记忆多样化的更加艰难、更加漫长的历史重任。① 正如我所言,在改革初期,诸如《爱,是不能忘记的》这样的现实主义小说在使经历个人化和创造个人主题方面发挥了一定的作用。张洁的作品属于第一批忽视甚至违背官方历史界限的流行作品,主张个人也可以拥有自己的、不同的故事。这种个人化的姿态并不仅仅体现于小说之中。个人经验的问题在其他许多领域都有所表现,诸如老医生们的自传体文集《名老中医之路》。与《爱,是不能忘记的》一样,这些医学著作也在民间传阅了许多年,证明传统医学界也能拥有自己的英雄和令人激动的时刻,其优雅修辞的意义已经远远超出了救死扶伤的修辞所能涵盖的范围。

这一章的重点就在于这两种文体。《爱,是不能忘记的》之所以重要,是因为文本敏感地涉及了主题(重新)形成的问题。在作品中,张洁不遗余力地刻画了个人的经历和个人(甚至有些自私)的目标。她也通过重新(有好几次)铸造过去与未来的关系来展示几种回忆(或忘却)的模式。同时,小说也涉及了在让许多创作形式深受其害的、广泛的语言危机蔓延之时主体经历是否真的可以通过语言来展现这一问

---

① "伤痕文学"在其他地方已经得到了充分的展示。虽然它在强调个人重要性方面——尤其是它通过展示与毛泽东时代意识形态的教条不相符的某种人本主义的罗曼司——毫无疑问起到了一定的作用,但是我在这里将不对其加以探讨。在本章中,我更感兴趣的是展示过去复杂情况和以非简单化的乐观主义展望未来的文学姿态。"伤痕文学"的译著参看 Link 1983, 1984。

题。我喜欢这部小说,并希望在这里与读者共同分享,其原因在于它没有使个人主题简单化,同时它对书写与经历之间的关系问题也持有非常有趣的观点。换句话说,小说在再现的层面上成功地分离了书写和经历,但同时又在效验方面把二者紧密地连接在一起。

老中医们的自传所涉及的问题有所不同,但具有同等的重要性。其探讨的问题是个体医学专家的经验性权威和历史性业绩之间的关系问题,即"红与专"的对立问题。在这一时期,个人的权威和专业的资历都被官方文献和政治级别所取代。在党领导的医院和学校里,医学专家处于底层,干部由"工农兵"学员担任。我要指出的是,医学界个人文集的出现——这些文章强调经验并重新估价了过去的宝贵遗产——对那些"文化大革命"结束后的中国医学工作者来说意义深远,因为他们面临着未来的不确定性问题。这一领域中最资深的教师和医生的自传使这一领域中各个年龄层的人都受益匪浅,它对他们未来成为有高度责任感的医生起了非凡的作用。我认为,这一项目也是由一种不能被忘记的爱所驱动的。

对爱的探讨

张洁的小说描写的是一对男女(二人都是已经去世了的革命者)之间秘密的、深藏于心的爱情和女主人公的女儿面临的抉择。女儿珊珊 30 岁,是"共和国的同龄人"。她在阅读她的母亲钟雨坚持了一生的日记后表达了自己的看法。当思考是否要和一个她并不爱的英俊年轻人结婚时,珊珊受到了母亲的影响——她的母亲对自己的一生充满了失望,这其中包括那段短暂的、没有爱情的婚姻。与此同时,珊珊也在努力理解她母亲日记里描述的秘密爱情——对一个很少遇见、从未有过身体接触的已婚男人的恋情。钟雨的感情是以他们共同的政治价值观为基础的,她的爱人是一位正直的干部,他的婚姻是出于责任和革命的阶级感情。虽然她寂寞无依,但是她依然热恋着那位遥不可及的干部,其部分原因也在于他在道德和政治上都无可挑剔。

然而,珊珊已经属于改革时代,她不向往主宰了母亲一生的理想主义,她的母亲无论在政治上还是爱情上都坚持着这种理想主义。但是,她必须决定是否要与条件合适但乏味的"希腊雕像"结婚,毕竟他就在眼前而且等待着进入她的生活,获得完美的爱情。她不知道"那个呼唤着自己的灵魂"的人会给她的生活带来什么,她害怕这样的爱情永远不会到来。最后,她决定顶住外界的压力而选择独身,希望有一天能找到真正的爱情。

从最通常的意义上讲,这部小说描写的是一位年轻女性通过反思她所爱的人所犯的错误和遭受的痛苦来实现更大意义上的自主、自信和自我。这在20世纪的小说中并不罕见,而且,虽然在1979年的中国出版这样的小说是一个大胆的行动,但是在早期的中国文学界已有很多先例。① 例如,张洁就曾在一部传记文章中,把自己的价值观念和信仰的形成主要归结为对"古典文学"的阅读,尤其是18和19世纪的欧洲小说。②

事实上,欧洲现实主义小说的译本对20世纪中国文学创作影响非凡。20世纪20和30年代,五四运动的激进知识分子强调用白话创作的自由潜质。虽然在毛泽东的1942年《在延安文艺座谈会上的讲话》(主要是为把中国作家限制在被称为"革命浪漫主义"的社会主义现实主义的范畴之内)之后,一些与文学现实主义有关的政治价值黯

---

① 五四运动时期的学者们就已经探讨了民国时期创造和书写的个人主义和社会性征的形式。参见 Anderson 1990, Lee 1973, Prusek 1980, 和 Schwarcz 1986。同时也可以参见 Barlow 对丁玲作品的讨论以及丁玲的作品《莎菲女士日记》(1989:1—45)。
② 张洁:《传记笔记:我的船》(1987:223—27)。

然失色,但是在那以前,西方小说的自然主义手法已经在现代中国书面语言的核心位置得以体现。① 但是,在三十多年的时间里,只有几年,也许是十年,人们无法阅读世界文学作品。

这样,《爱,是不能忘记的》可以被看作是舶来品,把自我实现和浪漫爱情的主题移植到中国的语境中,它展示的是一个具有普遍性的故事:那些自主的、自然的个体以经历、自我和自由的更深刻、形式更真实的名义来摆脱社会控制的桎梏。

不过,我想从另外的角度来阅读这部作品。珊珊所面临的抉择只是钟雨故事的引子,钟雨的故事才是小说最吸引人的核心部分。是钟雨,而不是珊珊,拥有无法被忘记的爱情。相反,珊珊虽然把她的抉择看作是一种纪念母亲的牺牲和奉献的方式,但是她自己却没有什么值得铭记的故事。根据读者的反应和这部小说所享有的超乎寻常的盛名,我们只能得出这样的结论:作品引起读者兴趣的东西决不仅仅在于珊珊是否要选择婚姻。

我认为文本的核心力量来自于钟雨这个人物,她的生活充斥着个人经历,她把这种爱情经历掩藏在写作中。对于毛泽东刚刚去世时期的中国读者而言,这个人物把逼真(秘密但很重要)和崭新的可能性(刻骨铭心的浪漫恋情)结合了起来。这个人物没有根据自己的渴望重新安排生活的自由,而且作为一名享受政府薪金的离异作家所拥有的人身自由对她来说却是一种无法排遣的寂寞。然而,她为那位老干部的妻子着想,做出了避免与所爱之人接触的人生重大决定——他们都不希望遭受第三者所带来的痛苦。换句话说,这并不是那种在以自我实现为主题的作品中起中心作用的个人。钟雨的故事另有动人之处。要理解《爱,是不能忘记的》在改革时代初期

---

① 参见注张洁《传记笔记:我的船》(1987)以及 Gunn 1991 和张旭东 1995。

第四章 书写自我：个人的罗曼史

以何种方式触及（和唤醒）了对个人经历的想象还需要更仔细地阅读文本。

心灵的伴侣

在小说中，珊珊遇到了难题。她⋯⋯做了决定，为牢记母亲的爱情故事处理了自己与过去的⋯⋯是，钟雨身上却没有发生任何故事。小说没有直接描写⋯⋯情，但是这种爱却远没有结束——即使是在那位正直的⋯⋯从某种意义上说在钟雨本人辞世之后也是如此。这可能⋯⋯种罗曼司只存在于书写之中。这本为至爱所写的秘密日⋯⋯用第一人称，有时运用第二人称。这种书写侧重两个对⋯⋯方，在任何真实的指涉你缺场的情况下仍然可以持续⋯⋯中的变化无须改变这一理想化了的秘密世界。

⋯⋯写秘密的爱情是一种危险而且不切实际的做法。⋯⋯命"期间，很少有知识分子敢于把自身的想法公之于众，⋯⋯时学者和作家的思想受大众关注同时也被严格控制。珊珊在发现母亲——这位频繁政治运动的攻击对象——一直在秘密记日记时所表现出的惊异充分说明了这一举动的危险性(116;10)。① 也许小说中这个只用一个句子匆匆带过的一笔暗示着钟雨是一位能够保持私人经历的人，这种行为只有在 1979 年才可以想象，而在过去，这种爱情如果不是一种危险的话，至少也是一件几乎不可能的事情。因此，小说的虚构——也是动人之处——不仅在于钟雨如何向那位离她很远的干部倾诉衷肠，也在于钟雨这个令人难以置信但又鼓舞人心的

---

① 此为张洁中篇小说的汉语版本(1980)和英文译本(1987)的页码。

人物形象本身。

小说创作于 20 世纪 70 年代晚期,珊珊对于爱情的理想更容易得到人们的理解。珊珊把母亲的爱情视为两个"灵魂"的碰撞:当她的母亲独自徘徊在她和她的所爱唯一一次曾经一同走过的那条柏油小路上的时候,两个灵魂相遇了(119;13),而且这两个灵魂只是在"皱纹和白发早已从碳水化合物变成了其他的什么元素"(120;13—14)时才结合在一起。这种对伟大爱情的想象方式与珊珊对真正爱人的表述完全吻合:"那个呼唤着自己灵魂的人。"

钟雨也承认自己是一个理想主义者,她有一次告诉女儿"知足者常乐",因为她们的需求要符合真实条件。但她又自嘲地说:"我却享受不到这样的快乐,我只能是一个痛苦的理想主义者。"(107;4)尽管如此,她在写日记时通常避免使用抽象和浪漫的语言,她更愿意想象她的对象完全存在于她的生活之中,或许他只是出几天的短差。在日记中只有两处,她使用了更加精神化的语句。在提及她的爱人去世的那则日记中,她在开头就写道:"你去了。似乎我灵性里的一部分也随你而去了。"(117;11)她在这里用的词"灵性"是很难翻译的,字典里建议把它译为"聪颖"(动物也可以拥有这种聪明)或者"天分"。"灵"这个字综合了三个概念:神奇的功效、变幻的复杂性和体现的特殊性。珊珊把钟雨的眼睛描述为"灵秀",这可能可以翻译为"具有表现力"。神(以及他们的形象)有其自己的灵,而且当某些动作非常优雅得体时也是一种"灵"。① 第二个字"性",是一个用途很广的字。作名词时,它的意思是"性格"、"天性"或"性情"(它也指性爱,不过这个意思与此处毫无关联)。放在"灵"这样一个表示属性的字后面,它基本相当于

---

① 我曾经把"灵"放在中医常用的词语"灵活"中加以讨论(1994)。关于神"灵"的论述请参见 Feuchtwang 1992。

英语后缀-ness 或-ity。这样,钟雨"灵性"的一部分,她特殊的性格、才能(也许是作为作家的才能?)也随这位正直的干部而去了。

钟雨的最后一则日记,写于她自己去世前不久,在这里她更加直截地提及了理想主义问题:"我是一个信仰唯物主义的人,现在却希冀着天国。倘若真有所谓天国,我知道,你一定在那里等待着我。我就要到那里去和你相会,我们将永远在一起,再也不会分离。再也不必怕影响另一个人的生活而割舍我们自己。亲爱的,等着我,我就要来了。"(24;13)这里也没有提及心灵,但却把古老的基督教词语天堂与钟雨终生为之奉献的唯物论对立起来。从某种意义上说,这对恋人之间的关系继续得以保持:灵床变成了这种关系得以存在的一种宗教意义上的空间。似乎个人的经历不必铭写在现实主义之中,私下里想象并把它保存在真实的记忆中更具魅力。

处于改革时代的珊珊,她更有意义的生活之路还远未走完,能够运用诸如基督教或是浪漫主义这种反唯物主义传统的语句来自由地表达"心声"。而她的母亲,这位参加了革命并且走过了充满责任、服务他人和正确政治路线的一生的人,即使在与自己灵魂独处的时刻也避免纯粹的理想主义。但是,她们两个都为经历开创了一个空间,在这里,她们可以实在地实现个人的目标,展现自身的独特性。她们实现自我的前景——如果那些愿望和需求可以被称为自我实现的话——会由于其不同的历史条件而具云泥之别。

例如,珊珊所考虑的是别人会如何看待自己以及如何了解自己的动机和利益。她面临是否要结婚的抉择包含着上述两个方面。她探察男友对自己的看法,预测独身将带来的谴责以及分析自己的感觉:"我闹不清楚我究竟爱他的什么,而他又爱我的什么。"(102;1)在小说的结尾,她决心无视社会压力而保持独身,认为"这兴许正是社会生活在文化、教养、趣味……等等方面进化的一种表现"。(122;15)在这里,她改用了第一人称复数,好像在为她那一代的所有年轻女性呐喊,她坚持"我们"耐心等待"那个呼唤我们的人"是值得的,不要"糊里糊涂"地结婚。

在小说中,呼唤心灵伴侣的意象源自于托马斯·哈代的一句话:

> 英国大作家哈代说过:"呼唤人的和被呼唤的很少能互相答应。"我已经不能从普通意义上的道德观念去谴责他们应该或是不应该相爱,我要谴责的却是为什么当初他们没有等待着那个呼唤自己的灵魂?如果我们能够互相等待,而不糊里糊涂地结婚,我们会免去多少这样的悲剧呦!到了共产主义,还会不会发生这种婚姻和爱情分离着的事情呢?既然世界是这么大,互相呼唤着的人也就有可能不能互相答应,那么说,这样的事情还会发生?可也许到了那时,便有了解脱这种悲哀的办法。(121;14)

也许天缘注定的配偶(在中国文学中是一个颇具争议的古老概念)这一浪漫主义观念是珊珊所寻求的个人化诸项中最具说服力的一种。如果她相信大千世界的某个地方存在着这样一个直接呼唤她灵魂的人,那么她就有勇气一个人生活下去。即便这是为实现一个梦想所做的奉献,但却不符合劳动模范杜晚香的生活逻辑,她所热衷的是为实现真正的共产主义所做的集体主义式奋斗。在珊珊的世界中有牺牲,但那只是为着深刻的个人目标。根据个人的私心和不倦为人民服务的程度不同而区分每个人,这样的团体已不复存在。珊珊的世界只是一种氛围,在这里,个人可以发现彼此,相爱的灵魂可以组成真正的婚姻。

珊珊最后的话是面向未来的。她所期望的拥有"进步文化、教养、趣味等方面的社会生活"会抹去任何复杂或痛苦的记忆。她面对的是忠于自己和她母亲记忆的未来,希望能找到完美的心灵伴侣。然而,钟雨却没有寻求自我实现的顿悟,她宁愿保持长久以来的模式。这使得她不得不把日记作为日常生活中的交流伙伴。正如珊珊所言:"那些文字(日记)并没有多少是叙述他们的爱情,而多半记载的是生活里的一些琐事:她的文章为什么失败;她对自己的才能感到了惶惑和猜疑;珊珊(就是我)为什么淘气,该不该罚她;因为心神恍惚,她看错了戏票上的时间,错过了一场多么好的话剧;她出去散步,忘了带伞,淋得像落汤鸡……她的精神明明日日夜夜都和他在一起,就像一对恩爱的夫妻。"(115—16;10)但是,当钟雨面对自己虚弱的身体和女儿的犹豫不决时,却明确地表示了信心和一种自我意识。

> 人在年轻的时候,并不一定了解自己追求的、需要的是什么,甚至别人的起哄也会促成一桩婚姻。等你再长大一些、更成熟一些的时候,你才会明白你真正需要的是什么,可那时,你已经干了许多会让你感到锥心的蠢事。……晚上睡不着觉的时候,我常常迫使自己硬着头皮去回忆青年时代所做过的那些蠢事、错事。我常会羞愧地用被单蒙上自己的脸,好像黑暗里也有许多人在盯着我瞧。不过这倒也有一种赎罪的快感。(106—7;4)

这些话不是写在日记里,而是在女儿遇到困难时她所提供的充满爱的箴言(虽然并不直截了当)。很明显,钟雨在日常生活中从未苛求她"自己的需要",即便在日记中也是如此,但是,当她女儿的人生幸福面临抉择时,她很乐意表明自己的观点。她建议说,认清自己该做什么比"愚蠢"地听从人言摆布要明智得多。同时,她也袒露了自己的内心世界,在那里,个人的记忆和为之所付出的痛苦都是某种快乐的源泉。

对于21世纪的北美读者来说,小说中对个人需求和自我意识的描写纯属陈词滥调。但是对于那些改革初期的北京读者而言,它却充满了自由的意识,因为除了热情的工人杜晚香和农村女孩白毛女的故事之外几乎没有什么其他关于女性的作品。但是,我认为对这一文本的解读包括几个层面。

首先是对主人公的认同。在这里我是把珊珊和钟雨当作真实的人,用她们的语气和观点书写。毕竟,这是现实主义小说最吸引人的特点之一,它通过引入认同和想象来为读者提供可被承认的人物和生活。如前所述,珊珊在20世纪70年代晚期是真实的人物,而她的母亲却是一个奇异的人物(这也许是她更吸引人的原因),因为她能够在毛泽东时代坚持秘密地写作。但无论两位女性之间有何区别,珊珊为了个人自主所做的决定和钟雨忠贞的爱情都为读者提供了新的可能性,也许这是几十年中第一次展示隐私的可能性。如果这两位真实的人物能够以极度私人的方式体验生活,那其他人为什么不能呢?

那位没有过多正面出场的、笔直站立的"老干部"在小说中起什么作用呢?他为这种具有移情作用的阅读提供了什么可能性呢?他可能是最不适合改革时代的人物。他的一生都奉献给了工作、马克思主义理论和无产阶级实践以及那桩在政治上无可挑剔的婚姻。事实上,他的婚姻就是对工人阶级在革命中所做牺牲的回应。作者这样描写道:"三十年代末他在上海做地下工作的时候,一位老工人为了掩护他而被捕牺牲,撇下了无依无靠的妻子和女儿。他,出于道义,责任,阶级情谊和对死者的感念,毫不犹豫地娶了那位姑娘。"(110;6)但是他依然记着其他的事情。小说中属于他的两小段对话就包括了"我记得"的字样(珊珊曾断言她一点都不记得这些事情,这其中也包括她的父亲)。有一次,老干部偶然听说钟雨喜欢契诃夫,还有一次他记得珊珊小时候的事情。虽然这一切对钟雨来说非常重要,但的确是些琐碎的小事,不过这些也证明了钟雨的恋人是一个有血有肉的男人,而不仅仅只是一个只牢记过去的责任和在正式以及公开场合回忆人民大众苦难的人,他也有自己对日常生活的记忆和值得纪念的事情。这样,小说就为我们刻画了一位坚定的毛泽东主义者,他和其他正统话语有所不同,他也有自己隐秘的内心世界。也许如此。

对小说的另一种解读方式使得"爱"成为一个中心字眼(题目就是这样)。"Love Must Not Be Forgotten"是对小说标题的最佳翻译,因为汉语《爱,是不能忘记的》与"Love, Which Cannot Be Forgotten"在含义上有着细微的差异。小说及其人物最吸引人之处就在于,爱在这里被当做是与毛泽东时代政治无关的私人情感被强调和重新评价的。我在前文已经提到,小说叙述者珊珊身上真正发生了故事,这故事与小说的题目"爱"的确有关系。爱这个字的意义和重要性随着故事的进展发生了巨大的变化。一开始爱只是珊珊所质疑的、存在于她和男友之间的普通意义上的爱("我闹不清楚我究竟爱他的什么,而他又爱我的什么"的语句出现在故事的开篇)。后来爱变成了钟雨对契诃夫作品的爱以及钟雨的读者"光看你(钟雨)的作品,人家就会爱上你的"这样的玩笑。爱这个字也常被用于指涉爱国主义:爱国,这是那个时代运用广泛的词语。在这部作品中,爱这个日常语言中常用的词汇被转化为一种几乎从未启齿的深深的情感奉献。

因此,在爱人遭受政治迫害致死之后,钟雨在日记中这样写道:"我从不相信你是什么三反分子,你是被杀害的最优秀者中间的一个。假如不是这样,我怎么会爱你呢?我已经不怕说出这三个字。"(118;11—12)这三个字就是我爱你,可就是在这个句子中,这三个字也没有被直接表达出来。但是后来,钟雨在这一长段日记中提及了他们仅有的几次会面中的一次:在一条小路上散步。"我们多么珍惜这一生中唯一的一次'散步',可我们分明害怕,怕我们把持不住自己,会说出那可怕的、折磨了我们许多年的三个字:'我爱你'。除了我们自己,大概这个世界上没有一个活着的人会相信我们连手也没有握过一次,更不要说到其他。"(119;12—13)可以看出,那三个字一直就没有说出口。它们是无声的,但是它们却成为整个个人主体经历中最受崇奉的中心。①

可以说,小说介绍了一种新式的亲密关系,一种在改革时代中国的语言和思想中最意味深长的爱恋。但是,我对小说中钟雨所说的另外两个字更感兴趣:小说的主人公背负着浪漫爱情的情感负担,总是在有能力爱的"我"和"你"这两个字之间徘徊。事实上,"你"从很大程度上是处于想象之中的,因为他在小说中几乎没有正面出场的机会。但是,这并没有降低水准,因为感情可以使我们为所爱的人勾画出最迷人的形象。另一方面,那个"我",可以根据个人的需要决定自己真实的生活,同时又可以在心中忠实于另外一种生活。毫无疑问,这个"我"在很大程度上也是想象出来的。但必须认识到的是,这种自我——充满感情的、富于记忆的、被需要和个人经历所占据的自我——只有在集体主义的需要不再强烈时才得以展现自己。

在这一章的结尾,我将从另一个不同的维度来重新探讨《爱,是不能忘记的》。不过现在我想先探究一下与它同时出现的其他写作风格,它们也以相似的方式在修复记忆的工作中起到了一定的社会作用。和小说一样,它也创造了个体和经历的新形式。这就是老中医的自传体文章。

保护光辉

张洁的小说涉及的范围很小,仅涵盖了个人日记和平静的家庭生

---

① 小说还描写了其他的迷恋,比如钟雨对恋人赠给她的《契诃夫全集》以及对无论天气如何都会去独自漫步的柏油小路的迷恋。

活。20世纪80年代早期,在中国医学界出现的杰出的个体却遍及临床、出版和研究领域。但是他们却遭遇着同样的后毛泽东时代的危机,他们被重新发现的个人经验没有得到高度的重视。

中国医学界也经历了自己的"文化大革命",它虽然也卷入了影响着专家们生活的、强调激进集体主义和群众路线的运动,但这一领域的知识分子和专家却没有遭受最严厉的惩罚。不止一位经历过那个年代的医生在谈及当时医学界所面临的挑战时都提到"红卫兵和高官也得病"这样的观点。换句话说,即使是在最如火如荼的打倒学术权威的政治运动中,好的医生也是必不可少的。因此,医生、诊所甚至医院都得到了最大程度的保护。

由于各阶级的人都会生病,同时也由于"文化大革命"中传统中医机构(学校、诊所、医院,但不包括学术期刊或专业研究机构)依然运转,所以对医生的好经验或治疗方式的口头传授并没有消失。但是,除了最基本的诊疗工作之外,任何人都几乎没有什么机会"出头"来承担责任或是接受荣誉。尤其是医学著作和个人医学权威已不复存在。1966—1977年间中医杂志停止出版,在新中国成立的前30年间最重要的出版物(教材、参考书以及带注释的古典著作)都由庞大的委员会来编纂创作。

"四人帮"倒台以后,这一领域开始了重建工作。多种独立完成或合著的著作开始出现,尤其是学术期刊和时事通讯开始大规模创办。文章的研究焦点从大众健康保健的理论与实践转向了技术性的医学问题。从1977年开始,大专院校开始大量需求最新的关于传统医学的教材,这样,编撰机构开始运作,同时对该领域及其经典知识的重新系统化工作也得以开展。实验室研究和指导性临床实践吸引了在学院和大医院工作的年轻人的注意力。与此同时,学者们也在逐渐非政治化的编史工作框架内重新审视中国医学的成就。①

20世纪80年代中期,《山东中医学院学报》(季刊)开始发表名为《名老中医之路》的系列自传体散文。学报的编辑计划每期发表两三位名医的个人经历,以期"发掘中国医学的宝贵治学和临床经验……挽救宝贵的研究材料,丰富医学史的研究"。编辑也指出了其重要意义在于"通过抢救和挖掘名老中医宝贵的治学经验,可以诱掖一代新的名医成长"。② 为实现这些目标,所收文章的重点放在了回顾作者治学经历、临床实践经验、(有时也包括)一些亲历的政治运动,描述的是那些数十年来引导中医领域并获得令人瞩目的声誉的老中医们所走过的"道路"。

读者对这些文章的反应迅速而且异常积极,这甚至出乎了编辑们的意料。在以后的几期中,他们发表了全国医学界杰出人物的信件,这些名医对这一项目高度评价并提出为此撰写个人回忆录。大部分文章最后在1981—1985年间以三卷本文集的形式出版。③ 文集正式出版之时,第一卷的编者按展现了这部著作在文化上所具有的特殊分量。

由于时间的推移和十年动乱的原因,目前尚在的著名中医学者和名老中医已经是寥若晨星了。而且,据我们所知,他们之中有相当一部分已经是弱病交加,甚则是久卧病榻了。所以,从这项工作的开展之初,我们就怀抱着一种难以稍缓的急迫感。及至

---

① 处于毛泽东时代以阶级斗争为纲的激进政治和80年代晚期市场经济的一个有趣的交会点在"自然辩证法"中可以找到。这一领域的专家们,追随着恩格斯的思想,研究了中国医学的唯物主义历史,所涉及的文献包括中国古典医学、马克思和马克思主义以及诸如库恩和蒲伯等西方历史学家和哲学家。参见 Farquar 1995b 讨论部分。
② 《山东中医学报》1980。
③ 周等编著 1981—1985。

> 工作全面展开,虽然许多名老的热情应征使我们欣喜过望,但一些令人不安的消息还是时有传来:有的同志在接到征文函时已经久卧病榻,但仍然抓紧神志或清的时候,时辍时续地口述成文;有的同志在接到征文函后未及动笔,或为文及半,就溘然长逝了;而有的同志抱病成文后曾风趣地说:希望能看到文章印出时名字上不带黑框。但时过仅月,噩耗就传到了编辑室……这些消息使我们难以平静,使我们在翻阅诸老文稿时手里如同捏着一团火,直感到一个无声的命令在催促我们:快些整理,快些誊清,快些使专辑问世;抢救老中医经验的工作实属刻不容缓了![1]

普通读者似乎认可了这一项目的重要性,中医界几乎人手一册。同时,医学界的学生,尤其是20世纪80年代早期我在广州认识的一些好学的研究生,更是仔细阅读了这些文集。而且,这些新的传记体风格很快遍布中医出版界。在1984年的一个文献检索中我发现,几乎每一种中医月刊都有一个名为"老中医经验"的专栏,大部分文章的体裁都采用与名老中医之路这一项目相似的传记风格。[2]

在 路 上

这种吸引了中医界从业人士的文章到底是关于什么的呢?许多作者都采用了与自传体散文相类似的韵文风格。比如,北京的岳美中

---

[1] 周等编著 1981—1985:Ⅰ:Ⅰ。
[2] 虽然这种医学出版物在80年代之前的传播从未如此之广,但它却不是全新的。据第二卷收集了其自传文章的董德懋称,他在40年代早期就在一个期刊中开始了介绍名老中医的生平和影响的文献出版工作。但这些早期的文章很少关注这些名医的个人历史,更多关注的是其成功病例以及特定技术的医学意义。

为第二卷撰写的序言就是如此。

> 卧病既久,家里人常在病室的案头摆放一盆花卉,用慰我孤寂。苍翠的玉树,芬芳的茉莉,矜贵的君子兰,橙黄的金橘,花鲜果实,各异情趣。却未见我最喜欢的菊花。询及小女,谓虽曾植养,因不得要领,少有成功。记得五十年代每逢秋日,小女常随我访菊于槃园。但彼时多注意欣赏菊的仙姿,未留心菊的生长习性。可见有意于花者,既要晓花实之奇美,还须知莳养之要领。由此想到中医的继承。随着时间的推移和实践的深入,抢救和继承老中医学术经验的工作,越来越为人重视。近年来,一些老中医的医论、医案、医话等学术著作陆续出版。许多是毕生研讨所得,自足珍重。比较地讲,对老中医治学道路和治学方法的总结研究工作,似觉不够,而这又恰恰是老中医学术经验的有机组成部分。研究这些过来人是在何种具体历史条件下取得这些成就的,探讨他们蕴成各自学术特长的因素和造成学术弱点的原因,寻求他们吸取知识和运用知识上的共同规律,可以使人们对老中医学术经验的理解更活、更深、更全。食蜜果,又知其所由从来,会增其甘美。而这些过来人的经历和道路对后继人才的启示作用,又往往是单纯的学术著作所不能代替的。正当痛感解决中医后继乏人问题急迫之时,山东中医学院的同志不惜精力,征集全国著名老中医的治学经验,先发表于学报,又编辑成书,贡献在中医工作的领导者、教育工作者、广大中医和有志于中医事业的青年一代面前,其用意可谓深矣。[1]

---

[1] 周等编著 1981—85:2:I.

这一段优美的文字说明了几个问题。从总体上看，岳美中强调的是收录像他一样的老中医之经验这一任务的崇高性。当然，从其他方面来看，中医这一领域的价值在当时也得到了肯定，这主要是官方强调现代与传统学术价值并重的"科学化"政策使然。① 由于从"文化大革命"期间直至 1981 年，大专院校对医学知识的传授相对较少，所以关注医学训练是可以理解的。用"路"这一隐喻来表述医学经验是非常引人瞩目的。

岳美中认为，前辈的经验对培养年轻一代具有指导意义。我曾在其他论著中探讨过经验这一特定概念对于形成 20 世纪 80 年代早期中医界的自我意识起着非常关键的作用。② 这种经验是个人通过长期的临床实践和对医学传统的钻研积累而成的，在医学工作面临"改革"的时期起到了不可估量的作用。经验可以使那种控制中医工作单位中社会生活的论资排辈合法化；医疗和学术机构由经验丰富的长者操控，他们被认为是最富有真知灼见的人。经验也为当时被重新阅读的各种各样的档案材料，甚至是档案中记载的、可以被当作临床经验一部分的最奇特的治疗方法提供了统一的理由。这一概念也可以用来解释文本不合逻辑的不连续性以及不同的医生在临床工作中存在的差异。如果一个人在某种特异的治疗方法上经验丰富，不管它多么不符合行业规则，都不会遭到反对。

最有趣的是，经验主义曾经是全国现代化话语中最常用的术语之一。这一术语是源于"从事实中寻求真理"的科学化原则。经验主义从字面上可以翻译成 experiencism。中医界的从业人员大多不了解经验主义在欧洲的唯理智论（intellectual）历史（也许所幸如此），他们对

---

① 参见 Farquhar 1995c。
② Farquhar 1994。

经验主义有着自己的理解并运用这一术语为中医的"精髓"提供了合理的解释。

当然,这种经验与仅仅在几年前医药所建立的合法地位有所不同。正如本章开篇的引言所述,直到70年代晚期真正被认为起作用的依然是劳动大众的集体经验;"人民"积累了中国医学的"宝贵财富",专家的主要职责就是不断深化它们。80年代中期人们依然经常谈及这一思想,但是到1982年我在广州的一所医学院开始田野研究时它已经明显变成了空洞的、程式化的东西。

也许正是经验概念的这种具有时代特征的背景促使岳美中把对老中医治学道路和治学方法的"总结研究工作"和记载"道路和方法本身"的工作区分开来。他认为,这种研究必须针对"过来人"和他们特定的治学经验,只有这样,我们对老中医学术经验的理解才能"更活、更深、更全"。

这样,"道路"这一隐喻清楚地涵盖了当时中医作者所面临的特殊性和延续性。编辑们选择的字——"路"是一个非常普通的字眼,它单独使用时在汉语中指街道和道路的名称及其本身。当它被赋予隐喻意义时指很久以前的一种哲学遗产,它具有了更广阔的含义——这个字就是"道"。编辑们在选择这个有些普通的"路"字时,强调的不仅仅是其叙述性的实际意义,同时也运用了这个字的丰富隐喻意义。这个字描绘出了个人的特殊故事,同时也暗示着特殊性、偶然性和多重性。它可以包含任何一种记忆,由经历构成。对于一种道路的详述不一定是一种起因或道德叙事,它也不一定要具有概括性,但是它的修辞可以在很大程度上影响读者或者引起他们个人经历的共鸣。

但是,道路是由行者走出来的。不过,行者必须能够记住并从自己的经历中提炼出重要的东西,这样他/她就可以成为这条路上的权威,同时也在路上不断地完善自己。① 这样,不仅仅是行者走出了路,路也造就了行者。中医自传作者所描述的经历仅仅就是一种描述。许多参与这一项目的作者在自己的文章里也运用了道路这一隐喻,这一点也不奇怪。这类的文章包括:《路,是人走出来的》(金寿山)、《在研究防治冠心病的道路上》(郭士魁)、《我的老师和我的学医道路》(彭静山)、《万里云天万里路》(邓铁涛)、《闯出一条新路》(王鹏飞)、《涉医征途回眸》(关幼波)、《医途回首五十年记》(高式国)、《采百家之长,走自己的路》(裘笑梅)、《我所走过的学医道路》(谭日强)。② 所有这些记忆中的道路都延伸到了 20 世纪中叶。虽然这些文章之间存在差异,但是它们所展现的道路却是相似的——尽管路途阴云密布,但都通向未来的光明。

　　文章所涉及的面很广,这主要是由其框架所决定的。作者们描述了与中医关系密切的家庭和童年,谈论了所受的教育(所有的人都是在 50 年代全国传统医学教育制度化之前受的教育)。他们的笔锋也涉及到了自己所尊重的老师,同时某些关于医学成就的书籍在其专业发展的道路上起到了举足轻重的作用。大部分经验丰富的医生都选择了一个或几个典型的临床病例来展示他们所得到的启示。中国药物学以及各种经典著作中的理论也受到了高度的重视。有些文章结构严谨、辞藻优美、富含成语典故。其他的文章直述临床医生的生活故事,只有为数甚少的作者提及了所遭受的政治上的磨难,而文集中唯一的一位女性作者也没有提及自身的性别。这样,这些形形色色的叙事在一点上是一致的:它们都是医学自传,旨在发展中医事业。

---

① 这些特别的观点并没有考虑到性别问题,因此我在这里同时使用了第三人称单数的两种形式。但是,值得注意的是,在《名老中医之路》这三卷本中,只涉及了一个女性。
② 前三篇文章收录于第一卷,其余都在第二卷。第三卷是中医界新近去世的著名教师的传记文章,都是以各自的名字作为标题的。

我想这一特征可能会使这些文章显得枯燥，也许对于不属于这一行业的读者更是如此。但是，我认为，我们必须认真思考编辑们在完成这项工作时的紧迫感和文集问世时所引起的热烈反响。毫无疑问，这些文章的吸引人之处与这一代老中医经历了几乎整整一个世纪（20世纪）这一事实有关（很多人生于1911年辛亥革命之前）。当然，他们目睹了许多重大的社会变革，但更重要的是，他们领导着中国医学走过了史无前例的困难时期（1949年以前）以及解放后更加史无前例的快速发展。他们现在被认为是中国"传统医学"的医学形式和职业生活的缔造者和策划者。他们培养了大批的青年医生，这些医生在行业重组和拓展的浪潮中已经成为各自领域的带头人。虽然他们的著作有时是匿名的，但对于这一行业的每一个人来说都具有前瞻性，对实践都具有指导意义。一句话，他们是英雄。

但是，直到"文化大革命"结束，他们依然是无名英雄。毛泽东时代只存在一种叙事，那就是关于人民的叙事。个人生活被纳入到共产主义的伟大事业中，在这里人们得到的奖赏多种多样，最重要的是对投身到"与疾病的斗争"中和甘愿做人民公仆的鼓励。毋庸置疑，1980年以前这种全国性的、个人牺牲的理想主义也受到过致命的冲击。人们可以公然反对那种在理论和实践中的无偿奉献，很明显，在"社会主义市场经济"中，为重组中医事业有许多事情需要完成。人们已经准备好以全新的方式"出头"。老中医的自传就是很好的例子。

这些生平故事把医学权威根植于和历史（对所尊敬的老师和经典文本的描述）及实践（典型的临床案例、对药物使用的发现以及治疗技术）的密切关系中。他们把经验看成是可以融合各种事情的综合领域，把每个医生看成是积累经验的场所（这一活动刚刚被个体化）。这种对职业的看法为读者提供了职业想象，在这种想象中读者成为个体——他们是和那些老教师和作家有着某些关联的学者，他们的事业有一天也会具有同样的权威性，也会受到后辈敬仰。同时，最重要的也许是，在通过记忆来唤回医学学术研究和实际操作的辉煌的同时，医生和学生们也仿佛看到了自己——不仅在纪念前辈，同时也在继承前辈留下的知识遗产；不仅在回忆自己的成长经历，同时也把这一领域作为一个整体为学生们展现了巨大的成就。虽然文本对保护这一领域起到了不可忽视的作用，但是"名老中医之路"项目依然坚持人在宝贵的传统经验积累过程中起着更加重要的作用。

可是，这种以个人为中心的职业文化也存在着问题。人是会死的。因此，以年长医生为重点的"名老中医之路"项目的编辑们由于许多作者生命垂危或已经去世，决定把第三卷作为新近去世的名医传记，由名医的学生或后人撰写。这样，在记忆尚未褪色之前，这些先驱的某些文本之外的生活事件得到了拯救。也许在权威人物身上体现的几种历史和记忆也能集中在个人的名下。

但是，人员的自然缩减问题最终导致了这种经验结构实用度的下降。把这一领域的最基本的知识看作是某种有经验的长者一生积累的东西，虽然这种做法在一段时间内具有较强的吸引力——从一方面来说，它与"西医"的极端理性化形成了鲜明的对比——但事实上这并不能构成一个现代化领域的坚实基础。到 20 世纪 80 年代后期之前，中医界科学研究中话语和实践所共同体现的张力已经引起了人们的重视。当我在 2001 年写这部书时，虽然被体现的实践的个人范畴以及特殊的经验在一些方面依然活跃，但是已经呈现出式微的迹象。[1]

当我阅读这些生平故事时，我被他们所表达出的希望和乐观触动了。这些作者对他们所取得的个人成就抱着谦虚的态度，有些人甚至

---

[1] 对于中医界新近出现的权威性实践的详细描述参见 Scheid（即将出版）的著作。这些描述与我所观察的 80 年代早期之间有很大差异。

很少强调个人事业的辉煌(我本人最喜欢金寿山的文章《路,是人走出来的》。作者把一些自我培训的方法定性为"盗取"医学知识和技能,并认为他的这种学习方式导致了其日后治疗手段的不完善)。但是他们都表示,相信这些故事具有进步的意义,所有的挫折都提供了建设性的教训,中医作为一种世界资源应该得到进一步的发展。许多人对实现这种发展抱怀疑态度,最典型的例子就是邓铁涛把中医的未来描绘为"万里云天万里路"。① 虽然许多作者把自己的文章定性为回忆录,但事实上几乎所有人都显然是在向前看。他们把为年轻人引路看作是责无旁贷的事,大部分作者都努力把那些他们从实践中得来的、帮助他们适应新的不同条件的经验传递给年轻人。

　　换句话说,这些老中医在书写自己生活的同时成为后人的典范。和毛泽东思想造就的、经常融入大众的模范人物杜晚香不同,这些老中医涉及的是特殊性、多元性、差异性(discrimination)和被体现的知识。他们不是被动地被文学作品所模仿,而是积极为新的、特殊的、个性化的事业提供灵感。这些经验尤其可以被看成是一种事业,一旦被应用于临床实践,可以引发中医界更大的成就。也许由学者、历史学家、医生任应秋撰写的《名老中医之路》一书最具权威的第三卷序言更强调了这一点。

　　　　徐大椿曾经提出"医非人人可学论",他说:"医之为道,乃古人所以泄天地之秘,夺造化之权,以救人之死。其理精妙入神,非聪明敏哲之人不可学也。……凡病之情,传变在于顷刻,真伪一时难辨,一或执滞,生死立判,非虚怀灵变之人不可学也。病名以千计,病症以万计,脏腑经络,内服外治,方药之书,数年不能竟其

---

① 参见我关于邓铁涛的论文:《重写后现代中国的传统医学》(1995c)。

说,非勤读善记之人不可学也。又《内经》以后,支分派别,人自为师,不无偏驳,更有怪僻之论,鄙俚之说,纷陈错立,淆惑百端,一或误信,终身不返,非精鉴确实之人不可学也。故为此道者,必具过人之资,通人之识,又能屏去俗事,专心数年,更得师之传授,方能与古圣人之心潜通默契。"大椿此论,有其正确的一面,如谓医学理论是相当精深的,古典著作亦是比较难读的;医学书籍浩如烟海,是一时读不完的;古往今来,各家各派,学说各异,孰是孰非,是应当加以鉴别的。这些是每个学习中医学的人都会面临着的事实。①

老中医的自传大概只是要起到为医学档案复杂的形式和可能性添砖加瓦的作用,读者在阅读时可以从许多互相矛盾的材料中提取自己需要的东西。但在临床时,却没有这种选择机会。医生必须自己决定诊疗的方法,同时在日常工作中,其他人的总体经验也无从学到并加以运用。这样,对于一名认真的医生来说,诊病就成为一种个人体验,这种体验通过经验的积累(通过临床和文献阅读来完成)和对经验真髓的掌握而完成。这些材料表明,"领会古代圣贤深藏于心的精妙含义"的责任心并非读几个晚上或者几年的书就可以得到的。这是一种毕生的追求,而且,随着优秀医生的辞世,有些宝贵的东西也不可避免地随之消失了。

《名老中医之路》中诸文的写作风格反映了普通语言在再现生活及其意义时其能力上某种质朴的因素。文章是按时间的顺序写就的,提及了一些人名、书名和地名,同时也和《伊索寓言》一样从事件中得到启迪。而且,诸文在浩如烟海的档案中的地位以及作者们所经历的

---

① 周等编著 1981—85:3:2—3。

面临特定的挑战和传统实践的训练都使得读者感到无法完全捕捉到诸文的真髓。道路的隐喻本身有着别样的含义。毕竟,道路不是旅行者,任何想沿着旅行者的足迹前行的人永远都无法真正地看见或经历旅行者本人所看见和经历的东西。

语言危机

为解决文本如何再现或者说处理经验这一问题,我将再次讨论《爱,是不能忘记的》。这部著名小说的中心大部分在于书写和语言的困境。甚至除了钟雨的日记构成了叙事的中心这一明显的事实之外,从某些方面来说几乎小说的所有细节都在解决言语再现的问题。重要的不仅仅是钟雨是一位作家,她非常珍视爱人赠送的那套《契诃夫文集》,以及她的恋人死于对一篇理论文章发表了意见。我们还可以看到,他们从未对对方说过"那三个字":我爱你,这在她的一生中构成了一种特定的、无言的中心。

张洁是20世纪80年代早期运用连他们自己也认为是处于危机状态的语言进行创作的众小说家之一。① 现代白话经历了巨大的变化,它在20世纪早期的"白话运动"中经历了第一次半殖民的现代化过程②,后来又经历了毛泽东时代的意识形态化,其结果是使语言带上了浓重的政治历史色彩,而这种色彩正是改革时代初期一些作家所

---

① 对80年代中期关于语言危机的论述参见王 1996:313—14。她探讨了李陀具有极强说服力的观点:这种危机达到了高峰,并通过80年代中期的寻根和创作实验学校的开办来发现实际的解决办法。我认为语言的后毛泽东主义问题在改革初期的文学作品中就已经得以展示。但可能主要是因为语言如何再现经验的最基本问题是现实主义体裁的基本要素,任何一位试图用语言来构建真实世界的作家都必须面对语言的力量及其不足这两方面问题。
② 参见刘 1995。

要竭力规避的。

但是,如果认为他们能够重新发现一种不妥协的语言来描述经历、表达意义未免太过简单。书写和实践都不可能被话语的历史所净化,我们生活的世界无法离开对过去的再现。因此,任何一种追求创新并希望留存后代的文学都要运用旧的方法来谋求新的形式。这样,张洁和20世纪80年代其他作家一样,陷入了一种无法解决的困境,他们都试图用承载了沉重的历史的语言赋予经验以意义,同时用写作来创造一种新的(更隐私和自主的)经历。

这些作家解决这一问题的方法之一就是通过嘲弄语言的有限力量来回到被主题化了的语言本身。在某些方面,这是一个时代的问题:它既是一种痛苦,又是一种对语言与"现实"的脱离这一现象的自嘲。例如,麦克·弗罗里克在其20世纪70年代后期所做的访谈中提到下乡知青用不恰当的术语来为其养猪的失败提供理论依据:"内部矛盾(猪本身)是主要矛盾。"① 在谌容的小说中,记者们可以承认一个小村子经济上得到改善的秘密,但这个秘密却无法公之于众。② 古华的小说《芙蓉镇》的结尾是非常乐观的,镇子上那位热衷于搞政治运动的人被称为"运动魔王",最后被送到收容所时嘴里还念叨着那些已成为陈词滥调的口号。③ 在张贤亮具有悲观色彩的小说《男人的一半是女人》中,人们都害怕那个由于政治运动成为"哑巴"的人有一天会突然开口说话。④ 我们在第二章谈到的陆文夫的《美食家》中也发现了语言本身的问题,并对其效力提出了质疑。有些人一开始认为老高对食品所做的唯物主义分析是谎话,但最终它变成了仅仅是毫无实际内

---

① Frolic 1980:11。
② 谌(1982)1987a。
③ 古 1981,1983。
④ 张贤亮 1988。

容的空话,不能再阐明现在或是断言未来。①

《爱,是不能忘记的》比上述任何作品都更早地表现了对语言问题的兴趣。小说对这一方面的探索开始于故事一开头珊珊对男友乔林的失望。珊珊把男友描述为希腊雕塑,一开始并没有像她母亲一样注意真理和写作的问题。乔林除了"是"或"不是"之外无法清楚地表达对事物的看法,她依此分析了男友的弱点。他的弱点主要体现在木讷上。珊珊这样说道:

> 我和乔林相处将近两年了,可直到现在我还摸不透他那缄默的习惯到底是因为不爱讲话,还是因为讲不出来什么?逢到我起意要对他来点智力测验,一定逼着他说出对某事或某物的看法时,他也只能说出托儿所里常用的那种辞藻:"好"或"不好",就这么两档,再也不能换换别的花样了。当我问起"乔林,你为什么爱我"的时候,他认真地思索了好一阵子。对他来说,那段时间实在够长了。凭着他那宽阔的额头上难得出现的皱纹,我知道他那美丽的脑壳里一定在进行着紧张的思维活动。我不由对他生出一种怜悯和一种歉意,好像我用这个问题刁难了他。然后他抬起那双儿童般清澈的眸子对我说:"因为你好。"我的心被一种深刻的寂寞填满了。(103;1—2)

当珊珊审视她母亲所爱的人和自己的男友时,她的这种寂寞变得更加

---

① 最近一位评论毛泽东时代以及以后文化转型的评论家特别提出了语言实践的变化,这些变化也带来了经验的变化。杨东平1994年在一篇文章中指出:"解放以后……领导的用语成为官方的和标准的用语,儿童离开摇篮后很快就接受了这种用语。"他描述了一种新的社会禁欲主义者如何变换措辞,降低爱和婚姻这些词语所暗含的亲密意义,这段描述对我们这一章的探讨也具意义:"在这种新的、松散的结构中,爱和婚姻被认为是'私事',但它们却被一种结构所限定,这种结构组织并使它们系统化。"

可以理解了,这种寂寞不仅仅来自语言的缺失:"他准是以一种强大的精神力量引动了母亲的心。那强大的精神力量来自他成熟而坚定的政治头脑,他在动荡的革命时代出生入死的经历,他活跃的思维,他工作上的魄力,方方面面的修养……而且——说起来奇怪,他和母亲一样喜欢双簧管。"(112—3;8)①事实上,这是一位可以与之交谈多年的完人。这对恋人之间的对话一直是单向的,这一事实使得这种对话很容易持续下去。但有一点是肯定的,那就是,最重要的是两个人都热爱语言并明白语言的力量。和珊珊与乔林不同,他们有很多话要说,但却苦于没有机会。钟雨把所有的感情都倾注在日记中,却不能直接指涉这种"不正当"的关系。所以她的日记只是些谈话的碎片,她无法试图描述她的爱、她的爱人或者她自己。《爱,是不能忘记的》正文甚至都没有真实地再现一个表意清楚的世界,它只是运用了一种世俗的但却无感情色彩的语言。

珊珊和钟雨都没有找到一个可以真正交谈的对象。她们的语言生活有一种唯我主义的特质:她们阅读,至少她们中还有一个人写作。她们梦想能用语言来表述变化着的现实,表达自己的内心世界。她们都对语言充满了信心。虽然生活没有为她们提供合适的可交流对象,但她们从不怀疑谈话的价值以及写作能够描述她们共同的世界的力量。

虽然语词在小说中并没有得到充分的展现,但它们的确具有某种真实的力量。也许我们在文本中看到语词的最直接效果就是钟雨的日记对她女儿的影响。这种效果并非有意而为。钟雨已经让珊珊把她的日记本和那套《契诃夫全集》和她一同火化。在记日记时,她想象

---

① 双簧管这一词语在汉语中暗含着一种关于恋人的意象。描述无间的友谊还有另外一个词:同音,或倾听同一种声音。

中的读者没有别人,只有她自己,即使那位被她想象为对话者的老干部也不在读者之列。但是珊珊却不忍毁掉日记,阅读日记改变了她的生活。她甚至在阅读日记时重新评价了自己的母亲:"起先我以为那不过是她为了写东西而积累的一些素材。因为它既不像小说,也不像札记;既不像书信,也不像日记。只是当我从头到尾把它们细读一遍之后,渐渐地,那些只言片语与我那支离破碎的回忆交织成了一个模糊的形状。经过久久的思索,我终于明白我手里捧着的,并不是没有生命、没有血肉的文字,而是一颗灼人的、充满了爱情和痛苦的心,我还看见那颗心怎样在这爱情和痛苦里挣扎、煎熬。"(109;6)在阅读她母亲为自己所写的日记片段时,珊珊超越了没有生命、没有血肉的文字。当她设想母亲长期的煎熬时,她甚至也想起了一些事情。① 并不是文本本身使她思绪万千,而是她母亲的去世使得她用一种新的方式来阅读,这些方式通过她使某些事情变得温暖而富有生机。

语言的这种激发情感和想象力的能力在小说的其他地方也有所提及。钟雨的一位作家朋友在夸赞她的生花妙笔时曾说"光看你的作品,人家就会爱上你的"。(107;4)钟雨的皱纹和白发酸楚地回答了他。她的朋友提及了她语言的力量,但钟雨却展现了它对描绘真实生活的无能为力。

当然,这只是对语言再现能力的字面理解。但在更深层的意义上我们依然无法确定书写语言给予了我们什么样的世界。也许故事中最触动人情感的是日记使得珊珊做出了不结婚的决定。"每每我看着那些题着'爱,是不能忘记的'笔记本,我就不能抑制自己的眼泪。我哭,我不止一次地痛哭,仿佛遭了这凄凉而悲惨的爱情的是我自己。

---

① 请注意 struggle 这里所用汉字是"挣扎",与本章开头的引文中使用的政治术语"斗争"是不同的。

这要不是大悲剧就是大笑话,别管它多么美,多么动人,我可不愿意重复它。"(121;14)如果这种爱不是悲剧,也是滑稽剧。它到底是什么?人们该如何决定?甚至珊珊在母亲日记所记录的情感的感召下,也无法得出结论。但最后她毫不犹豫地选择了不做什么。

小 结

《爱,是不能忘记的》把我们带入了一个空间。在那里,伦理和政治既互相交叉又相互分离。珊珊所做的决定或多或少出于自己的意愿,这是一种为自己的未来负责任的举动。在小说结尾时,她澄清了自己的价值观念,使自己的生活和愿望摆脱了以传统观念衡量她的那些人的束缚。一旦决定,她就表示出这一决定似乎不是为自己而是为许多人而做的:"我真想大声疾呼地说:'别管人家的闲事吧!让我们耐心地等待,等着那呼唤我们的人,即使等不到也不要糊里糊涂地结婚。不要担心这么一来独身生活会成为一种可怕的灾难。要知道,这兴许正是社会生活在文化、教养、趣味……等等方面进化的一种表现。'"(122;15)我认为,这是一个非常经典的道德抉择。这种重要抉择的基础在自我中已经被发现,同时这种选择也具有普遍性。叙述者代表"我们"呼吁,表明她对个人自主性的浪漫主义观点不但对一种情况、一个人适用,对占据着更广阔的社会甚至文明领域的许多人都适用。

当然,这一明确的抉择来之不易,它需要前期大量的铺垫工作。这种抉择的自我能力是一种新的建构,它建立在毛泽东主义话语的碎片之上,运用了这种话语的某些力量。例如,珊珊所展望的更好的社会和文明,是更加开化快乐的社会和文明。她的伦理设想中并不包括任何政治成分。这样,这位"与共和国同龄"的年轻女士把个人的伦理选择与同国家相关的公民义务区分开来。同时，她也通过最后充满感情的呼吁把个人与社会区分开来。

我们这些受过启蒙思想的影响，把伦理和政治、私人和公众、个人和社会区分对待的人很难理解钟雨及其恋人的处境。很显然，她和那位老干部在工作时不乏见面的机会。他们不仅仅是因为不愿意给别人带来痛苦而恪守"一切为他人"的传统道德观念，而且，也许更重要的是，他们都认为当初他选择的没有爱情的婚姻是正确的。钟雨崇拜她的恋人，因为他"毫不犹豫"地娶了为革命献出了生命的老工人的女儿为妻。这位老干部被想象成为了工作和孩子而维持婚姻，不想因为感情而惹任何麻烦的人。这样，从小说中可以看出，在那个时代做出决定是件非常容易的事；劳动人民永远是正确的，改变不公平的旧政体的任务永远被置于首位。个人的欲望可以存在——虽然没有可被运用的语言来表述它们，可人们依然想知道它们的存在模式将会如何——但它们永远要位于集体利益之后。

张洁在小说中塑造了优秀共产主义者钟雨这个人物，目的在于创造一种自我并质疑其力量和局限。她的女儿珊珊勇敢而充满希望地迎接着作为一个伦理个体完全无法想象的未来（必然要适应市场经济），但钟雨却栖身于责任、爱情和（部分的）过去之中。她没有寻求选择的自由，她唯一的反叛只是坚持写作以保持自己的想象。正如她的女儿指出的那样，她的处境或者具有悲剧色彩或者异常滑稽，可是二者都不是人所希望过的生活。但至少她的生活有真实的影子。她的故事在当时是可信的；她暗示了后"文化大革命"时期"自我"依然受公众道德观念的限制，同时她至少也虚构了一种可以回忆的过去和可以记录的现在。尽管珊珊的前途并不确定，但她对一些人还是具有鼓舞意义的。我认为许多中国读者也和我一样更喜欢小说中关于钟雨（甚至是那个老干部）的部分。

第四章 书写自我:个人的罗曼史

张洁为改革时代早期的读者展现了一种主体性和经验的形式,这种形式充满矛盾,而且是不可调和的矛盾。我理解她的这种矛盾心态,而且我也要像她一样写作,即不急于做出判断。毕竟,完全自主的自我并不非常真实。而且无论它如何把所面临的抉择界定在伦理价值——也就是普遍的(或者说可以普遍化的)价值观念——的框架内,这种自我也无法脱离政治而存在。那种使钟雨和珊珊可以被大众理解的价值观念(regime)使得张洁在涉及语言危机的同时也消除着语言的局限,这种价值观念既反映了1976年后国家政治的巨大变化,也折射了使语言和日常实践充满力量和局限的理论政治。

也许正是这种介于伦理和政治之间的含义吸引我自20世纪80年代早期开始多年以来一直关注着中医界的视角。这种视角无法忽略政治,但是却从经典伦理领域获得某些治疗手段。"改革"年代初期,公众价值观念的变化对这一职业也具有明显的影响。那些叙述自己生活和治学经验的老中医们充分描述了这种变化着的局势的复杂性。他们认为,医学资料相当复杂,无法完全调动起来,他们强调的是自身从过去丰富的材料中汲取营养的方法,而这一做法的目的是为了能高效而负责地进行诊疗工作。他们的写作各具特色,但却不能称其为作品。通过从资料中获得知识,从日常诊断工作无法预知的挑战中积累经验,他们总结了行医和教学所走过的主要道路。为与改革时代早期的发展趋势相吻合,对这些文章的挑选都尽量做到了去政治化,但它们也不能被看作是自由的选择。相反,它们饱受着过去的经验、过去的写作以及可以实际收录于回忆录和学术研究之界限的限制。这些限制与指导任何医学实践的伦理并无大的不同之处。医生们每天要面对病患,同时也握有治疗病痛的武器,他们要寻求的只是相对而言明白无误的好方法。那么,《名老中医之路》并不希望在"社会"甚至"国家"的层面上追求任何真正的自主性,这也并不令人奇怪。事实上,他们把自己的位置限定于一种国家传统或者国家实践机制之中。

这似乎是一件微不足道的工作,也许还有些乏味。但当时在中医领域中存在着一种高度的乐观主义精神和激情。我在1982年到达广州中医学院时,就发现了这个领域正在复苏并具勃勃雄心的许多证据;医学工作的每一个方面和学院的每一个系都在拓展,而且这一领域中的文献也已在当时大量出现。一个新近复职的学术和诊疗领导阶层也与党的干部共同分享权力。20世纪70年代中期开始招收的那些工农兵学员也将毕业,而且校园里有几个研究生项目方兴未艾。在其他方面,那种可以被称为毛泽东时代之后的"拨乱反正"所带来的悄然变化也正在进行。其中之一关系到了我。

分配给我的导师是历史学家和哲学家黄吉堂。领导上这样的安排对我们两个来说都是一种荣幸。黄教授刚刚恢复工作——我后来听说他在1957年被打成了右派——我是他第一个研究生。这对于他来说具有里程碑式的意义,进一步表明他的地位被重新确立。另一方面,很显然,校园中所有人都把他看作知识的宝库。无论在他政治上受迫害的年代里人们如何虐待他,现在都表现出从未怀疑过他思想敏锐、知识渊博以及对传统医学做出过贡献的样子。我希望能从他身上学到很多东西,而我也确实学到了。

事实上,我学到的东西太多,无法在这里一一赘述。而且我学到最多的、同时我也最看重的,却是一些无形的东西。黄教授在课堂上对我的帮助很大,他批改我的笔记,详尽说明老师们(可能)说了什么。他还指导我额外阅读了哲学和历史方面的文献,在这方面我所做的努力远远超出了我们两人的想象。一段时间之后,他又开始评述自己早期的学术研究,解放前他在香港研究哲学,回到大陆之后继续研究马克思主义和医学史。我们发现彼此共同感兴趣的是实用主义哲学(他给我讲述了杜威的思想,我也给他介绍了一些罗蒂的观点),同时我们又都热爱马克思和毛泽东著作中表现出的活力。他给我解释了道教经典和医学经典之间的关系,并阐明了自己的观点。我们从未谈起过"文化大革命"。

我现在还保留着许多上课时留下的纸片,它们只是一些文章的片段或个别的字,还有一些不知出处的图表,表示我们那时曾经阅读过的草草记下的文章页码。有些甚至还茶渍斑斑。我现在已经记不清这些标记曾经代表着什么。但一看到它们,我就想起了我们是如何克服语言上巨大的障碍(他的南方口音和文学典故使我很难理解,而我蹩脚的语法和有限的词汇对他也无疑是巨大的挑战),但我们渐渐在语言中和复杂的历史文献宝库中分享了一种快乐,至少我感觉如此。在广州的那些日子已经远逝了,但在那里的日日夜夜至今依然留存于我的脑海里,挥之不去。这些散乱的笔记依然能让我回想起爱的感觉。

第五章　性科学:行为的再现

> 至少从表面上判断,我们的文明中不包含色情艺术。这样,毫无疑问,这是唯一的可以实践与性知识有关的作品之文明;或者可以说是唯一的一个已经发展了几百年的讲述性真理过程的文明,这种真理以知识—力量为形式,与艺术传授截然相反,是一种绝对秘密;我在心里承认这一点。
>
> ——米歇尔·福柯

从20世纪80年代中期开始,中国的现代化带有了更多的性色彩。一些与性直接相关的文学形式——色情小说和杂志、家庭性保健手册、性医学、著名的情爱小说、诸如哈夫洛克·埃利斯的《性心理学》和金西报告等翻译作品、对中国古代色情作品艺术的研究、一种叫男科的传统医学新分支——相继出现并在国家不再直接控制的书市上大受欢迎。在日常生活中,人们可以看到的性别差异——服装、化妆品、姿态——在一段时间内表现异常显著,在年轻人中间尤其如此。服装中的褶边、缎带、金属饰片、绸缎受到了女性的青睐,而皮夹克、牛仔服和摩托靴也受到了男性的欢迎。① 许多城市里出现了新型的商店，店员们身穿白大褂，出售计划生育产品、避孕套、草药制成的春药，还有以门诊的方式提供的与性有关的帮助。到20世纪90年代末期，中国拍摄的电影中有关性的镜头已经成为一种惯例。北京观众曾说"情爱镜头"对于电影来说现在已必不可少，甚至一些有关家庭的电视节目也越来越公开地提及婚姻和非婚性关系。

与此同时，从20世纪80年代早期开始，通过性传播的疾病发病率逐年上升，商业化的性服务也开始蔓延。1990年以前，不仅在城市，而且在乡村已经出现了治疗性病和"男性不适"的特殊门诊。我认识的一些没有掌握什么新的医学知识、在村镇开小诊所的医生也开始发明或是研究性病和性功能紊乱的治疗方法。②

这样，从20世纪80年代晚期开始，很多场所都在公开谈论一些可与性相关的活动。其中包括作为本章的主要论题之一的国家性行为调查，它明确地承认了性话语和性比喻在公众中的激增现象。例如，该调查的第八个问题是针对大学生的问卷调查，列举了以下可能获得"性知识"的来源：报刊杂志、中国影视、外国影视、文学艺术、医学或大众健康杂志和色情读物。其他问题，尤其是关于性冒犯的第35题，提及了家庭电视、公共剧院、娱乐中心和"地下录像厅"。

并不是所有的人都拥有平等地获得这些性知识的机会，但是它们却数量繁多且流传广泛，其影响遍及处于快速发展中的中国的每一个地区，从大城市到村镇的街头巷尾比比皆是。比方说，通常设于火

---

① 日常生活中这些明显的方面在上世纪80年代中后期保守的北方尤其引人注目，这种趋势在南方城市上海和广州发展的更早些。但是到1987年以前，当我在山东农村工作时，具有明显性别特征的各种服装式样在离大城市很远的县城已经相当流行。不过，在农村，由于受体力劳动的限制和毛泽东时代遗留的道德观念的影响，单一性别的服装仍占主导地位。我认识的一个年轻媳妇为自己做了一条裙子，但只是晚上在家里才敢穿。当她不得不穿着裙子出去把牛赶进牛棚里时，她希望任何人都不要看到她穿着这种丢人的服装。
② 关于改革的中国日常生活的性欲化问题，参见 Dutton 1998:131—32，该评述简洁，但很有意义。关于小诊所医生的论述参见 Farquar 1996。

饕餮之欲：当代中国的食与色

这是一个农村家庭，主妇在赶集日做缝纫活。他们特意为拍摄换了衣服。主妇穿了裙子，她的女儿穿着她做的带花边的公主裙。这种服装在几年前是不可想象的。照片由作者摄于1990年。

提供服装的照相馆把样品放在门外供顾客参考。作者提供。

车站和汽车站附近的录像厅,白天放映主流电影——主要是香港和美国的功夫片,有时也放一些大片——晚上却放映明显带有性色彩的影片。相当数量的人认为这种服务可望不可及,有人告诉我说没有人会冒险在家乡(夜晚)经常光顾这样的地方。旅游者经常光顾的地方也备受一些哗众取宠的印刷品的青睐,这些印刷品对暴力比对色情更感兴趣。在我去过的地方里,火车站附近比其他地方更容易找到色情杂志,不

1991年的健康杂志《健康之友》。封面上是一位年轻的女模特。封面也宣称里面包括一篇关于女同性恋的文章。

过社区的报亭有时也会出售少量的非法出版物。有些书店藏有大量的色情作品,虽然不公开展示,但是想——或者敢——问的人还是可以买到的。①

虽然大量出现的色情作品大部分是关于异性恋的,但北京和其他一些地方时常也会出版一些有关男同性恋和女同性恋的出版物,性学研究文献也常把同性恋作为话题来讨论,但这些讨论表现出不同程度的反对态度。在一些大城市,具有易变特征的男同性恋亚文化非常兴

---

① 关于北京和上海等地"淫秽书籍"的论述参见 Tani Barlow 即将出版的著作。我这里的观察也得益于与 Tani 一同探讨不光彩文学的那几个令人快乐的下午。

旺。① 2001年春,北京的报纸报道说新出台的《中国精神疾病的分类及诊断标准》把同性恋从官方认可的精神疾病清单中删除。② 手淫引起了大量的讨论,大部分人认为这种非社会性的行为是自然的,但对健康不利。

同时,带有鲜明性别色彩的日用品在公共场合也非常多见。改革时代中国的广告很快就采取了这一策略,他们在洗衣机广告上画上魅力四射的模特,而且许多非常严肃的家庭杂志——关于健康、家居装修、缝纫——的封面上也有性感女性的照片,她们服饰鲜艳、珠光宝气(或是佩戴其他饰物),这些诱人的形象与出版物的内容并无多大联系。进口或是国产的电影、电视节目也公开描述性关系,同时其他媒体也描述亲昵行为,这一切都开始与我们所熟悉的美国场景相似。

事实上,这种明显沉湎于性(以及沉湎于商品和暴力)的街道生活不仅仅是与美国相似,而且大部分就是从美国引进的。③ 无论中国城市日常生活具有什么文化特性,这种特性都不可能只由文本材料体现,其部分原因在于这些特性的来源在很大程度上与构成北美日常生活的书籍、杂志、电影和电视节目相似。美国畅销书和经典书的译著占据了大部分媒体产品市场,北京的一些书店除了美国、欧洲和日本的译著之外几乎没有其他书籍。换句话说,急风暴雨般地席卷了中国市场的性与在我们生存了几百年的欧美西方文化中的性具有完全相

---

① 参见 Rofel 1999b。
② 冯 2001。
③ Michael Dutton 在《中国街道生活》(1998)一书中对中国大众文化和日常生活运用了文化研究方法,因而"街道生活"这一术语在中国文化研究中与"文化"和"社会"具有同样重要的作用。

第五章 性科学:行为的再现

同的性质。①

虽然其多重性和商机几乎没有为思想提供空间,但这也许只是表面现象。无论在何种情况下,人类学家总是要思考这些全球化文化实体在当地所体现的意义。例如,中国历史上20世纪五六十年代鼓励提高人口出生率的宣传以及八九十年代的计划生育运动都暗示着甚至仅在20世纪后期,性的意义就曾发生了几次变化。一旦那种可以通过一种关于缘分和婚姻的复杂政治来维持家庭和财产的复杂体中的一个组成部分发生变化,性也就随之改变着自己的功能,这在把个人和工作单位作为许多政策目标的毛泽东时代尤其如此。20世纪50年代的中国在集体化之后,旧的家庭模式已不再受到重视,那种以繁衍后代为目的的主体性也发生了改变,甚至在以这种模式世代生存的广大农村,情况也是如此。性成为了语言中的禁忌,而且(正如我在第二部分导言中指出的那样)所有的激情已经转向了为国家利益而进行的集体劳动。曾几何时,模范母亲由于为社会主义建设多生了孩子而受到嘉奖,因为按照当时的逻辑,正确运用越来越多的劳动力可以应对国家发展中遇到的挑战。但是,到了20世纪80年代早期,中国开始实行了严格的计划生育政策。随着各行各业的中国公民——农民依然需要繁衍后代以维持家庭生产,工人的"铁饭碗"被打碎,白领阶层把金钱凌驾于家庭之上——为适应新的政策和新的市场形式调适着自身的欲望,性在生活和经验中的作用再一次发生了急骤的改变。本章中所探讨的材料表明,从20世纪80年代中期开始,性欲已经成为生活的一部分而不再仅仅是繁衍需要或对国家的责任。性

---

① 福柯 1978。说"性"在美国文化中占一席之地并不意味着那些挂历、音像制品、广告、色情电影等等都是在美国或中国境外其他地方制作的。许多,甚至可能是大部分这类产品都是模仿"发达国家"的模式在中国制作的。模特和演员可能是中国人,但形象却是某种舶来的现代性。

已经以一种全新的方式成为一个独立的话题。虽然当时性欲在中国越来越像是资产阶级个人的特征、一种个人快乐的源泉、一种需要道德监督的社会力量——换句话说,根据世界主义的标准,是非常"正常"的——但是它在当时的快速出现无疑赋予了它一种特殊的迫切和魅力。同时,正如我在第四章已经探讨、在后文即将探讨的那样,这种世界性性欲的自然化也是个性化的一种形式,这种形式与中国社会科学尚未陈述的假设及其现代知识产品的其他形式有着一定关联。

可以说,目前大量出现的性感形象在激起人们的性感觉和向没有经验的青年传授性方式的同时,也传达着一种现代和富裕的普遍化想象。当然,这一点对于那些在自己的家中展示着(或多或少)带有色情意味挂历的人来说通常确实如此。例如,在农村新婚夫妇的房间里,除了陈设着嫁妆家具和漂亮的灯饰之外,还有些近乎裸体的、被(虽然并不总是穿着)各种来自世界各地的商品包围着的女性图片。例如《花花公子》杂志,现在的模特不仅仅是欧美人,还有亚裔人的形象。[①]这些形象所传递的信息是复杂的,与其消费者当时关注的事情是分不开的。这类事情包括:在大多数婚姻依然由家长安排的农村,配偶的选择和家庭规模最小化的政治;与此相关的政治包括把夫妻性欲半公开化的计划生育政策;人人都要参观"新房"的结婚仪式的表述性要求;最近房屋建设对农村耕地的占用使得某些乡村地区工业化;年轻的农民企业家与大一些的城镇和城市之间商业联系的需求;毛泽东时代之后出生的年轻人与其节俭的父母之间的差异等等。也许这一切都可以归结为一种"农村发展的现代化",性感挂历中的艺术形象在这里起到的作用是为它的主人提供一种全新的、雄心勃勃的想象。在这

---

① 参见 Schein 1994。

种情况下,仅仅把这些形象看作是狭隘而直接的性欲似乎是无益的。①

新房并不是把女人图片钉在墙上以供欣赏的唯一地方。我经常发现人们把它们悬挂在全家经常活动的房间里:用餐、儿童戏耍、会客、做针线以及家庭活动的场所。张贴的方式与其他挂历别无二致:毛茸茸的小猫、长着酒窝的婴儿、受大众喜爱的音乐明星或是荷兰的郁金香园地。很显然,这种挂历在此所展示的是一种普遍化了的现代、富裕和世界主义的形象。

美也是一个问题。我认为这一点在山东一座小镇上的一个摇摇欲坠的小餐馆表现得尤为明显。在后屋(营业时间之后这里既是卧室也是起居室)那面破败的墙上贴着十二张大的挂历纸。这些色彩绚丽的照片展现的是一些亚洲模特,她们都穿着高跟鞋,比基尼外面罩着华丽的皮草。1991年夏天我经常在这家小餐馆吃饭(老板的手艺不错,他热切地揽着一切可能的生意)。我经常和服务员——她一星期在这里工作六天,一个月回遥远的村庄两次看她的五个孩子(这么多孩子是不合法的!)——闲聊时得知,这些图片让她快乐,因为她们都很漂亮。当我问她想以何处为背景照相时,她毫不犹豫地选择了那面墙。

我们可以把这种贴画的方式解释为对女性的侮辱。可以说,很多妇女并没有察觉到这种侮辱。但如果努力去理解现代中国生活中这种表面的性感如何影响人们的欲望和满足,我认为会出现许多有趣的问题。这种问题可能会关注某些特定的方式和过程,通过它们,一种对以性活动和"试图阐述性事实过程"为中心的肉体生活的相对新的阐释真正触及了现代中国人:换句话说,是大众文化的全球化革命如

---

① 参见 Louisa Schein 关于贵州省苗寨和乡镇人的现代性形象展示的重要著作(2000)。她的著作有助于我们理解当代中国现代性与性欲之间的关系。关于中国现代性概念的其他重要研究包括 Anagnost 1997, Litainger 2000 以及 Rofel 1999a。

何改变本地人的生活(或者并不触及生活或为其提供新的能力)。

例如,观者是否把这些形象变成了幻想描述?当男人们与妻子做爱时是否在幻想着香港、新加坡或是好莱坞女人?他们的妻子介意吗?他们的妻子是否把自己当作那些女人或者幻想她们由此而出现的性冲动?那些穿着细细的高跟鞋和皮草的形象是否出现在人们的意识中?如果答案是肯定的,什么时候?在实际中,我们将如何得知这一层次上会发生什么?我认为,人类学研究并没有特别的办法涉猎这种经验。也许全球这些代表着富裕、现代和标准女性美的海报女郎正深入中国男人的心并在中国夫妻的床笫之间暗暗地起着作用。但是,仅仅出现在墙上或市场中的这些形象并不足以揭示她们所带来的主观效果的实质。我们当然不得不相信人们所言:富裕、美丽和现代是色情形象消费的重要元素。但是,如我后文所述,我们不能从这些现代的形象中排除性的因素。相反,我们必须假设,在某一段时间内现代的东西是性感的,同时性的明显表现也是现代的。

因为北京、山东、广州以及中国其他地方的居民很明显倾向于认为现代的都是完美的,同时也因为我并不确信色情经验可能会需要权威的建议,所以我也必须假设中国的身体生活的各方面是变化的,同时,性感形象的商业传播与这些变化有一定的关系。换句话说,我对已经出现的欲望的新刺激力量感兴趣,但我又不想尝试着把那种欲望表现得淋漓尽致。在这里,我也认为任何一种这样的尝试都不会成功。

那么,在这一章,我假定在中国已经存在一种叫性欲的客体,它与全球的现代性有着一种特殊的关系。科学通过调查研究的方式调适着这种关系。这样,在下文中我将把重点放在性学研究和性教育的某些特定方面,在这两个新兴的(同时又是紧密联系的)领域内,系统的数据收集和分析以及普遍专业知识的权威性共同使特殊的欲望和实践形式具有真实性。通过科学方法中典型的具体化和简约化方法,出现在中国大众文化主流中的"性欲"问题逐渐被自然化和普通化。正如布尔迪厄在其他语境所言,历史正在转变成自然。

当然,这种历史并非与政治毫无关系。这里我将简单考察几个新的项目:"性行为"调查研究以及与肉体直接相关的正规性教育方法。在这些项目中,改革时期出现的许多广义上的社会和政治困境都可见一斑。同时,这些性欲化了的、被关注的客体在创造了明显引起他们(和我)兴趣的经验之特别形式的同时也闭锁了它们。虽然关于性行为和肉体的问题在科学和教学上已经出现了权威性观点,但是这些领域的专家提出更宽泛的文明化项目建设依然非常重要。这种文明化的项目试图采取与上述大部分大众喜爱的材料在某种程度上不同的视角来定位身体。不过,这种社会学调查中的"官方的"性以及正规的性教育非常有趣,因为它包含着科学的权威和全民的兴趣。①

性知识典籍

科学与写作同样都是一种再现的实践。但是它与第四章探讨的现实主义小说不同。主要区别在于它坚持所再现现实的独立存在。布鲁诺·拉图尔和史蒂夫·伍尔加在其关于科学实践的经典研究中指出:"客体和关于该客体的陈述之间的联系力量来源于在实验的语境下对某一陈述的分裂和转化。"②伍尔加在其后来的著述《科学,真

---

① 关于在20世纪中国科学的地位,参见 Kwok 1965,汪 1995,和 Simon and Goldman 1989。
② Latour and Woolgar 1986:77 分裂和转化这种语言也被运用于精神分析中。虽然在这里我并不打算做精神分析性的阐述,但当我们所关注的是社会心理学研究时,重提分裂和转化的精神过程是尤其有用的。这一产生于社会学和心理学研究的统一体也许尤其有吸引力,这主要是因为它们可以通过相同的"逻辑"程序,运用精神生产过程来明确表达出知识生产过程。

正的理念》(*Science, the Very Idea*)中详细地阐明了分裂和转化的过程。① 他指出了这一过程的五个步骤或曰阶段,认为科学通过这一过程分裂了一个看似自然的客体,把它置乎"其外",而且转化了它与再现工作的实际关系。这种实验室科学中的知识生产过程,在阐发中国现代性学的社会学研究中也清楚可见。理解某种自然物体在科学实践中的存在方式可以帮助我们理解改革时代出现的其他普通客体。伍尔加关于科学发现的五个步骤如下:

1. 首先存有文献或"踪迹"。这包括关于外国性学、关于性传播疾病的流行病学、对强奸、卖淫或色情文学的最新统计数字的经典著作。这些文献毫无疑问被认定是属于性的领域,可能比任何个人的经验都既狭隘又宽泛。

2. 研究者对文献的各种题目进行重新组织,并把它们界定为一种诸如"中国性行为"这样的新的(假设的)客体。根据手头的文献,这种客体的存在似乎是有道理的,尤其是它们包含着一种性的形象,这一形象既是自然赋予人类的,又在特定的集团中为社会和文化所折射。这些文本提出了人类自然的普遍模式,这些模式在关于性的全球性话语中得以创造和接受。这些文献依赖的并不是区域印象或假设,而是国际认可的社会科学研究方法。这样,社会科学面临着关于性的、不断变化的"常识"这样一个研究课题,在中国境内进行的调查正是基于此。任何一个社会学家都知道,界定这一对象需要花费相当的努力,其目的在于保证研究的连贯性和清晰度。必须剔除那些肮脏的色情成分和理论上的论争(例如关于"本能"的争论),确立被纯净化的行为客体。

3. 在实验中,客体和文献(再现或踪迹)都呈独立存在之势。换

---

① Woolgar 1988:68—69。

句话说,它们被相互分离。例如,下面将要讨论的性调查就基于中立的立场(即不提供任何居先评价),问及的问题可以使被调查者真实地陈述自身过去的性经历和嗜好。这些经历和嗜好可以被认定为在实施调查之前就已经存在,同时在调查之后仍不会改变。问题后面的多重选择项非常关键。这样,这一调查手段必须假定"性行为"的存在是独立的,不受这些书面问题以及作为其基础的细致社会学范畴的影响。

4. 以此种方式构成的自然客体促成了新的文献,这些文献又真实地再现了自然客体。调查的结果反映了"中国性行为"。镜子的隐喻非常重要;性行为这一被反射的客体在调查报告这面镜子中,抽象而疏离地存在于彼地。对于制造精确的形象而言,镜子本身是一种被动的、可预知的技术。虽然研究者也许会承认,他们所假定客体的反射形象会存在一些问题——调查的措辞会使数据不尽真实,同时也无法避免所有的偏差或其他"方法恐惧"——但是研究的结果仍具有意义,可以为真实的行为提供客观的描画。① 无论是否进行研究,这种真实的行为都存在于"彼地"。

5. 最后,研究者否认,或者忘记第一至第三步。他们藉以假定中国性行为独特范畴的纯净化过程以及决定如何再现这一范畴的各种社会过程(以及可能被忽视或延迟的可能性)都不再是这一项目官方历史的一部分。相反,客体被表现为永远存在于自然之中;在中国历史的某一特定阶段,它开始要求通过科学实验加以系统化定性。调查的结项报告、严谨而科学的语言都表述了性到底是什么,并严格地界

---

① "方法恐怖"是 Woolgar 的术语(Woolgar 1988:30—38)。关于客观描画这一问题,请注意 Woolgar 把再现定义为"我们对处于'彼地'的客体产生形象化描绘(反映、再现、报告)的方式"。同时他又指出:"再现不仅对科学,而且对任何一种基于客观主义认识论的所有实践都是自明的,简言之,对宣称所有超越其自身的活动都是如此。"(30)

定了中国的性行为:它是自然生理需求,根植于个体之中,受社会和个人知识水平的限制等等。

那么,分裂和转化就是可以把色情活动自然化和具体化为"性行为"的再现实践。关于性行为(特定的中国式的存在)的初始文献和相关研究活动都与性本身无关。性行为变成了非文本的客体,只是特殊的文本形式、调查问卷以及一系列统计报告的目标。它脱离了文献这一原始家园,置身于许多以获得知识为目的的困惑之中。那么这一客体就被自然化到一定程度,这时它成为展现于新的、总结了研究结果的文本中各种简单反思的源泉。

我认为有一点必须指出,那就是拉图尔和伍尔加关于科学研究实践的论述并不否认科学所关注客体的现实性和物质性。他们只是试图提出这种客体相对于人类活动的自主性,换言之,这些客体脱离人类知识活动的纯自然属性。与此相类,我也不否认中国性活动的现实性和物质性,相反,我相信存在于中国的色情生活之真实性和可能出现的多样性,这也是全书关注的焦点。很显然,中国人已经设法运用基本而普通的方式完成传宗接代的任务,同时,他们也和我们其他人一样有欲望的冲动,并寻求各种身体的快乐。正如我在第二部分的导言中对杜晚香的故事以及我将在第六章中讨论的那样,色情活动和性快乐可能与许多处境有关,并使许多种动因得到满足。但是,这种认识是通过区别性行为与非性行为来阐述那些可以明晰地界定性行为的重要性的,同时它也坚持,通过社会调查的研究方法来找到定性当今性行为普遍状态的客观途径也同样是非常必要的。性是一个术语,它在为某些活动提供明晰的分类框架的同时抹杀了其他不甚明晰但将来可能会更加有趣的色情真实。

但是让人焦虑的是,鉴于这一范畴的影响力和诱惑力,人们会轻率地想象或是相信某一特定的性范畴。甚至在回答调查问卷问题或阅读杂志上关于性科学的某篇文章这一特定的时间内，读者对其自身经历的理解都可能经历某种再组织的过程。如果所涉及范畴与现代性、解放、自然和科学这些积极的价值观念相关，那么上述变化极有可能发生。更好地理解这种转型过程的出发点在于运用具有影响力的新话语来描述新的、散乱的客体。那么，在本章中，我将讨论被性调查所"发现"的性活动的独特特征，考虑这一发现与关于"文明"的标准话语之间的关系，最终再回到没有被再现的、容易被忽视的性本身上来。

对性的想象

田野工作者所能了解到的文化性征从某种程度上说是想象性的。我怀疑，试图拼合他人性生活中所发生的事情从其本质上看具有冒险的特征，甚至对那些设法让人们以不同于大众话语准则的方式谈论性的那些访谈者也是如此。没有任何一本书籍为这种想象的过程应该采取什么方法提供任何方法论上的规则。当然，任何试图把自身的记忆和欲望同对他人经历的想象分离开来的行为都将是徒劳无功的。

但是，因为我（个人）认为在所有日常快乐中，性最可能因情况的改变而改变——这些情况包括物质环境、身体条件、当时的情感因素等——所以我有时感觉可以理解某些色情事件。我所能回忆起的关于这种方法（或反方法）的最好例证要追溯到1991年冬季我在北京市中心度过的日子。有一天接近中午时，我的一个朋友从她的工作单位骑车几英里突然来拜访我。我没有想到会见到她，因为我知道前一天下午她刚刚把她母亲送上回四川的火车。她母亲和我朋友一家人共同生活了九个月。他们只有一居室，母亲睡在过道的折叠床上，上幼儿园的女儿和她及丈夫都挤在一张双人床上。现在母亲离开了，女儿中午不回家，她和丈夫午休时间都很长，她终于有充足的时间和丈夫单独进午餐了。可为什么我的朋友在这样的时间拜访我呢？我迷惑不解，尤其是在我得知她找我并没有什么特别的事，只是呆几分钟这一事实之后更是觉得无法理解。

但是，想象这件怪事背后所包含的一种玩笑式的（或是异常严肃的）家庭计划并非难事。她计算着从我这里离开的时间，这样她可以比丈夫晚到家二十分钟。我猜想，在这二十分钟里她丈夫一定在想她在哪里，是否打算回家吃午饭这样的事情。她是否也把这一小段时间看作是一个特殊的机会或者她打算让他再等待几天呢？她回家后将如何应对她丈夫的焦虑甚或是愤怒呢？她是否感到自己已经成功地展示了即使是在婚姻中性事也并非可以想当然这一事实呢？也许中午骑车有益于她的气色、有利于放松或是有利于提高敏感度，这样，当她到家时身体会处于最佳状态？或者她的丈夫已经做了或者正在做着某种腼腆的计划？那些计划到底是什么，他们的相会又如何，我无从知道。但我确信的是，那天我的客厅和我适度的友谊在她的性爱戏剧中起着重要的作用。

这是我作为一名民族志研究者最近的一次接触其他人的性事。即使我运用丰富的想象力才能了解那些可观察的日常生活表面下所蕴涵的快乐、欲望或是隐私性的意义，但作为一个民族志研究者我不想这么做。然而，其他领域的科学家正在为了解和刻写性，尤其是中国人的性而不懈努力着。下面我就要谈到他们。

性 调 查

1992年，上海出版了第一个关于中国性行为重要研究著作。这部题为《中国当代性文化：中国两万例"性文明"调查报告》的著作由上海大学的刘达临和其他国内外的同事共同撰写。它是一个全国范围内的调查研究的结项报告,其调查对象包括男性和女性、已婚和未婚、青年和中年、城市和乡村的中国人。① 这些组织调查和分析数据的社会学家认为,该调查结果与在世界其他地方所做的、相似的实验结果相吻合。他们得出了这样的结论:"总的说来,现在这个调查展现了现代中国人性生活一般水平的图画,同时还有部分的模糊点有待澄清。"②这些"模糊点"主要是由于调查问卷所涉及的适当题目的局限性造成的,比方说,关于性高潮的问题对于中国被试者目前的"理解水平"而言就是一个难度过大的问题。同时,中国广大农村人口的情况没有得到充分的展现,这主要是由于他们的"文化水平低,比较封闭、保守",所以对他们进行性问题的调查难度很大。③

事实上,这个调查并没有涉及细节性的信息。大部分是针对性行为比较具体而明显的问题,受试对象是 7 971 位已婚人士。其中包括关于"性前戏"的问题(英文可译为 passionate affection,汉语为亲热,并在括弧中界定为亲吻、拥抱和调情)和性生活的方式(英文可译为 sexual position)等问题。这里还包括关于满意程度和快感等问题,但这些问题不是关于某次特定的实践,而是请受试者就"性生活"做一个"笼统"的回答。④ 这次调查的结果很难与在其他国家所做的调查相比较,部分原因在于这些问题比较模糊。事实上,我们对人们私下里的行为的了解比从前要少得多。但是,可以这样假设,这个问题对于

---

① 这部著作(刘主编,1992)的名称可翻译为 *Contemporary Chinese Sexual Culture*: *Report of the "Sex Civilization" Survey on 20,000 Subjects*。美国译本的名称更注重行为,而删掉了关于文化和文明的问题: *Sexual Behavior in Modern China*: *Report on the Nationwide Survey of 20,000 Men and Women* (Ng and Haeberle 1997)。这两个版本的前言和对结果的讨论措辞颇为不同。我这里将分别引用。
② 刘等,1992:6;Ng and Haeberle 1997:12。这里我引用的是英文版本,因为这一句子源于黑伯乐的序,这一序在该书 1992 年出版时由英文译成汉语。
③ 刘等 1992:7。
④ 同上:816—18。

任何关于性行为的研究来说都是个核心问题,讨论已婚夫妇的那一章得出了这样的结论:"许多夫妇都尝试了不同的方式达到性快感(例如:不同的性技巧或体位),但他们只是秘密地尝试,对这种行为目前尚无公开认可。"①

问卷所假定和阐释的性行为的主要成分是什么呢?很显然,它包括看见性描写、异性裸体、与异性偶然的身体接触、谈论性、"约会"和跳舞时的性反应能力。这些都是高中生问卷的选项,除此之外还包括"不详"以及"其他"。高中生的性行为调查还包括手淫(男女性均包括)和遗精,同时还问及是否有过性交史。对于相对年长的群体,问题则更细致,包括手淫、相互手淫(同性或异性)、性幻想和性梦、春药的使用、异常性兴奋(自虐狂和受虐狂、强奸和恋童癖等)和性交时的裸体程度等。(报告指出,全裸可以提高性生活的满意度。)也包括关于性前戏、性交时间和性生活的主动性问题。还要求成年被试者回答异性或同性间拥抱、接吻、抚摸生殖器、性交、肛交和口交的频率以及感受(愉快、反感和无所谓)等问题。(对许多人来说,调查问卷的本身就是一种性教育!)无论从这些特殊的问题所收集到的结果如何,在公开发表的调查报告中没有涉及关于性行为的更加详尽的细节。② 一些秘密至今依然是秘密。

调查所涉及的并不仅仅是行为的问题。调查也涉及了社会经济状况和家庭关系,有时还插入一个关于物质条件的有趣问题。例如,在对已婚者的调查中,就包括了夫妻卧室的隔音效果以及是否与他人同住的问题。大部分已婚者反映,住房缺乏私密性,从而影响了"性满意度"。调查还包括许多关于性观念的问题。

---

① 刘等 1992:403。
② 人们不禁要怀疑这些触犯隐私问题的可靠性。大部分这类问卷都是由被调查人私下填写的,并不受访谈者的控制。

这一研究的结果比较复杂,无法在这里全面概述,同时这类名为"中国性行为"和"态度"的调查所收集的数据也不是我兴趣的焦点。这种问卷调查无法控制欲望的变迁和不可预知的条件这两个变量。但值得注意的是,大学生组的手淫和性交比率很"低"(根据西方的标准),这一点令专业的性学研究者吃惊。中国的调查者在他们的讨论中也经常提及在各种回答中所发现的无知和混乱的状态。[①] 虽然结果显示,各种行为从总体上都呈正常状态,但提供能够启蒙现代思维的、更多的性教育是项亟待完成的任务。

教育国民的研究

把该研究的总体目的归结为教育国民,这一点并不奇怪,因为实施这一研究的原动力来自上海几家性教育先锋机构。这项全国调查的后记叙述了现代中国性教育的短暂历史。[②] 该叙述明确说明,20世纪80年代中国出现了正式的性学研究,同时,性教育也纳入了学校的教学大纲,这主要是位于城市的学校同社会学和心理学专业机构共同努力的结果。[③] 与中国的其他科学研究一样,调查所得出的结论试图尽快起到应起的作用。

对这项性学研究任务的态度并非源自研究过程本身。调查项目的中文名称以及最后报告的题目都清楚地表明其目标是,而且永远是国家的进步和发展。该项调查被定名为国家性文明调查,而最后的总

[①] 无知也是该问卷的一个问题,它经常涉及一些对于某某(诸如同性恋、分娩、月经等)知道多少等问题。受试者不禁会奇怪,这些他们早就清楚的问题为什么还会被问及。
[②] 刘等 1992:838—59;Ng and Haeberle 1997:553—64。
[③] "文化大革命"结束后,诸如社会学和心理学这样的社会科学只是在近期才正式确立了在学术界的地位。

结报告的名称为《中国当代性文化:中国两万例"性文明"调查报告》。题目中对"文化"和"文明"两个词的援引把该项目纳入了国家意识形态发展的范畴。安·阿纳哥诺斯特曾对这两个术语的关系作过精妙的论述:"文化是一个竞争极其激烈的领域,在这个领域内,国家文化必须被重构于迈向文明的规划之中。这种文明是指为高度发展的亚洲和西方工业化文化所认同的礼仪状态。"①尤其是在对文明细致的定性分析中,阿纳哥诺斯特强调,这一具有现代性和文化特质的术语描绘了中国人民长期缺失状态的特征。例如,在性这一范畴内,人们相对无知、落后、保守和压抑。文明的话语——种类繁多,包括中国政府智囊团提出的精英社会理论、民间的扫黄运动以及受其影响的日常闲谈等——假定并寻求补救大众缺憾的方法。正如阿纳哥诺斯特指出:"解决这一问题的必要方法就是在全国开展性教育。"②在改革时代的中国,以进步的名义进行的研究和干预并不是非常独特的事情。

调查所涉及的两万名被试者也清楚这一点。在他们都可能读到的调查问卷的简短前言中,研究者提及了这种研究的重要性:"性是人类生活的一件大事,它密切关系着青少年的健康成长,关系夫妻的幸福生活,关系社会的安定团结。由于社会长期以来实行性禁锢和其他一些原因,所以目前这方面的问题很多。我们进行这方面的调查研究,就是为了要了解情况,探求解决矛盾的办法。这一调查对社会发展意义很大,希望得到你的支持帮助。"③直到最近,中国的这种社会调查依然是在国家的领导下进行的。"调查"这个词本身就和革命动员密切相关。该序言以"性文明调查"核心领导小组的名义撰写,这些名称使人们不禁想起了以前的群众运动及其"领导小组"。前言的语

---

① Anagnost 1997:79。
② 同上:78。
③ 刘等 1992:774。

言也体现出其以"探求解决矛盾的方法"——这可以被理解为一个毛泽东时代的词语——为目的,会引起大家广泛的关注,它可能会影响社会的发展。

这样,对性的讨论在何种领域是妥当的,公民有什么样的义务,在调查的一开始就得以明确。高中生、大学生、已婚夫妻(包括城市和农村)和性罪错人员在通过多重选择和回答正式访谈问题谈及个人的隐私时,都可能会感到自己是在为国家和社会的发展以及福利事业做贡献。研究者也许还会希望他们能够排除任何可能干扰他们全面而诚实回答问题的性禁忌(或是政治!)。毕竟,调查组的目标是高尚的,它不仅仅要研究性行为,同时也试图理解和干预"与性有关"的许多社会问题。

性行为的再现和对其进行干预之间的相互依赖性在调查的最后一份报告中解释得更加清楚。① 我在这里大篇幅地引用该报告的原因,部分在于该段在英文版中只是被简要地概括了一下,另一部分原因在于它非常得体地表达了研究者对其社会责任的看法。

> 通过调查资料的理论分析,得出一些看法和结论,是为了对社会生活进行指导。金西在他的第一份报告中说:"我们这份报告,首要的目的是说明人们在做什么,而决不涉及人们应该做什么,也不涉及对这样做的人的评价。我们的报告只揭示美国男性的性行为,而决不是通常意义上那种对于'有德'或'无德'的男性及其行为的研究。"我们姑且不去评论金西是否能真正做到这样纯粹地客观、中立,我们只想说,一般说来,科学研究都应该具有

---

① Ian Hacking (1983)详细地阐述了科学具有再现和干预特质的概念。虽然他在该书中主要探讨的是试验研究的历史,但他所涉及的一些哲学和历史问题对社会科学研究也有一定的作用。

它的实用价值和社会目的。既然人类性行为有它的社会属性,而且这还是主要的;既然金西也说过人类性的释放途径取决于社会文化和社会环境的影响,我们就要研究什么样的性观念和性行为模式有利于社会的发展进步。因此,就不能不涉及是非问题,就不能不具有提倡什么、反对什么等一定的倾向性。这样,科学研究才能为政府部门提供决策依据,才能引导群众、推动社会走向进步。在目前的社会生活中,道德观念呈多元状态,我们很难在性问题上保持完全中立的立场,很难对此做出一个统一的结论。但是能做到的是:努力地站在时代发展的高度看问题,不拘泥于现状;从客观数据中提出一些探索性的看法,而不武断地下结论;是启发、引导,而不是灌输、说教。我们的一切调查以及从这个调查中所提出的看法都不是绝对真理,而只是在通往真理的道路上的一个又一个探索的脚印。①

在本章的结尾,我们将回到真理——当然也包括脚印——的问题上去。但是,最为重要的是,理解客观的科学理念和适度的说教责任之间特别的结合。当然,性并不是一件陌生的事情。但是,在现代中国生活的语境中却有着某种特殊的特征有待于人们的理解。

健康是我们讨论的核心之一(另一个是发展)。在经历了如此贫穷的国度里,健康的重要性是无可争辩的,但是却并不容易界定,特别是多数专家的目标是要为它找到一个超出简单除病范围的、积极的定义。② 即使未被界定,这个词在 20 世纪 50 年代之后的人民共和国的政治和公众生活中都起了重要的作用。③ 虽然它在中国大众文化中

---

① 刘等 1992:6—7。
② 关于世界卫生组织对健康的定义以及对其在日本的民族志研究参见 Lock1980。
③ 关于这一主题的早期材料参见 Lampton 1977。

有更长的系谱，但是在人民共和国，健康这一不容置疑的目标已经被用于进行大量的规范性宣传和规范日常生活等诸方面。它已经被许多中国人内化为一种经验，他们可以为打坐或是冬泳等"有益健康"的活动提供理由。（本书的其他章节，尤其是第一章和第六章对健康的经验和政治维度也有探讨。）

但是，一涉及到性，健康的状况就千差万别了，对性健康好坏的区别往往具有相当大的主观性。例如，有些已婚夫妇和大学生可能并不认为全裸是性交过程中最健康和进步的方式。中学生中手淫或"性兴趣"的低比率报道可能是也可能不是健康的。这也许就是客观研究为什么重要的原因，因为这种研究的目的是，决定什么是正常的，什么行为通常会导致"性健康"。由于再现性正常状态已经开始在世界上或地方研究中出现，所以即使只能得到暂时性的科学结论，专家们承担起"引导社会生活"的责任也是非常必要的。有些事情应该得到推广，而有些则必须反对。中国性科学别无选择，只能在某些细节还尚待进一步研究的情况下权威性地宣布性健康的本质。

由于该调查有些"模糊的地方"，也有一些偏差，所以很难知道人们私下里真正在做什么、感觉什么。科学方法应该提供给我们有关现实的镜像。其经验性术语很难理解，但即使是基于这种并不完善的知识，（研究者们认为）我们依然应该着手启蒙性教育这项重要的工作。即使中国人的性行为被描述为"展现出的性健康状况很'普遍'，甚至有些部分还很强健"，把性带入公民话语范畴的紧迫性依然不容置疑。当然，关于性学的模糊之处还应当澄清，因为科学只崇尚知识。但是，让民众对性处于无知的状态也是一件危险的事。

虽然这项全国性的调查已努力去了解这种"无知"（方法上尚需改进），但是其真实程度尚不明确。多年以来，有些关于年轻夫妇不知如何过性生活的逸事和传言在医学和教育界广为流传，在性话语不断普遍的 90 年代，这些故事也流入了一些大众性期刊。这些传言使得受过良好教育的市民和专业人员相信,中国大众对性问题异常的无知、保守和落后。人们不仅需要参与性活动(为健康、快乐和社会稳定),还应该学习如何进行性活动。随着正规性教育项目的不断拓展(已超出大城市的范围)以及大众性健康杂志逐渐成为文学的一种大众性题材,一种特定的、现代的性幻想有望不仅在公共话语,而且在个人期望中获得一席之地,也有希望在正规教育和个人行动中获得一席之地。

性 教 育

全国性调查所展望的性身体(sexual body)非常具有中国特色,因为它很落后、局限而且具有跨国性,之所以说它具有跨国性,是因为这非常像哈夫洛克·埃利斯、阿尔弗雷德·金西以及马斯特斯和约翰逊对身体的研究。在这一框架之中,普遍的生理性欲潜藏在重重的地方性压抑之下。当性学专家开始性教育这一任务时,他们注意到了这个身体;这是一个独立的个体,它面对着影响它的社会,同时它也是自然需求的载体,一旦获得解放,就能够通过"性行为"使自己的正常欲望得到满足。在许多方面,这是一个近期出现的身体,对于特定的欧美资产阶级的想象来说具有特殊性。这一身体产生于 19 和 20 世纪医学和社会科学话语,这一话语从功利主义转变为弗洛伊德主义,但其究竟繁衍到何种程度,即使在西方世界依然没有定论。① 如果我们检验对身体的理解如何被转化到历史的和散乱的、同时也发生了巨大变化的环境中就会发现,这种自然身体的现实性和普遍性变得更加让人质疑。我怀疑这些资产阶级的看法离开了他们的自然生存环境是否

---

① 关于历史中的身体的文献最近有很多。范例式研究参阅 Feher 1989。

还能得以完全实现(事实上,这些也可能受到很大的限制)。因此,我在阅读中国性教育文献时把它们看作是文化帝国主义的一种形式。以现代性的名义,在消费经济服务中(这一点尚存争议)用一种相对异化的方式来组织亲密的经验和私人关系还是一种尝试。对于中国读者来说这些看法和意象(还)不是一种常识——这是人们"落后"的特征——我不确定的是他们是否有这种倾向。但是如果这种"自然"的性个体没有得到认同,并不是教育者、出版商和发行商没有做出相应的努力。

这种全国性的性调查对于性意象的发展非常有益,因为它可以根据中国人的情况来调节性行为这种客体。然而,这是一种针对行为和态度的性调查,甚至连马斯特斯和约翰逊的心理研究都无法为全面展示性生活提供客观依据。同时,教育,尤其是这种与道德相关的教育所触及的应该是生活。教育必须超越客观上被知晓的东西(甚至还包括客观上已经知晓的美国和欧洲的性),同时还应该起到普及那种全面、现代和负责的性幻想的作用。

在为大众提供性教育的中国新的题材中,这种广泛的幻想是非常明显的。虽然涉及的知识在题材方面具有多样性——从高中教科书到新婚指南、从医学自助手册到正规性学知识的专业调查,但这些知识又是单色调的。也许最为明显的是,这个身体是一种生理结构,可以从解剖学和生理学的角度对其细致的特征加以表征。大多数官方性教育教材都从性生理开始,而且大部分篇幅也是在探讨这一问题。[①] 展示了生物特征(其权威的普遍性和中立的客观性使其不带有感情色彩)之后,教材转向了从某种程度上说令人担心的"性心理"

[①] 针对中学生性教育教材有四个官方版本,对其内容的概述参见 Ng and Haeberle 1997 (561)的附录 2。

范畴。

本书的重点不在于中国这类教材是以何种方式来展现具有生殖生理特点的身体——这种身体与我们(这里指北美——译者)性教育课堂上所展示的身体几乎没有什么区别,我的重点在于这些教材对性心理的宣传普及。虽然这些话语中仍然包括很多我们所熟悉的要素,但是由于这种方法对于中国民众的个人生活来说相对较新,所以这些教材运用了某种笔调,有时还带有狭隘的教条主义特点。这一努力使我们了解到,创造适当的现代主体性的过程还有很长的路要走。虽然这些性教育的文本坚持认为,它们仅仅是在鼓励对一直存在的性本能的负责任的表述,但是,他们迫切地希望能告诉读者性是如何运作的,这种焦虑与性的自然属性并不相符。

我这里采用的最主要的例子是1989年出版的、由洪等编著的面向大众的教材《性的教育》。很显然,这本书预先假定了读者对人类身体的结构和功能有一定生物学上的基本知识,所以该书直接探询了心理层面的问题。该书开篇的一章探究了对性保持一种负责的、启蒙性的和科学的态度之重要性,这一探究具有某些学究气,之后就转向了"性心理和性作用"的问题。这一章坚决支持把性行为看成(主要)取决于心理因素的观点。它把性的"心理现象"从概念上划分为性欲、性爱、性行为、性功能障碍和性变态。我下面将讨论其中的一些概念。虽然很多论著都认为界定这些概念并无必要,这些概念与其他文献基本相同,但是这些摘录的内容和观点在该领域具有典型性。①

性欲,作为一种人的欲求和需要,它是心理现象。人类的性

---

① 洪等 1989:40—41。下文中恩格斯关于性行为的论述摘自中文版的马克思、恩格斯选集(1972:228)。

欲不是单纯的生理现象,这从它的显著的社会性上可以看出。人的性欲受到文化观念的强烈制约。比如现代男子通常不会对其同胞姐妹发生性欲,不论后者如何美丽动人。即使丈夫对自己的妻子的性欲,其发生与否和发生的强度也必然受到他彼时彼地的思想状况、情绪背景、意志调节等精神因素的影响。本世纪40年代曾有人认为,性欲是由激素的分泌而产生的,目前仍有人持此观点。但事实上并不尽然。北欧有人研究了数百例受阉割手术的人(对严重的性犯罪分子实施),发现其中有些人固然丧失了性欲,但也有人性欲照样存在,个别的还反而增强。

与其他文本不同的是,该文本区别了欲望的生理和心理因素,目的在于体现"心理现象"的重要性。这类区分在性教育资料中很普遍,但通常都是以附录的方式出现。欲望既是肉体的也是心灵的。例如,最权威的讨论"性知识"的书籍(最早出现在改革时期)在谈到青春期和青少年时把欲望看作是生理成熟过程中出现的正常现象,同时为帮助年轻人了解它,进行生理和心理方面的教育。[①]

上述引文的一个有趣的方面在于其提出的设想:欲望存在于个体(虽然文中只是提到了男性),并自然地发生于异性个体。虽然诸如乱伦禁忌以及由于手术所带来的身体变化等"社会因素"会影响性欲的对象和欲望的强度,但很显然没有必要指出欲望的对象范围可能会蔓延或者说会超出个体身体或心灵的范畴。在这些文本中对欲望界定与对性行为的严格界定是不可分的。而性行为的范畴非常狭窄。

性行为,可以分为做爱过程的动作系列和内心的情绪体验。

---

① 阮 1988:101。

就其动作系列而言,它作为人的有意识的活动,是受当事人心理活动的支配的。性行为有本能的成分,但决不能归结为本能。恩格斯说过:"决不能避免这种情况:推动人去从事活动的一切,都要通过人的头脑,甚至吃喝也是由于通过同脑感觉到的饥渴引起的,并且是由于同样通过头脑感觉到的饱足而停止。"如同吃喝一样,性行为也是通过人的头脑,经由心理活动的支配和调节来实现的。个人在一定时间条件下,是否发生性行为,以何种方式发生性行为,以及性行为的内心体验等等,都受到他的文化观念、对性行为的态度、个人的习惯、对性伙伴的情感状况以及态度等多种心理因素的制约。至于性行为过程的强烈的内心情绪体验,不消说更是心理活动,若无这种情绪体验,性行为恐怕也就难以发生和完成了。(40—41)

在这段引文中,我们可以看到,许多在中国(过渡性)的性学和性教育中占主导地位的假设。即使是努力主张性行为范畴内心理因素的首要地位,这段文字很明确地区分了身体和头脑,而且还重新断定了二者的真实性。这一点从段落的结构上也可以看出:讨论以"动作系列"开始,然后迅速回到了"强烈的内心情绪体验"。但是,任何一种直接的身体—头脑的区分都是值得质疑的,即便是对当代中国话语也是如此。这一点对于古典文学、哲学、医学和艺术来说是不难理解的。① 但是即使是现在,即使是在深受马克思主义、基督教、东方主义以及其他各种"西方"思想模式的二元对立思想影响的话语中,现代中国语言(以及现代中国体验)也不能把思想从身体中分离出来。只有我这里引用的那种纯粹的社会科学文章中才有足够的新词和外来语

---

① 参见 Ames 1993;Jullien 1995,以及 Zito and Barlow 1994 的文章。

来完成这种尝试。①

性行为这一定义的另一个有趣之处在于值得质疑的行动并没有得到真正的界定,同时做爱这一含糊的外来术语被用来指涉一种更加客观的事物,诸如"性交"或是一些外国研究者发现的导致高潮的行为。无论如何,这些作者似乎都不愿意把多种强烈的本能经验置于这一术语的范畴之内,这些经验包括:色情梦、剧烈的个体或小组运动、对政治活动的顿悟、打趣和调情、分工的手工劳动、阅读色情作品、表演精湛的技艺等等。也许我们中的大多数人也不会重视这些活动。但是,让我感兴趣的是这篇现代中国文章对定义的确定。该文假定每一个人都知道性行为和"做爱"意味着什么,我们所面临的唯一问题就是考察这种行为是否是由"心理因素"促动的,作者们所置的视角可能符合也可能不符合读者的常识。

不过,为了使我们不过分自满于性行为的不言自明,最好还是再考虑一下性变态。

性变态,是指偏离常态的性欲和性行为模式。所谓常态是指社会上大多数人所具有的共同的模式。因此常态和变态之间的界限也就难免有些弹性。性变态的种类很多,如虐待狂、受虐狂、露阴癖、异装癖、同性恋等。性变态的原因虽然复杂,但心理因素是非常重要的。例如,对同性恋的研究表明,在孩童时代早期有一个确认自己是男是女的性别确定时期。如果一个小男孩不能成功地完成这一过程,同时他的父母也没有在适当时期加以干预的话,那么这个男孩未来就会有同性恋的倾向。毫无疑问,儿童

---

① 尽管如此,作者们还是通过用"体验"一词表示"内心情绪"来模糊心理和生理之间的区别。这一合成词是由表示"身体"的"体"以及表示"检测"的"验"来组成。这样的话,如果更追求字面意义,可以翻译成"通过经验来体现"。在这里,心理学的本体论特征已悄然消逝。

自我性别的确认是一个心理过程,主要是心理意识的过程。这样,我们可以看出心理因素在性变态中的作用。(41—42)

把同性恋行为归结到变态范畴是有其意图的。正如这一段的脚注所释:"近年国外有的性学家已不把同性恋视作异常。美国有的州甚至允许一对同性恋的恋人举行'结婚'仪式。但我们认为,同性相恋,对异性反而冷淡的性心理,毕竟不是顺乎自然的。幸亏他们在总人口中只占极少数。如若不然,由于同性恋不可能生育后代,长此以往必将招致严重的社会问题。"(41)其他中国性学家也持有这种观点,至少从出版物上看是如此,而且大部分材料都长篇大论地讨论了有关同性恋、性罪错、未成年性交、男女乱交等等。它们也提供了治疗同性恋的手段,并宣称了同性恋由于其非生殖性而具有的反社会、非自然的特征。官方对于"性行为"普遍形式的立场也许比美国一些相对不太公开的决断性方法表述得更加清晰。如果只有具有潜在生殖作用的性与"自然相符",那么在卧室内外都会存在各种"变态"行为。这种自然化的话语非常值得注意,这不仅仅是因为它鼓励了官方以科学、权威以及其他促进"自然"的手段来对私生活进行干预。

但是,我认为这一段的另一个注释更加让人难以苟同。在讨论孩子个人社会性别的确定时该文本使用了"自我性别"这一术语。这似乎是从社会性别身份(gender identity)这一术语翻译而来的。但这个翻译很蹩脚。现代中国没有任何现成的术语来描述"身份"这一心理学概念。自我的深层内核——如何了解自我——并不是前现代中国话语的一个要素。它是民国时期(1911—1949年)现代化文化话语中一个恼人的、没有得到解决的问题。① 在毛泽东倡导集体主义的时

---

① 丁玲的小说《莎菲女士日记》对此有清晰的阐释。参见 Barlow 1989:49—81。

代,所有这类个人的困扰都被消除了,至少在话语中是如此。我发现把北美人对特定个人身份认同或是表达基本自我的关注传达给我的中国朋友们并不是一件容易的事。(事实上,我发现不去讨论这种与文化密切相关的问题是一种解脱!)在上述引文中,作者通过确认心理过程的重要性这一不可争辩的事实来规避匮乏在中国是一个有用的概念这一问题:在性发展的进程中,正确的性别身份必须得到"确认"。

困扰我的是这样一种可能性:"中国的现代性"可能会挪用所有在资产阶级个人主义中占核心地位的本质主义。身份话语已被证明在北美的民众和理论上极受关注,不仅在心理学领域如此,在人类学和文化研究领域也是如此。结果是,目前在人类学和文化研究领域,学者们正努力从避免本质主义的角度来界定这一概念,或是把它们从人们关注的中心移置出去。① 我试图在我的研究中彻底摆脱自我的核心概念,希望中国的(甚至是现代的、后殖民的、世界主义的)经验可以在祛除以个人身份为中心的情况下得到考虑,但这种希望是徒劳的。尤其是性身份——这种有关心理稳定和一致的颇具特权的试金石——作为欧洲以及北美医学和心理科学特别的、具有弥散性的一种连带(highly contingent)产物给我留下了深刻的印象(对福柯也是如此)。更进一步说,它是一种概念,促进了思维和社会实践中那种令人遗憾的僵化现象。② 对于一位人类学家来说,把性身份的形成看成是一种普遍的、随处可见的问题将是一种种族中心主义。但是,性实践的普遍化研究者充分关注话语的力量,这种力量在大众传媒世界中已成式微之势。

我在阅读中国性教育文献时发现,前文中关于个人性别确认的评

---

① 参见 Hall 和 du Gay 1996;Henriquest 等(1984)1998;Holand 等 1998 和 Smith 1988。
② 参见 Butler 1990。

论与北美关于性别身份主题的冗长赘述最为接近。中国大多数性教育方面的著作并不如此注重身份问题,而是趋向于讨论性别角色。角色可以被理解为适合社会需求的行为体系,可供未成年人学习模仿。这种解决性成熟问题的、有节制的社会学处理方法与我在本章开头所描述的中国近期发生的性展示颇为连贯。毛泽东时期男女性别不明的中性时代之后,各个年龄层的中国人(重新)学会了如何穿着打扮以充分表现自己的性别。虽然改革时代中国的一些女性主义者认为这是一种使人耳目一新的快乐,是从那种强调男女平等但事实上忽视女性需求的虚伪意识形态中解脱并获得的解放,但是,我认为,这并不是一种深层的心理解放。① 人们并没有获得表达其基本自我的自由,相反,他们只是在玩着性别差异的游戏。也许正是这种游戏为专家们所提出的规范化发出了最清晰的呼喊。

压抑的假设

福柯在其《性史(第一卷)》一书中提出了"压抑的假设"这一著名论断。他指出,多年以来,我们假定自然的性表达长期受到虚伪和沉默的政体的压抑;一种处于个人之外的清教主义社会使得自然的性欲望无论在实践还是在诚实直白的言说中都不可能得以表达。但是,压抑的假设本身就是大量语言倾诉的诱因,这些倾诉在为其各种实践采纳合适的社会学符码的同时对性进行无尽的谈论。把性置于体验中心的话语秩序是性学话语的基本要素,无论它可能出现在何处都是如此。自然的性由需求和欲望构成,受社会的影响,受自我约束的控制,是这种科学的研究对象。这一对象处于落后社会政体所赋予的虚伪

---

① 参见孟 1993,阐述了一位女性主义者的观点。

第五章 性科学：行为的再现

禁忌的表层之下,等待被发现、被谈论。全国性调查研究组的带头人刘达临对这种情况做了简要的阐述。

> 从 80 年代开始,中国大刀阔斧地实行了改革、开放政策,西方文化和中国固有的传统文化进行了广泛交流,使人们耳目一新,视野大为开阔,思想、观念在不断发生变化;商品经济的发展,使人们的生活水平提高了,人际交往扩大了,从而产生了许多新的需求。于是,越来越多的人从传统思想的禁锢中,从"不食人间烟火"的幻影里解脱出来,开始正视现实,追求并创造现实的生活幸福。真正的爱情,美满的婚姻,健康和谐的性生活,逐渐成为社会生活乐章中的一支重要旋律。青年人向往它,中、老年人也向往它,性神秘的帷幕逐渐被拉开了,"谈性色变"的现象逐渐地消除了。①

从某种程度上说,这个段落堪称经典的性学。性神秘一直存在着,它躲在帷幕之后,等待大众和科学去发现。在包括本段落的研究中,一个抽象(如果有时是"模糊"的)的客体正得到充分而客观的定性。创造这一客体的分裂和转化过程既在本段中被显著地阐明又在全文中被否认。换句话说,这一科学事实的社会性成果是一个公开的秘密。

一方面,激进的社会和文化的交流不断创造着新的需求。另一方面,满足这些需求是通向"现实主义"生活的真实道路。80 年代以前的时代,虽然隐讳但千真万确是非现实主义的、非自然的、受限制的时代。但是,很显然,年轻人、中年人甚或是老年人对美好性生活的向往都是新生事物。同样是这群人在那个时代会由于向往的不同而显得不自然吗?这样大的群体在这么长的时期内——将近四十年——在

---

① 刘等 1992:11。

自我和日常生活中否认本性，这是否可能呢？

"不食人间烟火"这句在英文中显得很蹩脚的话同样暗示了这个问题。这句话指的是随遇而安地生存，在日常生活中没有奢求，随时寻求满足。在这种语境下，它是指那种对存在另外的、不切实际的生活方式的幻想所做的评价。作家们曾说，那时的人们食的是幻想的、意识形态的、超验的烟火。无论从那种生活中会得到什么满足（我已经说过有很多种满足），那种非凡的、集体主义的生活也无法像改革时代新兴的私人生活那样创造出性的满足（作者这样暗示）。人民曾经认为他们可以在革命完全胜利之后再享受个人生活，现在他们正如释重负地享受着"普通"生活的快乐。

正如改革时代的故事所描述的那样——性一直在那里等待着他们。由于性依然是一个被约束的、混乱的范畴，所以人们要想领会它仍然需要一些帮助。（性学家们告诉我们）旧的恐惧可能会持续，同时人们可能会担心对性的谈论会释放其他社会破坏性力量，他们可能依然会"谈性色变"。当然，性科学必须坚持，这些恐惧是没有道理的。只有把自然的东西置入客观检验的光芒之下，只有运用所有现代的、世界主义的方法对性行为进行比较、概括，把它一般化和正常化，只有让全国的年轻人都真正明白什么是负责任的行为，只有通过谈论、写作、出版和教育的渠道才能使人们在政治上和个体上摆脱黑暗过去的想象，才能获得自由。

很明显，对现代色情作品的不正当喜好正开始向中国蔓延。正如福柯指出的那样，这些实践本身就起着色情艺术的作用。把关于性的各种可能性教给人们，这一点囊括在问卷调查和性教育文本之中，同时它鼓励人们挖掘言说和其他身体活动之间的新的联系——毕竟，谈性可能会鼓励淫欲——这些活动本身可能就是一种色情活动。无论在过去这些领域保持着多么沉默和神秘的特性，无论欲望、快乐和痛苦与何种刺激相关,它们现在都成了大众和科学话语的对象。

用仁慈的心阅读刘达临的那段话,欣赏它的人本主义精神,我们就可以发现,性话语的延展并不是一件坏事。如果实施更好的性教育,如果性专家能对中国的性生活有更加细致的理解,同时具有选择性地揭开性的面纱,那么人们就可以享受到更加"现实主义的生活快乐",性也就不会受到进一步的指责。但是我对这一点仍然心存疑虑。再以我那位把因骑车访友而晚归作为一种调情手段的朋友为例,我怀疑性学对她会有什么帮助。一整套关于"什么是正常的性"的性学理论不会给她和她的家庭提供一套大房子,也不会给她和她丈夫繁忙的生活带来更多的空闲和独处的时间。但是,我却希望,我观察到的夫妻之间的幽默而特别的情感交流方式——在做饭时、在帮我学习语言时、在哄女儿玩耍时的交流——不会随着对色情观念的越来越狭义的理解而流逝。事实上,我认为全国上下对性产生的全新的关注风潮对我的这些朋友不会有任何影响。但是他们的女儿,成长于与他们完全不同的环境,可能永远都无法理解他们在那些细微琐事中体会到的那种神秘的快乐。

说到细微琐事,似乎有必要再回想一下刘达临和他的性学研究小组成员自己的日常生活,他们把提供权威性和具有完整知识体系的作品当作是永远追求的目标,甚至对性这样普通的事情也是如此。例如,他们在性调查报告的序言中所说的那些话。把他们的研究与金西报告相比,同时也预料到了专家的(也许是中国官方的)批评,他们谦虚地指出:"我们大量调查研究报告所表达的观点并非绝对真理;它们只是向真理的道路迈进的一些尝试性的足迹。"我喜欢足迹这个词。在性学家们破译了一个又一个刻写在足迹中的性行为和自然欲求之后,我们所能做的只是默默地想象那些留下了踪迹的、已经逃逸了的、无法言传的创造物(creature)了。

第六章 色情艺术

> 昔者，楚襄王与宋玉游于云梦之台，望高唐之观。其上独有云气，崒兮直上，忽兮改容，须臾之间，变化无穷。王问玉曰："此何气也？"玉曰："所谓朝云者也。"王曰："何谓朝云？"玉曰："昔者，先王尝游高唐，怠而昼寝，梦见一妇人曰：'妾，巫山之女也。为高唐之客，闻君游高唐，愿荐枕席。'王因幸之。去而辞曰：'妾在巫山之阳，高丘之阻，旦为朝云，暮为行雨，朝朝暮暮，阳台之下。'"

最近，中国出版了许多关于中国古典色情艺术的书籍，其中一本就是运用以上古代韵文来开篇的。① 这部著作出版于1993年，作者罗敦仁认为，《高唐赋》是中国文学史上第一篇关于性的韵文，第一次把性活动比喻为"云雨"，这一比喻至今仍被使用。我认为该赋中云在山巅时隐时现的"忽兮改容"的意象以及"暮为行雨"的漂浮之气也可以被用来讨论古代中国的房中术。但是我的目的却与罗敦仁大相径庭。他试图用现代的语言解释所挑选出来的古典文献（有些属于两千年前），而我的重点则在于这些文本在现代的利用价值。改革时代出版古代中国性知识这一流行趋势本身表现了一种复杂的文化现象——"忽兮改容，须臾之间，变化无穷"。

---

① 宋玉：《高唐赋》，战国时期（公元前475—前221年），引于罗1993:3。

第六章 色情艺术

性(包括性幻想)是复杂生存体现的一部分,在其特定的历史时期不可避免地具有偶然性。性交和关于性的阅读都不仅仅是生物体自然功能的体现。相反,我们对于这些活动的经历与生活中的其他因素密不可分。话语和实践在身体这一场所相互交织,理顺或打乱、激发、阐释以及阻断着经验的各个层面。这些话语和实践既是全球性的也是地方性的,既具有随意性也具有特殊性,既让人愉快又拘泥于细节;它们相互作用,构成了我们的欲望,限制了我们的想象力。甚至在现代多少有些色情的大量意象中,只有一些蔓延于我们的日常生活,其多样的形式公开涉及到性欲。但是,它们不断变化的部分和持续存在的片段为性的欲望和满足在世俗生活中为我们带来惊喜创造了条件。

毫无疑问,研究日常的肉体生活事实上是一项艰巨的任务。让人们阐明其生活中早已想当然的层面并非易事。访谈无法收集到具有特性的东西。一旦涉及到性这一题目,难度就会成倍地增加。很显然,我们在第五章中讨论过的那些无畏的研究者可以直接提出关于性的问题,因为他们的调查得到了国家的支持。我却不行。我只能通过阅读来了解这一题目,我把流行的文本作为日常物质生活的源泉,因为这种物质生活最终都无法脱离欲望、事件、社会关系、书写或话语等被体现的经历。

所幸的是,这类材料并不匮乏。从20世纪80年代中期以来,中国读者比历史上任何时期都有机会接触到关于色情艺术的、经典的中国作品。[①] 有一位作者在1991年表示,从20世纪80年代早期开始,

---

[①] 当然,同样重要的是,中国读者的数量比任何时期都要多,这主要是因为共和国建立以来全国义务教育制度的有效实施。我在本章要运用的文本最初并非为大众撰写,它只是20世纪80年代中期以来色情艺术领域的学者所运用的资料。虽然早期(公元前3世纪到公元3世纪)书籍的流通渠道并不广为人知,但从大部分这些著作的历史来看,它们在精英收藏家之间或寺庙之间私下流传。

中国大约有 90 项关于性欲的某些特定方面的新研究，其中大约有 23 项是关于"中国古代房中术"的。他还特别强调，许多地方建立了性学研究机构，创办了许多专业学术期刊。① 从那时开始，从被称为"房中术"的材料库中获取资料来创作的著作大量出现。例如，出版于 1994 年的《中国传统性医学》是一部收集短文和简介的文集，共有 369 条，其中 145 条是关于房中术的。这样的书籍在大城市，甚至是一些小的城镇的书店和书市里都可以买到。这些小书店的经理告诉我说，关于古代性学的书籍销量相当可观。

也许是性本身善变的属性受到了许多作者的青睐，他们都热衷于描写房中术。② 这些文本所显示的学术上和教育上的内容相互交叉、相互影响、相互冲突又相互补充。它们是国家主义的、宗教的、经济的、优生学的、治疗学的、道德主义的、女性主义的、人类学的、色情的、现代化的、东方主义的、美学的、政府的、刺探性的、享乐主义的、科学的、教育的或实际的。有时它们同时具有上述特征，但这种情况并不多见。所有关于色情艺术的研究都从为数不多但有趣的古典文本中获得材料，同时他们都试图区分以"养生"为特点的早期文本和以道教长寿术的"炼丹"为特征的晚期文本。③ 随着时间的流逝，道德压迫不断增强。这些概述都基于现代诠释者的共同立场，我将在后文中着力讨论这些方法。④ 但是，总结作家和编辑们从这一共同的档案中所获得的训诫却不是件容易的事。

---

① 宋 1991:3。
② 爱德华·赛义德(1978)指出了对中东经典人文学科和社会科学的研究如何引导了一种"东方学"的产生，这一学说与欧美人对反映政治差异的东西方差异有关，而与对这些地区特定历史和社会实践的研究并无多大关系。他的大部分见解对研究东亚和中东地区都相当适用，当然也影响了西方核心学术思想对中国色情艺术的看法。
③ 关于这类古典文本的最好最新的英文译本参见 Wile 1992。
④ 巧合的是，他们与英文的这类著作持相同观点。参见 Needham (1954—; vols. 2 and 5); van Gulik (1961), 和 Wile (1992)。

第六章 色情艺术

在阅读中国最近出版的、关于中国性知识遗产的评论和分析时，这类文献的矛盾性和无所不包的特征几乎难住了我。那些不愿意从道德上解释的史学家们采用了一种分析的范畴，这一范畴以得体为中心；例如，夫妻（或夫妇）一词为了史学范畴的需要有时被男性和女性或是主人和妾这种更精确的术语替代。医学性学家在运用一种中立的口吻陈述古代"炼内丹"从生理上的不可能性的同时也在寻找科学上合理的疗法。许多喜欢古代文献中男权统治的男性作者以一种男性的视角在档案中努力寻找一些所谓性别平等的记录，把对唤起女性性兴奋技术的兴趣转化为对女性幸福的伦理上的承诺。

在很多情况下，对于这种历史文献阐释性挑战的唯一解决方法就是不完全的折中主义。小说中的逸事、古书中关于技巧的摘录、现代针对以往的分析著作的讨论——所有这些都散见于许多近期作品的章节之中，有时并没有什么必然的联系。当我在阅读这些现代作品的语料时，我感觉到，记载在这些古典著作中的性欲望的数量远远不足以满足对这些作品进行现代式解读（编辑、注释、出版、分析）时所拥有的学术和说教方面的欲望。虽然我相信读者有能力领悟和分享这些好学的欲望，但是其中许多欲望在文本的矛盾和多重目的中仍然未被言传。

这种观点的繁复和阐释的迥异促使我更加仔细地检视了自己的目的。虽然我把改革时代中国色情文学的复兴作为自己研究的对象，但我在这里并不打算简单地陈述它的内容。我要探讨的是，这些关于古籍的著作和文章在中国的出版，到底为20世纪90年代中国城市特定消费者带来了什么样的满足。把这些著作的条理性放在它们特定的消费环境中去理解，可以为理解现代中国对肉体生活的想象打开方便之门。正如我在引言中所论述、在全书中所展示的那样，共同的物质世界把作者（编辑、档案保管员等等）和读者连接在文本的易读性同实践的恰当性这样一个历史性特定结构之中。虽然有些立场会招致非议,但必须假定某个共同区域,在这个区域内,语言有意义,行为可以被想象和模仿,某种特定的身体生活可以被假定。这一区域具有文化上和历史上的特殊性。

比方说,这些书籍的读者被定位成那个时代的过来人,在那个时代的话语中不包括所有个人欲望和古代艺术。那么,无论这类读者对其远古的祖先留下来的房中术有什么样的兴趣,都将折射出一种全新的、反叛的意义。关于性的书籍所提供的快乐,不管它们是什么,都被有意识地强化了,因为这种书籍在几年前是违禁的,甚至是不可想象的。但是今天,中国的文雅受到了把性置于中心位置的全球大众文化和消费经济的冲击。这道新兴的色情风景画随处可见,但清楚的是,中国现在最触手可及的性概念谈及资产阶级以及资产阶级的现代性与谈及色情活动本身一样多,前者甚至比后者还要多。这样,可以明了的是,对个人欲望的引进已经远远超出了使日常生活非政治化的意义,它唤起了一种全新的、"自由"的政治价值观念,同时也使毛泽东时代的集体主义政治不再起作用。

性的现代性的全球化在没有摒弃地方特点的同时,也使许多中国人不断把传统的中国观念和客体与外国、西方或者说美国的观念和客体相比照。正如阿帕杜亥所阐明的那样,全球化的过程通常会使当地文化感得到提升。[①] 和中医学一样,房中术也适应这样的文化消费模式。同时,对私生活的物质压抑也在发生着快速的变化。城市的发展和经济的繁荣使得小家庭拥有更多的余钱,他们不与老年人住在一起,住房也相对宽敞。新兴的中产阶级有更多的私人活动空间,但他们在大城市的激烈经济竞争中追求着成功,也许无暇沉湎于私生活之

---

① Appadurai 1996。

中。这些条件与其他的因素一起构成了可被分析的弥散的(discursive)场所,因为它对于某种特殊的关系具有一定的意义。

这样,我可以提出以下问题:有什么文本可读?文本"期望"怎样被阅读?在阅读中它们可以提供何种可能的变量?阅读的这一问题——在特定历史时期和场所中它的魅力和力量——仅仅是理解文化生活的人类学众多方法之一。① 但涉及色情文学,它会引出涉及体现的历史性特定作用的更深层次的问题。改革时代的文本要求什么样的身体?这些身体来源于或者回应什么样的社会和文化环境?他们希望记忆什么样的过去?他们希望或者害怕什么样的未来?他们想当然的快乐是什么?他们寻求其他何种快乐呢?也许最重要的是,文本本身如何对身体生活起着微秒的转型作用呢?

这些问题的答案并不是所有的人群都能得到,尤其是当我们把体现——有沉寂的倾向——当作我们关注的中心时,能回答的人群比率相对于中国的人口则更小。但是,如果说文学是作者和读者文化上的共谋,同时必须把许多事情视为想当然,以期得到共同的想象空间,那么我认为,这些问题依然可以为有关体现的阅读提供好的方法。

和同时期的医学典籍一样,这些关于房中术的古代文本对活跃的、快乐的和痛苦的人体都有直接而细致的描写。虽然上千年的历史以及文化和语言的差异隔离了我们(21世纪的读者)与这些文本的作者和编纂者,但是阅读这些典籍的好处却是令人惊奇地直截了当。他们对性活动有非常细致的描写,同时(有时)运用了优美的文言文,这一切为身体的实践所提供的世界显得怪异但又熟悉。② 我们甚至在阅读时要想象所描述的场景,它为我们展现的是一种迷蒙而又充满诱

---

① Boyarin 1993。
② 这些文本都是我在书店发现并收集的,都出版于1980年以后,几乎没有插图。部分是由于出版费用(图片更加昂贵),同时也是一种保持学术气息的方式。

感的卧室氛围。同时,文本还可以引起人们的好奇心,因为这些古代著作所假想的身体和社会秩序对于现代读者来说非常的奇异。例如、妻妾成群、仆从如云的封建大家庭以及精液通过脊柱入脑聚集的想法在21世纪的日常现实生活中都不存在。这种陌生只能使运用和假定这种结构的文献变得更加扑朔迷离。①

作为读者,我和其他人一样对房中术文本着迷,我迷恋于它亲密、随意和惊人的情调。不同的读者在阅读过程中产生的幻想和好奇也会迥然不同,也许性别尤其重要。不过,反思一下引起人们共同兴趣的原因也是非常重要的。在这些语料中,我们可以看到对身体实践的非常直截了当的再现,它们是那么熟悉,或者说至少可能被今天的身体实践所使用或采纳。与其他研究中国色情艺术的学者不同——我想大部分人也愿意承认这一点——我个人并不打算为丰富我自己或读者的性习惯而挖掘有关特定技巧的材料。其部分原因在于,这些文本提供的性体现带有明显的男性气质,后文还将进一步讨论这一点。但是,即使是对我这样的女性读者,这些文本展示的熟稔和魅力也是显而易见的。因此,我打算寻求一种方法,可以在坚持这些文本的历史特殊性和当代中国消费特殊性的同时,承认这些文本被转化了,这种转化可能是源于普遍的色情感染力。

与第四章讨论的个人生活历史或者第五章进行的学术批评不同,讲述性身体的生活常规性的编年史或序志非常罕见。这样,我感觉很难采取一种可以再现文化特殊性——一种"改革中国的性/实践的身

---

① 本章将不尝试探讨有关房中术的真正历史意义方面的文本。这些著作本身非常复杂,与创作时期的其他文献和当时的社会历史状况密切相关。我这里有两个重要的方面没有涉及:一是关于优生技术,这一技术几乎与长寿术一样重要(当今更受到了重视);另一个是统治的艺术。我怀疑它构成了早期的文本,它们先于道教术士房中术。Charlotte Furth 在她评论 van Gulik 对这些文本的解读的文章中曾提出了后一种可能性。同时也请参见 Roger Ames 对古典中国哲学中统治的广泛研究。

体"——的循序渐进的论述方式。因此,我采取的策略是,首先介绍一系列看似散乱的题目,所有的题目都来源于中国关于性的文献,把它们作为关于书写、阅读和体现更加综合的观察之背景。这些题目范围颇广,触及从关于性这个普通的字到具有考古特质的国家主义问题和中国医学生理学。它们将涉猎一些技术细节,思考个人动机、共同的议程和经历。这些题目最终都将围绕性这个多中心的、神秘的存在,阐明古代中国为改革时代的中国身体提供了快乐这样一个观点。

这种变幻的、"云雨"的意象一旦被描绘出来,它将有可能再一次成为讨论和书写(不仅仅是性)经验的原因和界限。在后文中,我将讨论再现的伦理问题,而不对性应该被如何再现做出广义上的判断,而是要指出,把再现理解为被体现、实践的日常世界中的一种行为将不可避免地开辟出一个新的伦理范畴。虽然古代文本毫无疑问是关于性的,同时也具有不平等色彩,但是,能否从反对父权制的新视角来解读呢?很显然,整个国家都在积极发现文学上"中国人"的过去;国民们是否应该被引导去拥有——这样就可以享受——关于身体实践的古代遗产呢?21世纪的性与道德和得体是不可分割的;坚持不懈地用一种道德家的腔调来书写"本能"的感觉对读者的主体性有何好的或坏的影响呢?如果说再现能有效地建构真实和被体现的世界,那么这样的问题就大有商榷的余地了。

性:宇宙(cosmic)的性,内在的本质?

在当代中国,与英语词汇 sex 相对应的最常用的字就是性。和 sex 一样,它既可以独立存在,也可以被用于许多词汇中:性交、性别、性欲、性行为和性器官。它既可以作名词也可以作形容词,它可以被译成"sex"、"sexual"、"sexuality",有时也可以译成"gender"。社会性别和生理性别的区分使得它的用法更加宽泛,同时也说明我们精心地区别 sex 和 gender 对于现代汉语的普通用法来说并不特别恰当。即便如此,性和 sex 外延的相对一致为现代社会学研究提供了方便。例如,我们在第五章讨论过的国家性调查,在使用这一术语时没有丝毫困难,甚至都没有对其进行界定,就应用于报告和调查问卷中了。在这一研究的英译本中,sex 也被当作了一个有用而且灵活的对应词。作者们认为这些术语的含义对于操两种语言的现代被试者和读者都是非常清晰的。

一百年前,也许就在五十年前,却不可能存在这样的不言而喻。当学者们翻阅早期关于性活动的著作时会发现,性和 sex 的明确对等变得非常复杂。首先,在 20 世纪之前没有任何经典的例证能证明性就意味着 sex。在现代房事学者最重视的经典文本中,性被理解为事物内在的或特征性的倾向。例如,由台湾"中央研究院"(Academia Sinica 台湾)1973 年出版的《汉语大辞典》就提供了阐述下列意义的古代词源①:

1. 上天所赐;例如《礼记》(公元前一世纪)中说:"天命之谓性。"

2. 事物的本质,或它们最基本的特性,《左传》和《孟子》(二者均为公元前三世纪)等著作中有大量例证。

3. 生命、命运或寿命。例如《左传》所言"莫保其性"。

4. 生活,如《左传》中"民乐其性"。

5. 身体,如《吕氏春秋》(公元前二世纪)。

6. 美,指外表;《淮南子》中有权威论述。

---

① 此百科全书没有找到原本,因此为译者根据英文所译,不妥之处请读者见谅。——译者

第六章 色情艺术

7. 古代社会把事物相互联系的五个"自然"分类秩序。

除此之外，佛教经卷也为性这一术语提供了几种具有权威性的特殊用法。但是，只有关于性别的定义与现代的含义较为接近——"男女的种类是性，例如，男性、女性"——也只有这个定义没有被提供任何词源。但是，在这个咬文嚼字的定义中，把性翻译成"特征（character）"或是"固有的倾向（inherent tendency）"仍然是最为贴切的。

在现代汉语中，在某些语境下性依然指固有特征：例如指个人性情的词性格，或者指物质质量的词性质。这个字有时也起类似于英语合成词后缀的作用，大致可以译成"-ity"或"-ness"。比方说，"modernity"就可以被表达成现代性，"effectiveness"有时指有效性。这种用法虽然不特别精准，但它在翻译西方社会科学著作或思想时却有可顺手拈来之效，比方说在区分 modernism 和 modernity 时性这个后缀就不可或缺了。① 这样，这个词的"固有的倾向"这一含义已经延伸到一种语法意义，可以理解为"……的性质"。

我们暂且先回到关于房中术的现代研究中性这一词的内涵。李约瑟（Needham）在谈到天性或是自然的古代意义之时，翻译了《淮南子》的一个精彩段落，非常清楚地阐明了性的古代含义：

> 修道理之数，因天地之自然，则六合不足均也。是故禹之决渎也，因水以为师；神农之播谷也，因苗以为教。夫萍树根于水，木树根于土，鸟排虚而飞，兽蹠实而走，蛟龙水居，虎豹山处，天地之性也。两木相摩而然，金火相守而流，员者常转，窾者主浮，自然

---

① 这种语法上的用法似乎是从现代日语中借来的。参见刘 1995:348 页，附录 E。

之势也。……由此观之，万物固以自然，圣人又何事焉？①

这一段的最吸引人之处在于事物在其与特定的活动和其亲密的关系，甚至是与外物的关系中展示了其自然之势。例如，根据古代的观点，真正使林奈感兴趣进而从本质上区分事物的并不是那些固定的、可见的结构，而是存在于所有事物本质活动中的差异。在这里，西方哲学传统中那种独立式的个人的本质决无踪迹可寻。

以行为和关系结构的自然之势这一经典观念为武器，当我们转向关于性的现代著作时可以发现那些一开始显得混乱的东西。没有人可以否认性这个字还有其他的含义。关于这一事实最好的证明就是每一个学者都在反复引用《孟子》的"食色，性也"，D. C. 劳巧妙地翻译为"appetite for food and sex is nature"。②在这里，与 sex 对应的字是色，而不是性，性被译成了"nature"。引用了此四个字的某些其他现代文本也引用过同时代的其他文献。在那里，性的含义与 sex 相同。但这总是涉及原文的具体含义。当注释这个字最初出现时的含义时，即使性这个字脱离了当时的语境转而用于讨论现代性行为，其"自然之势"的含义仍然非常到位。

1991 年和 1993 年由中国医学科学出版社出版的、宋书公主编的、有关房中术的医古文注释题解为这种描述性（presentist）阅读提供了很好的例证。这里"性"不仅仅指天性，而是强调这些天性与色情（sexual）有关。

> 人们都以为性学之"性"是现代名词，实际上它在周秦时期就

---

① Needham 1954:2:51。我对 Needham 的译文做了一些修饰，避免 nature 一词的运用过于频繁。
② Lau 1970:161。正如在引言中指出的那样，性在这个语境下的含义是"自然属性"。

已产生了。考性,许慎《说文解字》曰:"性,人之易(阳)气。性,善者也。……"段玉裁注引"董仲舒曰:性者,生之质也,质朴之谓也",意思是说,性是人体生命的本质,其质为阳性。其字常与"情"连用,考情,《说文》曰:"人之阴气有欲者。……"王充《论衡·本性》云:"天之大经,一阴一阳;人之大经,一情一性。性生于阳,情生于阴。阴气鄙,阳气仁,曰性善者,是见其阳也;谓恶者,是见其阴者也。"段玉裁注引"董仲舒曰:情者,人之欲也,人欲之谓情,情非制度不节"。又引《孝经·神契》曰:"性生于阳以理执,情生于阴以系念。"又引《礼记》曰:"何谓人情?喜、怒、哀、惧、爱、恶、欲,七者不学而能。"意思是说,情是人体生命存在的本能的欲望,其质为阴性。情欲之动必然引起生命的质朴之性动,亦即阴动则阳需应合。这些是不学而会的事,但作为区别于禽兽的人,必须有制度来节制它,于是在婚姻、嫁娶等礼节制度的形式下,进行性爱、交合、生儿育女的事。这些活动就是性学研究的范畴,因其是在房室中事情,所以古人称之房中、房事、房帷之学。①

我认为作者有些夸大其词。引用的所有文献片段(所有这些在一本好的词源学词典中都可以找到,人们不禁会怀疑作者是否考虑了语境)都可以被理解为哲学家在探究宇宙运行阴阳理论时是否包含世俗人类生活的含义。术语是抽象的,同时对阴阳反向性的运用超出了具体男性和女性的房事范畴。甚至这里运用的欲望一词的含义也远比性宽泛。众所周知,人类欲望的普遍问题是对世界的过分依赖,这是一个哲学家们长久以来一直探讨的问题。

本文所采用的策略在于发现现代科学范畴、性学以及其研究的对

---

① 宋 1991:1—2。

象(欲望、性行为等)的经典权威,是典型的现代中国学术研究,不仅对于房中术如此,对于编纂医学以及其他国家遗产的研究工作也是如此。史学家们花大力气试图为现代性的诸多要素从中国古代,尤其是从远古时代寻找证据。这是发展中世界国家主义的一种常见形式,我在后文中还将多次提到。① 这里我们只需要注意一下宋书公的阐释中所包含的国家主义:他认为性科学不是由西格蒙德·弗洛伊德和哈夫洛克·埃利斯,而是由公元前的中国哲人创造的。

那么,对于现代人来说,性意味着特性或实质,但它也包含色情的意味。中国古代文明留下的经典文本经常讨论宇宙两极,把它们用阴阳二字相联系,从这些古籍中不难看出强烈的社会性别和性别化的意味。当然,同时期也有一些直白而具体地讨论房事的文本,但为数并不多。也许对于现代性学家来说,在宽泛的哲学研究的经典中找到了他的(我们这里谈论的是男性作家)祖先留下的关于自然和人性的性学理论,是一件非常令人高兴的事。这样,性这个字的含义既包括"本质"也包括"性"。

在重新阅读丰富而且意义不明确的档案材料时,我们发现的不仅仅是中国的国家主义者,而是整个 20 世纪。在这一过程中我们所见到的具有普遍行为模式的人乃其"最基本的实质"是"性"的人。但是,这个人所处的宇宙是以人类的性二元结构为模式塑造的。这是一种自然的性二元结构,一个既无法学会又无法改变的"天赐"。

当然,这些文本也可以运用另外一种方式阅读。也许它们在谈及性和情时,指的是极其普通的性格和欲望,性只是人类生活诸多方面中的一个。如果把这些文本置于抽象的阴阳二元结构中阅读,可以拓展我们对宇宙繁殖力的想象方式。阴阳宇宙是一个可以自我激活的、

---

① 参见 Anderson 1991, Chatterjee 1993, 和 Sakai 1997。

第六章 色情艺术

动态的、不断变化的宇宙。它使得学者们对变化的本质和影响的模式而不是对原因和固定的本质感兴趣。全世界的汉学家都对此进行过探讨。但是，当历史学家把这些文本用于讨论性的历史，其涵盖面就变得十分狭窄了。这些哲学典籍似乎被现代的性本身的范畴所限定。男女性交变得非常狭隘，成为一种极度缺乏想象力的隐喻，同时也成为世界上最丰富的典籍之一——古代宇宙论思想的一种模式。

我发现，这种对字面意义的拘泥是无感官的、唯理论的、异性主义的、无想象力的，同时也是非常令人沮丧的。但我并不因此而承认某种新时代的"魅力"，这种观点认为性结合也许是由"自然"本身的韵律所塑造和特许的。这不是分离个体所产生的个人直觉欲望的冲突、合作或交合，相反，阴阳的思想暗示了一种自然生殖模式，这种模式控制或是许可性交活动本身。这种观点认为，男女的性结合并非其生物本能的奴隶，这种结合表达了一种超越他们个人躯体、关系甚至地方条件的自然过程。事实上，由阴阳亲密交合所控制的性过程具有宇宙性。

虽然如此，当我细思具有上千年历史的文本中被性化的阴阳理论的含义时，我仍然不禁要问：当代中国性学家是否已经面临着涉及具有生物本能个体的科学的性学，他们是否看重阴阳逻辑关系的宇宙学与形上学之间的差异。现在再版的原始文本的注意力几乎都集中在后者身上，而上一个十年所撰写的评论似乎只注意到了前者。这样，作为读本的最新房中术汇编具有混合性：在这些原始材料中，科学、历史、生物学和经典哲学并存，好像它们之间存在着自然的、相互支撑的关系。但是，也许对于幻想来说，阐明这些不同的观点并无必要性。

无论如何，这些关于房中术的、现代学术研究的各种韵文为想象性提供了科学和文物研究以外的更多种方式，把一种体现的组成方式与其他情况并置起来。现在，我想通过为当下房中术流行时尚所提供的更多背景来观照上述的某些方面。

马王堆:汉代的快乐

1973年,在湖南省的马王堆出土了汉代(公元前206年到公元220年)早期的大量文献。这些本文内容丰富且保存完好,涉及了哲学、历史和技术等方面的典籍,以其轻轻的一笔就改变了中国古代历史研究的风景画。以前,人们只是通过文献目录或历史记载来了解这些未出土的著作。同一地点出土的其他文本堪称后来大量著作的先锋,使得人们有可能从更加精确的历史角度来理解经典文献的起源。

全世界的学者都在探讨这些材料究竟以何种方式改变了中国汉文化形成时期的历史面貌。马王堆和后来一些较小的发现使得古代史学家处于一种持续的兴奋状态,他们都在关注着考古学的下一个发现将会是什么。(20世纪80年代早期,我在广州的一个研究医学史的日本同学在中国待了很长时间,他旅游去过的唯一景点就是马王堆。当时到马王堆非常麻烦,因为它不在任何旅游线路上。我的朋友回来后曾自豪地向我展示了他在墓坑拍摄的一张照片,其实在我看来他只是站在一片毫无特色的田野上。)产生这种兴奋的部分原因在于,这些关于中国思想体系的早期记录具有很高的内在一贯性,同时写作技巧也非常高妙,所以现在历史学家们都在梦想发现更古老的文本残片,以期更近距离地接触各种东亚知识传统的渊源。

如果马王堆没有被发现,也许中国房中术档案不会受到如此的重视。20世纪70年代以前,一些日本、中国和欧洲的学者研究了隋朝(公元581—618)和唐朝(公元618—907)的色情经典文献,不过这比在马王堆的发现晚了将近一千年。最早的隋唐语料残片由保守的中国文字版本学家叶德辉在1903年改写,现在被保存在一个日本的文集中。但是,如果论及当代对这段历史的最有指导意义的著作,可以发现,在20世纪80年代以前研究中国性传说最著名的学者却是外国人:罗伯特·范·久利克、亨利·马斯帕罗和李约瑟。20世纪80年代和90年代的几位著者指出,在马王堆出土以前,即使是中国本土学者也很难超越这些外国人。

那么,从国家主义历史编纂学的角度看,这是讹误非常多的档案。马王堆出土于毛泽东去世前三年。在那以前,甚至是在1949年解放以前,历史工作是与意识形态紧密相连的。不但房中术这一论题仅仅对资产阶级有吸引力,它的起源又是"封建的",而且它的爱好者也都是外国人。受中国人蔑视的日本人为20世纪70年代以前的档案保护工作所做的努力也于事无补。

但是,处于中国文明"黄金时代"的马王堆在毛泽东时代之后出现的国家主义历史编纂工作中为性学的历史找到了位置。至少在20世纪80年代那整整十年中,从某种程度上说直到现在,史学家们仍致力于撰写一部新的宏大叙事,试图用强调单一文明的繁荣(从某种程度上是衰落)的中国人民自己的历史来代替共产主义历史编纂出来的世界主义和国际主义。在这些项目中,最原始的材料由于其起源未受阶级影响而受到了重视。

这些新发现的历史文献使得学者们可以假定,医学史和性学史之间存在着特定的亲密关系,这一点也是十分重要的。在所发现的文本中,有先前不为人知的医学作品,其中有几种文本被认定为隋唐房中术档案早期作品的原始版本。在这些医学作品中,有一本叫做《十问》,涉及了形而上学、医学和房事。其他的材料提供了治疗因性引起的紊乱的中药处方。因此,在中国和海外学术界,这批文本被统一讨论,20年来,传统医学史家们一直在探索这些强有力的证据所具有的史前史含义:中医和性知识同出一源。

从上世纪80年代末期开始,性爱手册和医学作品之间的紧密联系对于那些试图在正规性教育中寻找关于性学的科学研究之合法性的人来说具有相当的偶然性。他们有关合法性的措辞不仅引发了国家主义者的争论（性艺术是中国的）和对起源的争论（性艺术是古老的），也引发了一种断言：房中术从一开始就是增进健康的手段，因而是为人服务的。尽管在 20 世纪，传统的中医也面临着合法性的危机，为土生土长的中国科学辩护的人们发现，对此表示怀疑的人并不否认健康的理念。很多现代人认为古代的医学文本并不科学，但它们又是可尊重的历史，是中国文明杰出的组成部分，最严格的科学标准可以也将要显示的是：它们对于人类的健康有价值。

房中术文本是有关健康的，但是它们对卧室内"两人的操练"也进行了详细的描述。① 对这些文本的无知解读会把它们归入色情一类，也就是在中国长期被斥为"黄色文学"的东西。这样，强调这些文本严肃的学术性有时会显得有些牵强。现代文本坚持健康是核心，而古代文本还有其他的议题，这两者之间的差异和现代编辑们的考虑是一致的：把这些文本置入合法的历史、合法的健康保健，甚至是合法的科学领域之中。

以马王堆的文本"合阴阳"为例，编者在导言中独特地归纳了其科学性。

> 书中集中讨论了阴阳交合即男女交媾之事，诸如十动、十节、十修、八动、十已等的交合动作，并以模仿动物活动姿态来比喻交合术。书中强调了将房中术与气功导引相结合的养生保健之道。书中由于是在细微观察的基础上产生的，故能在书中提出了性交中女子阴部可出现气味问题。这些论点，对后世性医学家无疑会有启迪之效。

---

① "两人的操练"是 Wile 的用语，指"双秀"（1992）。

这是非常恰当的。保健是核心,文本的"细微观察"的科学特性也被提及。导言出自现代人之手,在紧随其后的文本中,宽泛的结构与细察的结果之间形成了鲜明的对比。很明显,这不仅仅关于"性交中女子阴部可出现气味问题"。

> 凡将合阴阳之方,土指阳,揗村(肘)房,抵夜(腋)旁,上灶纲,抵颈乡,揗拯匡,覆周环,下缺盆,过醴津,陵勃海,上常山,入玄门,御交筋。
>
> 上欲精神,乃能久视而与天地牟(侔)存。交筋者,玄门中交脉也,为得操揗之,使体皆乐养(痒),说(悦)泽(怿)以好。①

书中有很多令人费解的字和词,但又非常发人深省!而这仅仅是开始。之后,马上转入"以次(姿)戏道"。其中描述了女伴的"五欲之征"(气上面执,乳坚鼻汗,舌溥[薄]而滑,下汐股湿,嗌干咽唾)。观察到这些表现后,男伴应该骑在女伴身上,开始十动、十节、十修。当"遂气宗门",就可以进入八动,但是要留神避免十已。书中所有用数字表示的技术都被冠以名称,被赋予了非常有诗意的称谓(比如:十节包括虎游、青[蜻]令[蛉]、鱼嘬等),表明在什么时间根据女伴的反应需要使用某种特定的技术。为了保持"合阴阳"以男性为中心的特性,男伴应该学会通过倾听"五种声音"来理解女伴的动作:"癔息者,内急也;櫶(喘)息者,至美也;潆濺者,玉策而入养[痒]乃始也;痎(吙)者,盐

---

① 樊等人 1997:19—20;Wile 1992:78。在这里和以下的摘录中,我一直使用 Wile 的古文翻译。尽管他在脚注中用括弧提供了名称的解释,但是它们很不明确,而且和编辑这类书的中国学者提供的解释有很大差异。例如,在所引的这一段,中国编辑们喜欢使用针灸穴位来命名,与诗意的名称所指的部位相对应。Wile 对身体部位的命名以及他认为男伴应该进入女伴阴道的时间也比樊等人解释得宽泛得多。

甘甚也；齧者，身振动欲人[入]之久也。"①最后，过分沉溺于高潮会引发男伴系统的损伤，其标志是十已。这和沉溺于房事本身不是一回事，因为此书其他章节提到，男性如果数次"勃起"而不射精会导致"精神入臧，乃至神明"。我会在后文讨论此观点。

这里讨论的一些技术和观察对于中国房中术档案来说是独一无二的，其他的则是许多历史和文化背景中的口传经验，或者说起码也是无声的经验。如上所述，类似文本是迷人的、刺激的，甚至对一些读者来说可能还是实用的。

然而，我最感兴趣的是，对于现代中国读者而言，它们意味着什么。我认为，让那些拘泥于形式的古板编辑们所感兴趣的东西具有十分重要的指导意义。我们可以看出，这些学者最关心的是房中术文本的保健作用和科学性。对他们来说，这些古老文本的权威性也是一个重点。当然，人们可以反驳说，这些重点仅仅是一种修辞结构，目的是把文本中隐蔽的色情部分合法化。但是我认为，在这种恰当的措辞中，也蕴含某种热情。现代的字"性"(性、性格)是语言学上的困惑，但是可能具有语义学上的重要意义，因为它把性欲认定为人的内在本质，这种思想在20世纪之前的中国文学中是无需争辩的。同样，在阅读古代的性手册时也应葆有一种当代意识，把它视为健康的、科学的和国家主义的。换句话说，享受性的身体是非常强壮的(远离疾病和死亡)身体，是真实的载体(世上最早的性知识的、基本的、科学的特性证实了这一点)，而且，最重要的是，它也是中国人的，是它们延续着既古老的又具民族特色的房中术。换言之，房中术也许可以被体验为作为中国人的最直接的方式。

---

① 樊等 1997：22—23；Wile 1992：79。

养 生

在马王堆直接和性有关的文本中,"合阴阳"是纯粹技术性的。"十问"和"天下至道谈"也涉及同样的技术,但是被置于更宽泛的哲学和医学论述的范畴中。正是由于这种宽泛的背景,所有的房中术都可以被归入"养生"术。这一点是编辑们通常愿意表明的。

长期以来,人们用"养生"一词领会医学典籍。这样,当性学和性教育在20世纪80年代开始出现时,跨越了20世纪的几十年的修辞工作直接被挪用以使房中术的古代文献合法化。修辞的任务是,从历史的角度修正传统的医学档案,并使之合法化。马王堆发现的房中术文本属于严肃的学术范畴,不仅仅因为它们是古老的,还因为它们和有关身体的古老学科相关,这一学科就是传统的中医。[①] 治疗手段和那些房中术都可以被看作是"至道"的一部分。它可以延年益寿、有益于生殖并从自我修炼中获得快乐。

养生是个宽泛的标题,其下包括各类传统医学手段。这个类别可以而且的确包括武术传统、与宗教运动相关的冥想以及性爱艺术。它还可以扩展到音乐、书法和其他美学传统,这些传统涉及在创造性领域艺术家的身体。养生也非常符合儒家的哲学传统:有德者重自修。"养生"一词在国家的卫生政治中经历了多次转变:在社会主义卫生政策框架下,一直到20世纪70年代末期,都强调由"赤脚"医生提供基本的预防措施,而传统医学的理论家们可以致力于研究养生传统中"预防的重要性"。20年后,随着医疗保健的商品化,所有的技术和原

---

① "Traditional Chinese Medicine"是"中医"的正式英文翻译,它指的是人民共和国基于古代传统的本土医学。

则都被改头换面成养生的方法,以提高(小资们的)生活质量。由此可见,该词在卫生政策和编史工作中经历了巨大的变化。

从某种程度上说,养生的观念对抗着全球化的医学和科学秩序。当这些传统技艺的现代实践者声称他们的实践是一种养生方式时,他们排斥了现代的、原则性的法则和秩序。他们认为,养生是全面调理,属于民族文化,对健康的理解是积极的,不仅仅局限于预防疾病,因此,养生倡导者们提出了一系列不同的活动。类似的实践——比如太极、气功、汤药、扇子舞,一年四季坚持游泳、爬山甚至是房中术——不仅能帮助人们远离疾病,它们也试图提供快乐、舒服和稳定的体验。尽管生病的人和体验到身体状况下降的人经常养成养生的嗜好,但是很多人表示,即使症状减轻后,他们依然坚持,因为那些活动能够从总体上让他们感觉良好。同时,他们可能会动员自己的亲戚朋友也来参加某些活动;他们还会购置特殊的服装、器材、书籍,目的是使自己的活动日臻完美。

1996年出版的一本科普类图书《养生经》的结构和策略出色地描绘了养生分类的现代范畴。① 这本小册子的书名像是古代文本的现代翻版,尽管在前现代的档案里根本就找不到这样的书。它是五本丛书中的一本(其他四本是:《为官经》《权谋经》《娱书》《从商经》),每一本都是从不同的古代书籍中摘录出来。每一则摘录都配以现代汉语写就的词汇表,帮助读者理解。《养生经》分5个部分:(1)调心养生;(2)顺时养生;(3)饮食养生;(4)起居养生;(5)房室养生。简短的序言介绍了其结构的合理性:这种书籍比古典作品更容易被普通读者所接受,为大家在生活的各个方面所遇到的共同性问题提供建议。

正如这本自助手册所示,房中术也对养生做出了贡献。大多数古

---

① 阎德良等 1996。

代文献表明,长寿源于对身体资源,特别是精的正确驾驭。这既是性学的也是医学的观念。《房事养生》一书的现代版导言对此阐释得十分明确:①

> 房事是人类的一种本能,属于正常的生理要求。和谐而适度的房事生活不仅是夫妻交流感情的重要组成部分,而且也有利于双方的身心健康。古今医家对此皆有明训,如《玉房秘旨》所说:"男女相成,犹天地相生也,天地的交接之道,故无终竟之限,人失交接之道,故有废折之渐,能避渐伤之事,而得阴阳之术,则不死之道也。"说明注意房事养生,可以避免房劳损伤。临床上由房事不节引起的疾病,不乏其例,因此,掌握房事养生方法对于增进夫妻感情,提高生活质量,乃至延年益寿都富有积极的意义。

这是现代文体的一种恰如其分的开场白,用非常含糊的语句强调了适度和责任。与某些性教育文本不同,这类文本一般源自心理学和社会学,与性学的全球性话语采用统一口径。该书提出建议的基础是传统的医学生理学。因此,它直接转向介绍技术,界定某些术语,这些术语在中医界非常普遍,但在世界性学研究中尚属罕见。

第一节 节育保精法

欲,指性欲,欲念;精,指精气,阴精。节欲保精是指节制性欲、保养精气、固摄阴精。中医学所谓"精"的含义较广,不仅指男子精液而言,而泛指构成人体和维持人体生命活动的基本物质。人的生成始于精,由精而成形,且有赖阴精的充养。故《灵枢·经

---

① 曹等 1992:1—2。

脉篇》云："人始生,先成精,精成而脑髓生,骨为干,脉为营,筋为刚,肉为墙,皮肤坚而毛发长。"《素问·金匮真言论》云："夫精者,身之本也。"

这段话直接确认了关键词"精"的模糊性。因为在所有语境中,该词很容易被理解成精液(最近的批评家批评李约瑟在阅读房事经典时就犯了这样的错误),因此有必要解释该词更广泛的生理学含义。① 更重要的是,这种界定表明,无论男人还是女人的身体都需要依赖持续地产生精来维持有机的生活。② 当人们进一步阅读古代房事文献时,对精广义上的理解多有裨益。它指性交时双方产生的精,也指射精停止后,在体内再次循环的精,还意味着通过接受对方射出的精,来增强自身存储精的能力。如果精是身体生活的"云和雨",它的普遍性就容易被理解了,正如欲望和行动之间,以及明显的精液和身体能量的流动之间的转换关系。对于中医的动态生理学的领悟可以帮助人们更清晰地理解现代批评者们对房事文本的阐述。

再者,把精理解成生命活动的基本物质(因此不太容易被其他的身体物质所替代,比如气和神),可以帮助理解预防医学的保守疗法。同样的房事医学文本也立即提到这种保护的需求："如果体内充盈了阴精,会强化各种器官的功能,身体会强壮,很少得病。如果阴精很快就削弱、耗尽,各种器官的功能就会衰弱,身体会变虚弱,未老先衰,经常容易生病。"因为精和健康是如此紧密相连,(尽管很少有人这么说)它比其他的身体物质更容易永久地耗损,所以要尽量在房事中,避免急躁地耗损精。因此建议"有规律的"房事卫生就比鼓励理性的节欲

---

① 关于"精"的意思,参见 Wile 1992。
② 事实上,有些房事文本说在房事中,女人和男人一样也射精(指狭义的精)。两性的身体在生产精和对明显可知的生理学上精的依赖性是对等的。精再转化为气和神。

更为重要。它还能保证因为充盈了能量和营养身体所体验到的那种健康的快乐。

> 节欲能够保精,体现在节制性欲,神去安定,阴精内守,充盈而濡养形体;一则欲念不起,以防暗耗阴精,一则阳事不兴,以息相火妄动,避免阴精妄泄。……明代医家张介宾认为:"欲不可纵,纵则精竭,精不可竭,竭则真散,盖精能生气,气能生神,营卫一身,莫不乎此,故善养生者,必宝其精,精盈则气盛,气盛则神全,神全则身健,身健则病少,神气坚强,老而益壮,借本乎精也。"可见节欲保精与人体的健康密切相关,善于养生之人,必须节欲保精,方能神气旺盛,身体健康。

很显然,张介宾的话可能会冒犯某些现代性教育所强调的内容。第五章提到过这些通过对封建社会的诘难来理解对现代解放的兴趣,从表面上看,没人鼓励独身或者过度的假正经。因此,我的引用包括如下警句:"应该指出,房事是人类发育成熟的一种生理现象,性欲亦为人的正常情志。所谓'节欲保精'并非指禁欲及阴精只藏不泄,而是指在正常生理范围内,节制欲念,固摄阴精,以不使其过耳。"

21世纪美国对于欲望及其行为的常识性理解,部分来自威廉·赖克、赫伯特·马库斯以及马斯特斯和约翰逊关于性的各种文章,他们认为这种强调节欲有些难以理解。如果性的感觉是"正常情志",(我可以听见我的学生们在发问)那么为什么他们需要小心谨慎地节欲呢?

对这个问题的回答可能会局限于那个相当保守环境中的公共礼仪。决策人很有理由担心大众健康问题和家庭稳定性,有些人受西方性享乐主义的影响(的确,目前都市神话中所描绘的一个有趣的阶层就涉及许多关于新贵的谣传,他们包二奶,在各自寓所中金屋藏娇,以便随时行乐)。如果政府行使它仅存的监控权力来确保出版物在涉及性的部分不断倡导自我控制,这也是可以理解的。

但是,正如上述文本所倡议的,作为增强满足感的手段,在中医规范中,自我节制的呼声很高:"天地合,才是永恒交合的秩序。"养生就是采用一些原则达到现在和未来都令人满意的身体状态。长寿无疑是一个目标,但是这些文本也保证人们可以享受全方位的、身强体健的快乐。例如:精是产生气和神的基础,气和神使人感觉有能量,可以集中能量处理手头事务,吃饭有胃口,享受满足,快乐地做爱(房事文本指出多次性交而不射精也是有可能做到的,它可以使人耳聪目明、嗓音清晰。这些都是重要的信息)。和身体的其他基本物质不同,精的外泄是可以量化的,特别是男性的精液(这和气、血、体液和神不同),即使是中医的补药也不能对其进行及时补充。精的衰竭使人失去慷慨、热情和富于创造力地应对日常生活的挑战。

从传统医学的角度看,通过房中术来获得全面滋养的生活必须以节俭地使用身体物质为核心,尤其是精。在关于"传统性医学"的现代书籍中,作者和编辑们试图强调适度的性生活和节欲(如上所述)。这些以临床为主的学者们随时准备治疗的一种病症是"性衰",和其他病症一起,被诊断为肾虚,这主要是由于精的耗损造成的。传统医学中"适度"一词,指的是保存精的方式,在这一点上,古代和现代的医学知识所提供的建议是一致的。

然而,现代医学权威所引用的古代文献并没有规定性交频率和节欲。很明显,在最早关于房事的中国文化中,没有提及对房事的戒绝和房事频率的限制。整个宇宙所运行的力被划分为阴和阳;为什么男人和女人想从这种力量中分离出去呢?再者,性交产生了生理的精,使精在体内更活跃,富于生命力。它倡导所有希望延年益寿的人经常性交。虽然保精非常重要,但是,早期房事文献中提倡的关键技术之一是避免射精(这种技术作为越来越深奥的道家炼丹术持续了几个世纪)。①(这些文献特别提到控制男性的射精,怀尔在其译著《女子独自冥想》(*Women's Solo Meditation Texts*)一书中也提到一些类似的技术。②)通过性交,刺激兴奋活动的精可以被再次吸收,可以给爱人增添活力和精力。还有一些古代作者认为,在高潮时,男性可以吸取女性射出的精,并从中获益。它还提到理想的房中术需要更换性伙伴,以便从中体验长寿之道。因为"一动毋决,耳目聪明,再而音声(章),三而皮革光,四而脊胁强,五而尻脾方,六而水道行,七而坚以强,八而奏(腠)理光,九而通神明,十而为身常"。③对于过去以父权为中心的一夫多妻制的大家庭来说,类似的措辞也许曾经对性技术的实际操练具有指导意义,对少数妻妾成群的男人的健康有积极的效果。但是,很少有现代的专家提倡这种性实践。实际上,在行文中,这些现代专家有意规避着那些带有"封建"色彩的东西。

然而,这些原始的文本——在有益的评论和脚注中——有很多非常明确的建议。有的文本建议性交中途更换性伙伴,还有一些建议选择未生育的"丰腴"的年轻女子作为性伙伴,因为她们可以给男性提供特别滋养的精。这些原始文本所建议的技术要求男人几乎具有无限制的勃起能力、相当的耐力,以及(从现代北美人的角度看)射精的方法、超强的自控能力。如果有非常情愿的(而且非常耐心的)现成的性伙伴,那将是非常便利的。以中医生理学为基础,很多人发现,无论是从学术还是经验的角度出发,该观点都十分具有说服力,这个超级男

---

① 关于炼丹术的形式参见 Needham 1954,第五卷。
② 参见 Wile 1992,有一些 19 世纪和 20 世纪的文本反映了更加古老的传统,是和尚的操练,还有一些妇女全身心地进行冥想。
③ 同上:78;樊等 1997:21。

人在卧室异常英勇,不仅表现而且增加了他的权力和刚毅。现代的中国读者对此一定非常感兴趣。① 即使没有一位读者真的会在自己的卧室内实践这种健康的生活方式,许多人也许相信其他人的确在实践着。正如我在前面提到的,许多现代评论者谨小慎微,不提倡那种可能会破坏家庭,或者引诱未成年的房事。但是他们没有对正在出现的现代超级强壮的肉欲主义者的形象加以遏制:一个超级爱侣,身怀绝技,经过训练,能表现和增强"国人"的神勇(superiority)。

无能和资本主义

至此,我已经讨论了一些正在出现的性话语,它们以中国为对象,实际上是把国家主义的幻想指向了(真实的或者是想象的)卧室的私密空间。我不是唯一把中国的国家主义和性学联系起来的人。然而,改革时期的中国作家在叙事中经常使用性元素来讨论中华民族的现代困惑。他们当中很多人试图把问题的焦点指向性无能——放荡的结果——的丈夫。

近年来,性无能成了中国显著的流行病。② 我在第五章讨论过,它的出现伴随着性教育运动的兴起。教育家和性学家希望能通过更广泛的公开讨论和健康科学的建议来减轻这种性无能。例如,许多20

---

① 古代文献勾勒出的权力和刚毅的本质是非常复杂的。在古代的汉学中,对这个问题的讨论很多。一个著名的例子是 Authur Waley 的 *The Way and Its Power*(1934)。最近重读孔子关于权力的以警句写就的作品是 1995 年 Jullien 的《势》。对于 18 世纪中国的皇权及其本质和范围的建议性探索,参见 Zito 1997。尽管像这样的作品表明,在现代中文的语境下,个人和政治的权力概念和我们在英文作品中发现的有所不同,但是自从古典文献问世以来,已经有了很大的变化,凭空瞎猜是错误的。该话题需要民族志进一步的推论式研究。

② 我在这里借用 Paula Treichler 在关于艾滋病的文章中使用的说法"an epidemic of signification"(1987)。阳萎是一种具有古典意味的流行病。但是考虑到没有官方的或者可靠的统计数据,所以很难知道这种病传播的程度。

世纪90年代出版的、关于自我保健的新书给家庭和新婚夫妇提供建立良好关系和健康实践的建议，这些书把可能出现的性无能视为问题。这个话题比房中术的古代文献更模棱两可，他们建议妻子要敏感，丈夫要耐心。他们认为偶尔的性无能是正常的，并不是什么警示，只要在态度和自我控制上稍微做些调整就可以改进。

与此同时，这个话题被罩上了科学的光环，这种病好像变得很流行。比如，20世纪80年代末期，治疗性功能障碍的小广告随处可见。这些广告"铺天盖地"，不仅在电线杆上、公共厕所内、垃圾桶上、小区的墙上，连医疗设施并不健全的村里都能看见。① 这些广告提及最多的病症是阳痿。尽管这些私人诊所能给予患者的主要是治疗淋病的抗生素，但是阳萎患者是他们主要的广告对象。

"伟哥"曾在中美两国都引起过轩然大波。在它之前，也有许多治疗阳痿的药物，包括从外科针剂到利用机械刺激性欲的设备和春药等。20世纪80年代末期，性时尚奠定了一定的基础，在很多杂志和自我救助以及家庭健康的书籍里，都刊有关于这类治疗的讨论。从1985年开始，中医开设了新的门诊——男科。对此感兴趣的医生们开始撰写教材和研究报告。长期默默地为有"男性性功能障碍"的患者看病的中医可以增加男科专家门诊（尽管在电线杆上张贴的小广告和主流的传统医院不能相提并论，但是他们在某种程度上拥有共同的患者和治疗技术）。运用传统医学来治疗阳痿迅速增多。例如最近出版的《传统性医学》文集有43个摘要，其中几个标题是：《利用强心平衡酒治疗60起阳痿病例的报告》、《利用自我配制的红蚂蚁—蜈蚣粉治疗83起阳痿病例的临床视角》、《利用〈前汉养生经〉治疗34起肾精亏损

---

① 朋友们告诉我任何诊所的广告散发范围都很广，因为他们需要的是远处的患者，而不是附近的患者，大家都坚持认为阳萎患者不会在家附近的诊所求医问药的。

电线杆和小区的墙上贴着小广告,介绍治疗男性阳痿、早泄、梅毒以及各种皮肤病的诊所。这张广告声称有专家使用秘方进行治疗。作者摄于1997年。

型阳痿病例的临床视角》和《对于800起肾虚型阳痿病例的分析》。① 特别值得注意的是最后一个标题,概括了一家医院对所治疗的阳痿患者进行的研究。尽管在简短的摘要中很难看到细节,但是作者们说他们选择这800名患者是因为他们患有同一类型的阳痿(至少还有另外两种常见型阳痿),他们也提到所有这些患者如果按西医诊断则属于"心理型"阳痿。

这样一来,就有证据表明阳痿这种病比几十年前更加流行,可以在光天化日之下去诊所就诊。然而我更感兴趣的是,似乎患有"性功能障碍"的男性越来越多。可以确定的是,这种大众文化的数字所揭示的焦虑和期望在不久之前是令人难以想象的。还有,它的可视性不仅仅限于广告、传统医学和自我保健的文献。它在文学和新闻报道中也举足轻重。

例如,在改革开放时期的小说中,最先描述这种疾病的是张贤亮颇为流行的代表作《男人的一半是女人》(1987年)。② 小说的主人公

---

① 该文集包含74个关于性紊乱的摘要,其中有43个或多或少是以治疗阳痿为中心的。参见康和崔1994。(本书未找到汉语原文,文章标题是根据英文译出的,不妥之处请读者见谅——译者)
② 英文翻译本参见张1988。

是个政治犯,在一个偏远的劳改农场服刑。在他英勇地从水灾中救助了附近村子之前,他一直是位阳痿患者。直到他表现出为人民献身的英雄行为之后,他才得以与另一位囚犯真正结为夫妻——她以前是个妓女。这样,他在集体主义劳动改造中获得了男人的刚毅。他英勇行为的直接结果是使他成为(相当于)模范工人。之后不久,他通过在性生活上征服(突然变得虚弱和依赖的)妻子,完成了个人的升华。最终,他离开了她,到了一个海滨城市从事行政工作。人们有理由假定如果他克服不了"半个男人"的弱点,就不可能有能力和勇气投身到20世纪80年代中期城市过热的经济和政治生活中去。

小说用阳痿来标志20世纪80年代的国家转型;越来越多地用于个人阳痿的寓意很容易让人联想到中国的国情。尽管从那时起,国家的政治文化已经改变了许多,但是性无能的比喻依然十分具有诱惑力。例如,一部1997年上演的吴明(张小帅)的电影《极度寒冷》虚构了一位年轻的北京行为艺术家的反常和渴望,艺术家的中年姻亲兄弟阳痿;很明显,他代表的是毛泽东时代的人,更适合已成过去的集体主义和官僚主义,而不太适应20世纪90年代的市场经济。电影显示出这一代人与他们虚无主义的孩子们和年轻的兄弟姊妹们不同,他们有自己的价值观和承诺,但是,改革时代竞争和贪婪的大环境使他们无法让后者听从他们的教导,或者过上他们认为有意义的生活。

关于阳痿,我最喜欢的例子莫过于1994年周晓文执导的电影《二嫫》。在这部描写新农村乡镇企业的喜剧中,主人公二嫫的丈夫是位阳痿患者。他是名退休的共产党干部、前村长,多少是个重要人物。改革开放后,村里人依然还叫他村长,这很是让他心烦。既然大家都需要靠做生意过活,他唯一的本事——当村长就无用武之地了。他只能屈尊在妻子的(但是无尽头的)商品生产之下。她做面条,他的邻居瞎子有辆卡车,和城里的销售网点有联系,他可以让二嫫赚钱。当然,二嬷和瞎子有恋情,这使商品的生产者和经销者的重要关系得以完善(按我的农民朋友们的说法,这种关系在那些年中国农村经济成功范例中是至关重要的因素之一)。村长最终(稍稍地)恢复了一些他的实际权力,当二嬷想方设法购买了县里最大的电视机后,他施展自己的组织能力来安排足够位子,让全村人看到电视上的新年春节晚会。但是电影的结尾没有给二嬷长期矛盾的生活提出解决方案。她嫁给了阳痿的男人,而瞎子能给她的未来只能是把她变成他的附属品。在二嬷问题多多的家庭之外,她所能看到的是孤独的竞争和以现金交易为基础的关系。

在这部电影中,物品被很好地用来做比喻。例如,电视给二嬷农村的家带来了全球化的世俗生活,电视天线是用做面条的勺子凑合的。加工面条是古老的生产方式,在中国一直具有地方特色,也是比较适合消费的全球模式。晚上二嬷辛苦劳作的大木制压面机也是性交场所的替代物,在院子的其他地方见不到。这位村长面对这个替代物主要能做的就是喝中药,汤药对这位国家的前任残疾公仆而言是一种国家主义的处方。二嬷也到医院去卖血。值得争议的是,在她这里血和其他商品没什么不同,为了多卖血,她喝大碗的盐水。她对产品的商业关系的本性十分清楚:她乐意卖掺了假的产品——被稀释了的血,但是没有产品就拿不到钱。这样,当她发现瞎子通过一个短工间接地偷偷塞钱给她时,她拒绝了他的爱。

一个涉及新产品的场景能很好地说明这一章的主题。在客厅里,二嬷和瞎子比较新买的产品。她买了个华丽的胸罩来讨他的欢心,他给她买了一盒除皱霜。她脱下衣服给他看,他把除皱霜大把地抹在她的肩膀和胳膊上。这个场景被比喻为性交:在宾馆的房间里,他们各自悄悄地潜入,一面破碎的镜子映着女子那张可爱的脸。这个场景如果不是荒唐的,那么就是色情的。但它是荒诞的,部分因为瞎子用了过多的面霜。这个农民企业家可能知道如何挣钱,但是在世俗消费上,他还显得过于"老土"。很明显,为了表示他乐意花钱,他上演了这么一出戏,但他这个能保存精的男人,也并不拥有房中术所倡导的技艺。事实上,他把面霜涂在她身上的时候,他想到的是利用它来保持她外表的美丽。显然,他们在意的并不是传统中国的养生之道,而且就连经典的资本主义的利润再投资策略也不再重要了。

这个场景描绘的性与经济之间的关系表明,中国正快速地遭遇全球现代化。一个彻底现代化的二嫫越来越困在两难的境地中,一边是阳痿的老丈夫,一边是放荡的新情人,两者都不能使她远离无止境的家务劳作和小商品生产。如果我们试图从中寻找国家的寓意,这个场景和电影一起可以被看成是在各个层面上谴责过去的失败和中国未来的世俗生活。在这个领域的阳痿现象其实是非常严重的。

再现和伦理

这些例证最终把我们引到再现的伦理,这是我在本章的开篇所承诺的。我们前面讨论的各种话题组成了一个现代房中术身体的意象:这是一个有历史文化积淀的中国国家主义者,养生、存精、有性无能的可能(因此令人焦虑)但又是彻底的后极"左"时代的男性。换言之,这个身体就是改革时代的产物。他以男权主义的视角反映了这个国家漫长的文明史,但又小心谨慎地忘却了最近的某几十年,他羡慕在祖先的写作中对于身体和快乐的深刻理解,他把日常生活的准则定位于对稀有资源的保存和节俭消费上(或者他希望他能办到),如果管不了远亲,他的目标就延伸到对近亲的要求上。

我不知道在今天的中国是否有这样的人存在,但我知道很多人认为这种人比比皆是。中国的一些评论家,怀念毛泽东时代的集体主义道德观，或者期望有利他主义的新形式出现，指责新兴中产阶级以及他们女伴的自私。我发现，中年人很容易谈论一些不开心的话题：现在的人们是如何地自私，自打毛泽东时代一结束，有多少道德被忘却了。

1997年中国上映了一部电影《离开雷锋的日子》。这部影片描绘了新兴中产阶级趋于自私自利的恼人问题。电影从头至尾都具有宣传的性质，它的道德形象没有超越毛泽东时代的再现。故事讲述了一个倒霉的但是有理想的卡车司机，1962年由于他的疏忽，造成了雷锋的死亡。尽管他一直保持着自己从朋友兼领导雷锋那儿学到的无私奉献的传统，然而他遭遇到的却是腐败和自私的人们。电影中讲述的20世纪90年代的企业家，开着豪华车，穿着最时髦的衣服。在荒野里最终救助了英雄和他儿子的仁慈天使，也和雷锋有关联。她在训练年轻人要把（她认为）的"爱"延续下去，要"助人为乐"。在电影的结尾很突出的是她那群快乐的学生，骑着自行车，穿行在冰冻的泥沼长草间。这是梦幻般的电影手法，富有相当的革命浪漫主义色彩，但是在20世纪90年代却是缺乏说服力的。

大众批评中产阶级的自私，当然我对此也有同感。我乐于和我的中国朋友谈论这些问题和过去的道德观。这些谈话的好处之一就是使我发现（在第一部分也提到过），中国有一些人用新的方式记忆过去的时代，寻找在社会生活某一阶段的道德观，而在十几年或者更长的时间段以前，这是曾被斥责为错误和极端的东西。这和新的性学家们还有他们研究文物并编辑房中术的同事们所喜好的历史编纂不一样。对于这些学者来说，历史要么化解在人的性本质中（参见第五章），变成对于本能进行封建压抑的冗长叙事（或者，更加确切些，是对谈论性这种自然欲望的压抑），要么为了有别于其他国家的文明，使它在中国的文化概念中消失，成为一种永恒的情感与洞见结构。通过跳过建国

第六章 色情艺术

后剧烈转型的头30年,否认20世纪革命的历史力量,以及殖民时期和帝国主义时代的根基,这种历史编写否认眼前的特殊性。这对国家主义的读者是有好处的,因为他们需要在"屈辱的"19世纪和20世纪之前寻找中国人的优越感。这也很好地说明了在欧洲和北美流行的汉学人文学和文化人类学现存的知识结构和学术实践。无论它们在哪儿出现,只要历史编纂把自然或文化的(或通常是二者兼备)抽象概念凌驾于对构成生活真实条件的话语和实践的经验主义关注之上,那么它就等于是对历史的背叛。对于现代读者更重要的是,他们的喜好和资源成为本章关注的重点,在我看来,一个自然—文化的历史编写,不能提供切实讨论当前问题的实际基础。

任何种类的集体记忆都要求,也会产生艺术作品;为了新的价值而对历史进行重塑涉及对某些现实的重写。当代文化研究的原则是方法论的必然结果:所有的重写都是为了他们要继承的新的社会价值。从表面上看,新的文学题材尽管有的幼稚肤浅,有的成熟练达,有的远离政治和社会变迁,但是我们都可以通过政治和伦理的解读提炼出它们所包含的基本社会价值。然而,有时我们不得不向自己司空见惯的"常识"妥协。正如进行文化研究的这一代学者所坚持和展示的,常识随处可见,是充满了特定意识形态的东西。本章所提供的例子非常有预见性:原始房中术文本和现代评论所谈论的性关系的自然性,都依赖于常见的异性恋的不对称关系,无论在美国还是在中国,无论是现在还是遥远的过去,都是如此。这些文本令人们激动,因为人们的幻想(还有记忆和欲望)都乐意接受房事是以男性为中心的这一观点。在历史的不同时空中这也许是非常普遍的房事特点。但是在令我们痴迷的同时,我们也许忘记了这并不是唯一的、自然的可能性。

因此,房中术又复苏了,作为健康和快乐的自然资源来重写某些古代文本,它表明"身体"是如何把政治隐含其中而具有"常识"性的。

这和性别政治有特殊的关联。我们从小接受的训练就具有性别意识。至少对我个人的体验而言，我们的欲望并不屈从于小心谨慎的性别政治，那是我们成年人为自己刻意制造出来的。无论我们多么信仰男女平等，试图使我们的政治生活平等，我们总能感受到古老的、可依赖的、不对称性的细微诱惑力，它依然隐藏在公共思维中，至今安然无恙。但是，如果把我们多样的、不可预测的幻想看成是疯狂的、直觉的，或者是和我们从书中所读到的规定相冲突的自然力量，然后公开讨论并理性地接受，那将是个错误。无论是我们"自然的"欲望还是我们所屈从的"文化"道德的限制，都是在生活实践的复杂领域中形成的。我们可以发现，古代关于养生、培养男权意识、对于房事生活的优生作用的文本与我们自己的幻想和实践之间有很多相似之处。但是，这些相同点更多地证明了社会建构的世俗想象中所存在的权力和局限，而不表明它们是唯一的人性。

这些相同点和那些文本的诱惑同样令人沮丧地见证了父权制的顽固。从本项目一开始，我就不赞同国际上对研究中国古代色情艺术的男性史学家的排名定位。这并不是因为这一古代遗产有猥亵之嫌，相反，其学术成就具有典范意义，其表现出的透彻、敏感性以及广度甚至是令人兴奋的。但是重新审视这些先前的研究，我禁不住要思考当时学者的写作动机和条件。在敬仰范·久利克的社会历史、李约瑟的把性知识和中国科技传统相连、怀尔的迷人写作以及他那本《女子独自冥想》、中国学者的哲学冥想的同时，人们还注意到在这些经典的写作中具有某种怀疑的力度。他们挖掘并提供了这些文本，仅仅因为它们原本存在，这里有约束性的假设把戏，这些资料不能再隐藏在床帷之内。他们指出，性也是历史的合法组成部分，只有落后的假正经才不许在认可的历史记录中加入人类话语的关键部分。这显然和他们的视角毫不相干，这些性爱艺术只关注一类艺术家——男性。

第六章 色情艺术

在这些历史中，对于道德和女性地位的争论一直没有停止过，但是，范·久利克在介绍他的第二部被大众广泛阅读的研究中曾经提及，李约瑟曾责难他，因为他说道家的传统包含了性"掠夺"。① 两位学者都注意到，对残酷性爱的研究还相对匮乏，两人都不能确定炼丹术的某些做法是否是对女性的剥削。李约瑟坚持说不是，因为对于女性的性需求他有充分的证据。但是两人都无法面对这些文本中权力的性别构成的挑战，或者找出权力分布相对平衡的例子。

中国官方依然十分关注妇女的权益，中国的学者，在此监督之下特别热衷于道德上的解读。正如我已经讨论过的，有时，他们的写作和古代文本想阐明的并不一致。但是，随着所有中产阶级思想的灌输，这些道德观也具有某些功效；评论家们明确地认可并避免当代再现房中术可能会导致对妇女和儿童的不负责任的社会压迫。我想他们一定认为写作本身有能力创造它想描述的对象，所以学者们必须反映多数现实主义的叙事（例如：经验主义的历史）的社会涵义。为了和主流的长期文化政策保持一致，很少有不带价值观的学术。历史学家书写历史时，他的理解是，再现过去是个道德工程。既然性别不平等是权力问题，它也是个政治问题。

中国和欧美一样，即便是在最看重道德的房中术评论中，性别政治依然带有明显的父权制逻辑。人们赞扬男性使用技艺给女性带来快乐，女人应该举止得当才能不受处于主宰地位的男性的苛责。通过把两者结合起来，20世纪关于中国性的话语得以创造出一个有细微差别的、有发言权的阳性意象。但是，可以预见的是，女性依然生活在其阴影中，没有发言权，只能在房事协议的范围之外行使被施予的些许权利。这种"妇女"的"自然、常识性"的性伦理没有把她的意愿明确地

---

① van Gulik 1961: xiii.

呈现在21世纪的议事日程之中。

当然,这并不是说历史上具体的女性没有——至少在某些时候——自主行事过。如果欲望和冲动超越了书中所述,也有可能对这些文本进行非父权制的、非异性恋的解读。谁又能说它们没有？用古汉语写就的古代文献,事实上,比现代文本,特别是比那些翻译成西方语言的现代文本具有更多重的解读方式。古汉语很少有指示性别的代词,多数句子从谓语动词(有时是以"话题")开始,没有主语和宾语。当然,英语从语法上要求有动作的发出者,这个主语通常是有明确性别的。尽管房中术的英文翻译们正确地假设这些文本强调异性恋,但是,在按英文的要求补充特定的性别是"他"还是"她"时,这种做法减少了古文原著中的模糊性。但是这就不容易按男性是主动的,一定是异性恋的方式再次翻译,人们很容易用更广阔的视界来看待这些文本。

无论这些原著的内涵有多深,毫无疑问,20世纪的学者们把这些房中术的文本当成自然性活动的古代话语来对待。这样,他们可以忽略在不同的历史时期存在不同文本的差异,他们也可以让这些文本所蕴涵的父权制自然地传承下去了。与此同时,在中国,房中术文本的复兴,在儒家讲究忠孝的社会关系中把性爱和反对苦行主义结合在一起。这种社会关系在一种对文明的静止的和与历史无关的话语中维护着国家的独特性,同时也维护了不平等性。依我之见,这些趋势都是值得有良知的学者们讨论的问题,因为他们意识到自己的工作从来都是有价值取向的。目前,房中术文本的功能是通过依赖行乐把对国家和父权制的自然化愿望结合起来。这并不是精英们有意和人民作对,相反,这是一种极端矛盾的常识,从某种程度上说,我们和我们的身体都不可避免地深陷其中。

在 卧 室

最后,我想得出的结论是,关于这些房中术的古代文献,我自己幻想能有别于其他的当代做法,让它们回到较少受到国家主义和东方主义局限的范畴中。我的幻想依赖于学者们的发现,他们仔细地从诗歌和小说、散文作品中寻找历史上反映性生活的材料,这些作品有时被用作卧室秘籍。前清时期的小说《肉蒲团》中最著名的场景之一,未央生——一个放荡的丈夫,用一本带图片的枕边书劝说极有教养的新娘,他们的床上功夫需要改进。

> 未央生就扯一把太师椅,自己坐了,扯他坐在怀中,揭开春宫册子一幅一幅指与他看。……未央生教他存想里面神情,将来才好模仿,就逐句念与他听道:
>
> 第一幅乃纵蝶寻芳之势(这里描述的是性交的初始阶段,两人坐在太湖石上。接下来的四幅是感情逐渐升级)。
>
> 待玉香看到此(第五幅),不觉骚性大发。未央生又翻过一页,正要指与他看,玉香就把册子一推,立起身来道:"甚么好书,看得人不自在,起来你自己看,我要去睡了。"①

从这一节起,两人对书中的姿势加以创新,"很显然……已然超出春宫画册所描绘的能力"。

正如他们所为,当人们在各自的场合参考使用书中所言时,没人期望它们是现实的综合写照,至于他们如何去读也没有硬性规定。就

---

① 李 1990:47—51。

像现代的浪荡公子全然不顾当代编辑们处心积虑地提供的道德模式，完全沉浸于和他们的伙伴可以合作出的任何经典想象中，慵懒的爱侣可以忽略所有的禁忌，直接阅读极具影响力的古老房中术文本。也没有特定的理由迫使这些枕边书的使用者重视文本中异性恋的假设。为了自身的健康，扮演性交主角的男性，随意摆布女性，后者为了增加他们珍贵的精而参与性交，人们当然希望这种不平等性不再吸引当代人，因为那些都是上千年以前的事情了。

在当代社会中，是什么关系促成这种房中术文本的广泛流传？未央生和玉香，在《肉蒲团》更广阔的语境中，除了它关于性和两性关系的奇思妙想（delicious humor）能使古代小说熠熠生辉之外，并没有起到任何示范作用。一方面，未央生是个彻头彻尾的下流汉，而玉香在追求感官快乐的同时丧失了良好的教养。但有趣的是，这两位寻求快乐的人并非单单被天然冲动左右，而是转向了历史，我希望他们在文本中能找到更多的灵感而不是限制，他们把过去（的文本）更多地看成是消遣而不是指导。

结论　为历史的身体欢呼

本书从几个方面追溯了身体和快乐的问题。在本书涉及的20年间,中国迎来了巨大社会变革。我努力展示了世俗生活如何顺应一个国家的政治,在这个国家中,政治的影响力发生了深刻的变化,却丝毫没有减弱。我坚持阅读被体现的本质和文本的再生力量。同时,我把中国的现实主义作家和电影工作者作为民族志的伙伴,充分重视他们就改革时代共和国困境所做的分析。这样,我想以对最后一个文本的解读来结束此书,该文本是当代中国大部分政治和大众文化所体现的矛盾的范例。该文本——一幅广告画——标志了巨大的变化,同时也暗示了一个更加光明的未来,但又表现了一种习惯,这种习惯形成于现已不复存在的集体主义时期的日常生活。

2000年5月,我再一次来到北京,这次的逗留时间很短。和往常一样,我在街上漫步时,经常会看见各种广告、标牌和通知。但一天早上,我被雷锋的一个新形象惊呆了。这位模范士兵身穿军装的形象突然出现了在出租车的站牌上。这个站牌矗立在闹市区一个喧闹的角落,铬合金边框,前部镶嵌着玻璃,广告灯箱闪着光。广告是为一个健康信息网站所做:www.999.com。这一网站的承办者是中国最大的医药公司——三九公司,这一标志是席卷北京的最广泛、最昂贵的广告大战的一部分。它承诺着"数码健康的新概念",其网页包括"信息中心""健康指南""热点透视""寻医问药""两性关系""健康俱乐部"、

一家医药公司网站的广告。作者摄于2000年。

"美丽新航线"和"在线购物"。① 与现今的网络语言形成鲜明对比的是,雷锋代表的是经典的社会主义现实主义风尚。他身着绿军装,胸前佩戴着鲜艳的大红花,标示着他被树为典型的地位,他的形象和特征很清晰地被勾勒出来,他的脸和往常一样闪烁着玫瑰色的光芒。在灯箱底部,有一句标语:"一人上网,全家健康。"这句话是模仿20世纪60年代学习雷锋运动时的一句格言:"一人当兵,全家光荣。"

我对该神奇现象的第一反应就是惊叹它体现出来的精明的广告手法。在这则广告中,一个大医药公司借用了社会主义国家的权力和群众政治运动中的偶像,把它转化并使之适应中国自由市场经济的新环境。这种宣传把道德层面上非常严肃的国家主义式集体主义与世界网络化并置起来;它提供了一个极具地方特色和历史反响的身体,他不仅是位模范士兵,同时也是出现在广告栏和海报中一个代表着跨国和现代时尚模式的形象。镶嵌在铬合金和玻璃中的雷锋以及它所提供的获得健康的捷径与雷锋原来的形象大相径庭,以前的雷锋是鼓励人们为建设社会主义而竭尽全力的形象,而这个新形象却强有力且立竿见影地唤起了人们对过去的回忆。

毕竟,海报所针对的对象不是像我这样的人群。三九医药公司网络服务的假想消费者是那些仍然记得雷锋的北京人,他们可能马上会被他说服并仿效他,也许自己还会破费一下。不难想象,雷锋的这一新形象会给消费者带来什么样的第一印象。政府会组织新的运动吗?雷锋又要重新被树成典型吗?这里的宣传包含着什么严肃的公共责任么?答案很快就清楚了——这里所提供的只是随意的、私人性质的快乐,一个到网上寻找关于健康和美丽、性和医药"热点话题"的机会。这倒让人松了一口气,但也让人想起了一段无法忘怀的经历:毛泽东

---

① 译者在翻译此书时三九网首页已无法打开,因此网页名称乃根据英文翻译。

时代的过去在一瞬间又历历在目,在这里,过去充当着资本主义中产阶级未来的先行者。如果家庭中有一人上网,全家人都可以知晓最新的健康和产品信息,只要轻击一下鼠标,一切购买问题都可以迎刃而解。

这种宣传活动符合广告准则。它吸引了人们的注意力,同时也留在了人们的记忆中,可以尽一切可能把人们发展成消费者。既然每一个工薪家庭都拥有了冰箱和彩电,家用电脑就成为消费的新宠。许多工作场所也为职员提供了上网机会(我估计每个家庭会有一个成员能享受到这种机会)。网吧的数量也在激增,人人都期待着上网。但是,医疗保健却不能唾手可得,所以这一广告暗示,对那些拥有电脑的人来说,健康是触手可及的。雷锋微笑的形象把一种资产阶级闲适便捷的幻想与可以笑对过去的人们的美好体验联系了起来。这位模范士兵不是政治运动的代言人,而是成为表示消费的、个人的、未来的形象,这一形象并不代表国家的需求。

在这里,普及计算机和获得健康的未来都让人们想起了中国的过去。形象本身的巨大吸引力——雷锋幸福的微笑、直视的目光、鲜亮的红绿搭配、胸前佩戴的象征荣誉的大红花和肩上挎的绶带——并没有因为现代高科技信息的出现而褪色。这位模范士兵,超脱了许多嘲讽,依然像过去一样能够唤起人们的道德感;对于广告的对象来说,他体现了健康本身。雷锋热爱劳动,慷慨助人,努力学习,坚定不移。即使在今天,又有谁不希望能这样生活呢?即便是集体化形式消失了,适应社会主义世界的健康和道德模式依然葆有自己的吸引力。

当然,重要的是,雷锋永远年轻,那些上了年纪的、面临健康问题的中国人也曾和他一起年轻过。他鲜活的面庞和闪光的丝带唤起了当代消费者对无忧无虑的童年和竞争压力相对较小的时代的怀恋。只要雷锋被当作国家的典范,他就是属于中国人的。他和其他广告牌上着装很少（或者裸体）的模特——这些形象宣称北京积极参与着转型期的文化——不同，雷锋具有浓厚的地方色彩。人们的认同已经和标语的节奏紧密相连："一人上网，全家健康。"

海报中的雷锋并不时尚，但他依然体现着北京那些业已人到中年的中产阶级消费者。他代表着他们的青春，也代表着他们的未来。这位身披绶带的模范士兵，呼唤着一个又一个意识到健康与道德和财富同样重要的市民。但雷锋身上慷慨的集体主义幻想仍然起着作用。也许由雷锋引导你进入世纪网络，你就可以连线到毫不利己公司，这个公司会保证你的身体健康。同时，你和你的家人会重又找到"一人当兵，全家光荣"的感觉。运用模范的形象，广告商找到了一条展现新时代特性的道路，这条路超越了可预知的"现代化"或"向市场经济过渡"的种种程式。但是，雷锋这一模范所代表的健康、负责的中国式身体能坚持多久呢？他的这一形象能够体现非常地方化的快乐形式，但这种体现又能持续多久呢？

从本质上说，这是一个史学问题。如果想感知在争论的喧嚣之中身体的节奏——这种节奏一直处于学习与改变、期望和老化的过程之中，我们需要什么样的历史呢？书写是否只能触及我们的"灵魂"，还是可以被解读为对作者和读者物质存在的想象呢？作为民族志研究者，我们在参与并观察对我们来说有些陌生的日常生活时学到了什么呢？如果想与被体现的社会变革的现实真诚实达成协议，作为史学家和人类学家，我们是否必须重新审视自己的身体存在呢？——不是只作为食色之徒，而是作为读者和作者？孟子把"欲望"看作是"自然"的东西——在所有的历史化完成之后——是否依然正确呢？

本书试图通过例证来回答上述问题。我与在中国所认识的人分享的欲望与这本书的读者的欲望之间有着共通的东西，这一点是我尤其坚持的，也许它可以把我的读者和中国人民联系起来。但是，我希望我已经说明了以下观点:我们所有欲望的客体与这些欲望的特质都是可能的。我们对熏肉或油炸蝎子垂涎的味觉和我们深受他人各种魅力诱惑的想象力,这些经验形式的内容是很难预测的。当然,这也是孟子或告子错误的地方:人们可以宣称食和色是自然属性,但对特定时间和地点中的食和色到底是什么却不能做出想当然的判断。不过,这些细节与对欲望本身的认同过程相比就显得无足轻重了。把狗仅仅看做是宠物的人难以接受吃狗肉的习惯,但我们仍然可以理解剥夺是如何增强欲望的。古典色情文献可能会被拙劣地转化为特定的现代性,但是它对感官的直接吸引力仍然非常强大。肉体的隐喻针对的是真实的身体。

真实的身体?当我所引用的材料都是文本、笔记、印象或是些略带伤感的记忆的时候,我能说这是真实的身体吗?穿越世俗与文化界限的身体其真实性问题与翻译的问题相类似:描绘凝结在用另一种语言写就的文本中的历史是不可能的,但人们一直在从事着这项工作。世界人民或者通过感觉或以质朴的方式在阅读着彼此的文学,食用和享受着彼此的食物,在彼此的身体中寻求着快乐,同时也孕育着彼此的后代。与其说我是在描述这种际遇,不如说是在用我自己的叙述来使这种际遇物质化。换句话说,我是在努力为读者的身体欢呼的同时,探索它们在特定时间和特定地点被体现的实践。我也在尝试着描绘和分化那种时间和地点——"20世纪晚期的中国"——把它们当作本地的但是又非常普通的经验。

这就涉及联系的问题。对研究意义和认为语言首先具有指涉性的理论人类学来说,"被置于"文本中的身体的现实性的确是个问题。对我们来说,身体似乎总是游离于文本之外——这样就无法真正地谈及身体——因为我们坚持把文本的指涉理解为隐喻和再现的(词汇代表着事物),而不是换喻和历史的。但是,根据广义上语言运用的换喻方法，词汇与其他词汇和事物都是相互联系的。毕竟，就其自身的本质而言，词汇和文本都是可靠的（respectable）事物。它们是具有物质性的存在，具有功效，可以使事物得以产生。词汇生发经验的力量至今仍无可辩驳，这样，无论关于身体的阅读和书写运作于何地，它都具有现时性。

因此，我不能把雷锋的新形象仅仅看作是广告美学的一个善意的玩笑，或是对当地宣传手段的历史性利用。相反，我认为，这位模范士兵在北京街头巷尾的突然再次出现引发了体现的形式——也就是说，市民们——仍然知道如何用自己的手、足、心灵、思想和肠胃解读这位模范。市民们第一眼看到这些海报所体会到的震撼显示着资本已经取代了乌托邦的位置，这种乌托邦曾经用一种利他主义的精神为人们提供着青春、诚挚和乐观。伴随所有的沮丧，这一充满幻想的形象承诺了，并在一段时间内提供着更加健康的身体。这些身体与集体主义更加紧密相连，这些身体可以从共享生活的平凡中获得快乐。

几年前我到好友艾伦儿时曾住过的房子去拜访一位朋友。时值夏日，当我跨出后门时，茉莉的芳香迎面袭来。这些花的花龄很长，但依然茂盛。它们在这个长长的夏日午后之前就已经盛开了 30 多年了。闻到芬芳的那一刻，我突然想起了多年前的感受：我是多么惧怕艾伦的小性子，可当她搬走时我又是多么的伤心，我对失去家人的焦虑是多么的幼稚。就在那一刻，过去的经验回到了我眼前，但我却体验到了比儿时更加强烈的情感。我想我已经忘却了我八岁时它们的模样，却有一种并不愉快的东西在我的记忆中挥之不去。茉莉花的香气渗入我精心构筑的成年时代，我对快乐的童年和挚友的描述，让我回想起了一个主体，这个主体令我颤抖，让我出汗，使我在那一刻被定格在对恐惧和无望的爱的痛苦感受中，无法移动。

我想三九医药公司所提供的雷锋的形象在 2000 年夏天的北京并

不会引起如此极端的反应。但是，它是在为一个被记忆、体现、因此并未远离的自我欢呼。本书所提及的几位中国当代思想家——陆文夫、莫言、张洁和周晓文——都在疑虑当下时代能否提供这样一种东西，它可以替代简单却不可否认的集体主义式快乐。当他们的读者在寻找某种新的集体主义幻想时，我也不禁和他们一样感到疑虑。

参考文献[1]

Ahmad, Aijaz. 1992. *In Theory: Classes, Nations, Literatures*. London: Verso.

Ahn, Byung-Joon. 1976. *Chinese Politics and the Cultural Revolution: Dynamics of Policy Processes*. Seattle: University of Washington Press.

Ames, Roger. 1993. The Meaning of Body in Classical Chinese Philosophy. In *Self as Body in Asian Theory and Practice*, ed. Thomas P. Kasulis, 157—77. Albany: State University of New York Press.

——. 1994. *The Art of Rulership: A Study of Ancient Chinese Political Thought*. Albany: State University of New York Press.

Anagnost, Ann. 1997. *National Past-Times: Narrative, Representation, and Power in Modern China*. Durham: Duke University Press.

Anderson, Benedict. 1991. *Imagined Communities: Reflections on the Origin and Spread of Nationalism*. New York: Verso.

Anderson, Eugene N. 1988. *The Food of China*. New Haven: Yale University Press.

——, and Marja L. Anderson. 1977. Modern China: South. In *Food in Chinese Culture*, ed. K. C. Chang, 317—82. New Haven: Yale University Press.

Anderson, Marston. 1990. *The Limits of Realism: Chinese Fiction in the Revolutionary Period*. Berkeley: University of California Press.

Anonymous. 1963. *Lei Feng Riji, 1959—1962*. (Diary of Lei Feng, 1959—62). Beijing: People's Liberation Army Literature and Arts Press.

Anonymous. [1963] 1990. *Laodong Renmin de Hao Erzi Lei Feng* (Lei

---

[1] 为读者查阅方便,本部分不做任何翻译。——译者

Feng, Good Son of the Working People). Beijing: China Children and Youth Press.

Appadurai, Arjun. 1996. *Modernity at Large : Cultural Dimensions of Globalization*. Minneapolis: University of Minnesota Press.

Arteaga, Alfred, ed. 1994. *An Other Tongue : Nation and Ethnicity in the Linguistic Borderlands*. Durham: Duke University Press.

Ba Jin [Pa Chin]. 1972. *Family*. Garden City, NY: Anchor.

Barlow, Tani E. 1989. *I Myself Am a Woman : Selected Writings of Ding Ling*. Boston: Beacon.

Barthes, Roland. 1986. "The Reality Effect." In *The Rustle of Language*. Trans. Richard Howard. New York: Hill and Wang.

Becker, Jasper. 1996. *Hungry Ghosts : China's Secret Famine*. London: J. Murray.

Beijing College of Chinese Medicine, ed. 1978. *Zhongyixue Jichu* (Foundations of Chinese Medicine). Shanghai: Shanghai Science and Technology Press.

Bennett, Gordon. 1976. *Yundong : Mass Campaigns in Chinese Communist Leadership*. Berkeley: Center for Chinese Studies, University of California.

Berg, Marc, and Annemarie Mol, eds., 1998. *Differences in Medicine : Unraveling Practices, Techniques, and Bodies*. Durham: Duke University Press.

Bourdieu, Pierre. 1977. *Outline of a Theory of Practice*. Cambridge: Cambridge University Press.

———. 1990. "The Kabyle House." In *The Logic of Practice*, 271—83. Stanford: Stanford University Press.

Boyarin, Jonathan, ed. 1993. *The Ethnography of Reading*. Berkeley: University of California Press.

Butler, Judith. 1990. *Gender Trouble : Feminism and the Subversion of Identity*. New York: Routledge.

Cao Hongxin, Mao Dexi, and Ma Zhongxue. 1992. *Zhongyi Fangshi Yangsheng yu Xing Gongneng Zhang'ai Tiaozhi* (Life Nurturance through the Chinese Medical Bedchamber Arts and the Treatment and Management of Sexual Dysfunction). Jinan: Shandong Science and Technology Press.

Cao Xueqin. 1979. *Story of the Stone : A Chinese Novel in Five Volumes*. Trans. David Hawkes. Bloomington: Indiana University Press.

Chang, Kwang-Chih, ed. 1977. *Food in Chinese Culture : Anthropological* and Historical Perspectives. New Haven: Yale University Press.

Chatterjee, Partha. 1993. *The Nation and Its Fragments: Colonial and Post-colonial Histories*. Princeton: Princeton University Press.

Chengdu College of Chinese Medicine. 1978. *Zhongyaoxue* (Chinese Pharmacy). Shanghai: Shanghai Science and Technology Press.

Classen, Constance. 1993. *Worlds of Sense: Exploring the Senses in History and across Cultures*. New York: Routledge.

Cliffford, James. 1988. On Ethnographic Authority. In *The Predicament of Culture: Twentieth-Century Ethnography, Literature, and Art*. Cambridge: Harvard University Press.

Comaroff, Jean. 1985. *Body of Power, Spirit of Resistance: The Culture and History of a South African People*. Chicago: University of Chicago Press.

——. and Peter Maguire. 1981. Ambiguity and the Search for Meaning: Childhood Leukemia in the Modern Clinical Context. *Social Science and Medicine* 15B: 115—23.

Corrigan, Philip, and Derek Sayer. 1985. *The Great Arch: English State Formation as Cultural Revolution*. London: Blackwell.

Csordas, Thomas. 1994. *The Sacred Self: A Cultural Phenomenology of Sacred Healing*. Berkeley: University of California Press.

Davis, Deborah S. 2000. *The Consumer Revolution in Urban China*. Berkeley: University of California Press.

Deng Tietao, ed. 1988. *Shiyong Zhongyi Zhenduanxue* (Practical Diagnosis in Chinese Medicine). Shanghai: Shanghai Science and Technology Press.

Derrida, Jacques. 1974. White Mythology, *New Literary History* 4, no. II: 5—74.

——. [1989] 1991. "Eating Well" or the Calculation of the Subject: An Interview with Jacques Derrida. Trans. Peter Connor and Avital Ronell. In *Who Comes After the Subject*? ed. Eduardo Cadava, Peter Connor, and Jean-Luc Nancy, 96—119. New York: Routledge.

Ding Ling. 1988. *Ding Ling Daibiao Zuo* (Representative Works of Ding Ling). Zhengzhou: Yellow River Literature and Arts Press.

Douglas, Mary. 1966. *Purity and Danger*. New York: Praeger.

——. 1970. *Natural Symbols*. New York: Pantheon.

Dutton, Michael. 1998. *Streetlife China*. Cambridge: Cambridge University Press.

Ebrey, Patricia, ed. 1981. *Chinese Civilization and Society : A Sourcebook*. New York: Free Press.

Editing Committee of the Encyclopedic Dictionary of the Chinese Language. 1973. *Zhongwen Dacidian* (Encyclopedic Dictionary of the Chinese Language). Taipei: Institute of Chinese Culture, Academia Sinica.

Elvin, Mark. 1989. Tales of *Shen* and *Xin*: Body-Person and Heart-Mind in China during the Last 150 Years. In *Fragments for a History of the Human Body*, Part Two, ed. Michel Feher, 266—349. New York: Zone.

Fan Youping, Yang Fang, Cheng Jiaxiang, and Wang Dapeng, eds. 1997. *Zhonghua Xingxue Guanzhi : Zhonghua Xing Yixue Zhenxian Jicheng* (An Overview of Chinese Sexology: Collected Essential Literature of Chinese Sex Medicine). Guangzhou: Guangdong People's Press.

Farb, Peter, and George Armelagos. 1980. *Consuming Passions : Anthropology of Eating*. Boston: Houghton Mifflin.

Farmer, Paul. 1988. Bad Blood, Spoiled Milk: Bodily Fluids as Moral Barometers in Rural Haiti. *American Ethnologist* 15, no. 1:62—83.

Farquhar, Judith. 1987. Problems of Knowledge in Contemporary Chinese Medical Discourse. *Social Science and Medicine* 24, no. 12: 1013—21.

——. 1991. Objects, Processes, and Female Infertility in Chinese Medicine. *Medical Anthropology Quarterly* (n. s.) 5, no. 4:370—99.

——. 1992. Time and Text: Approaching Contemporary Chinese Medicine through Analysis of a Case. In *Paths of Asian Medical Knowledge*, ed. Charles Leslie and Allan Young, 62—73. Berkeley: University of California Press.

——. 1994. *Knowing Practice : The Clinical Encounter of Chinese Medicine*. Boulder: Westview.

——. 1995a. Eating Chinese Medicine. *Cultural Anthropology* 9, no. 4: 471—97.

——. 1995b. History and the Evanescent: A Problem from Cultural Anthropology. *Asian Medicine Newsletter* (n. s.) no. 5: 1, 8—9.

——. 1995c. Rewriting Chinese Medicine in Post-Mao China. In *Knowledge and the Scholarly Medical Traditions*. ed. Don Bates, 251—76. Cambridge: Cambridge University Press.

——. 1996. Market Magic: Getting Rich and Getting Personal in Medicine after Mao. *American Ethnologist* 23, no. 2: 239—57.

——, and James Hevia. 1993. The Concept of Culture in Post-war American

Historiography of China. *positions* 1, no. 2: 486—525.

Feher, Michel. 1989. *Fragments for a History of the Human Body*. 3 vols. New York: Zone.

Feldman, Allen. 1991. *Formations of Violence: The Narrative of the Body and Political Terror in Northern Ireland*. Chicago: University of Chicago Press.

Feng Jicai. 1991. *Voices From the Whirlwind: An Oral History of the Chinese Cultural Revolution*. New York: Pantheon Books.

——. 1996. *Ten Years of Madness: Oral Histories of China's Cultural Revolution*. San Francisco: China Books and Periodicals.

Feng Qihua. 2001. More Tolerance for Homosexuals. *China Daily*, April 20, 4.

Feuchtwang, Stephan. 1992. *The Imperial Metaphor: Popular Religion in China*. London: Routledge.

Fine Arts Collection Section, PRC State Council. 1976. *Peasant Paintings from Huhsien County*. Beijing: People's Fine Arts Publishing House.

Finkler, Kaja. 1991. *Physicians at Work, Patients in Pain: Biomedical Practice and Patient Response in Mexico*. Boulder: Westview.

Foucault, Michel. 1978. *The History of Sexuality*. Vol. 1. New York: Pantheon.

Frolic, B. Michael. 1980. *Mao's People: Sixteen Portraits of Life in Revolutionary China*. Cambridge: Harvard University Press.

Furth, Charlotte. 1994. Rethinking van Gulik: Sexuality and Reproduction in Traditional Chinese Medicine. In *Engendering China: Women, Culture, and the State*, ed. Christina K. Gilmartin et al., 125—46. Cambridge: Harvard University Press.

——. And Chen Shu-yueh. 1992. Chinese Medicine and the Anthropology of Menstruation in Contemporary Taiwan. *Medical Anthropology Quarterly* (n. s.) 6, no. 1: 27—48.

Geertz, Clifford. 1973. *The Interpretation of Cultures*. New York: Basic Books.

Gil, José. 1998. *The Metamorphoses of the Body*. Minneapolis: University of Minnesota Press.

Good, Byron J. 1994. *Medicine, Rationality, and Experience: An Anthropological Perspective*. New York: Cambridge University Press.

Gordon, Deborah R. 1988. Tenacious Assumptions in Western Medicine. In

Biomedicine Examined, ed. Margaret Lock and Deborah Gordon, 19—42. Boston: Kluwer Academic.

Graham, Joseph F., ed. 1985. *Difference in Translation*. Ithaca: Cornell University Press.

Gu Hua. 1981. *Furong Zhen* (Hibiscus Town). Dangdai 1: 157—231.

Gu Hua. 1983. *A Small Town Called Hibiscus*. Trans. Gladys Yang. Beijing: International Bookstore.

Guangzhou College of Chinese Medicine, Dialectics of Nature Research Section, ed. 1982. *Ziliao Huibian* (Collected Teaching Materials). Vol. 2. Manuscript.

Gunn, Edward. 1991. *Rewriting Chinese: Style and Innovation in Twentieth-Century Chinese Prose*. Stanford: Stanford University Press.

Hacking, Ian. 1983. *Representing and Intervening: Introductory Topics in the Philosophy of Natural Science*. Cambridge: Cambridge University Press.

Hall, Stuart. 1986. The Problem of Ideology: Marxism without Guarantees. *Journal of Communication Inquiry* 10, no. 2: 28—44.

———. and Paul duGay. 1966. *Questions of Cultural Identity*. London: Sage.

Hanson, Marta. 1998. Robust Northerners and Delicate Southerners: The Nineteenth Century Invention of a Southern Medical Tradition. *positions* 6, no. 3: 515—50.

Harrell, Stevan, and Deborah Davis, eds. 1993. *Chinese Families in the Post-Mao Era*. Berkeley: University of California Press.

He Jingzhi et al., eds. 1945. *Bai Mao Nü* (The White-Haired Girl). Shanghai: Yellow River Press. Translated and edited by Yang Hsien-yi and Gladys Yang. Beijing: Foreign Languages Press, 1954.

He Jingzhi. 1954. *The White-Haired Girl: An Opera in Five Acts*. Trans. Galdys Yang and Yang Xianyi. Beijing: Foreign Languages Press.

Hebdige, Dick. 1979. *Subculture: The Meaning of Style*. New York: Methuen.

Henriques, Julian, Wendy Holloway, Cathy Urwin, Couze Venn, and Valerie Walkerdine. [1984] 1998. *Changing the Subject: Psychology, Social Regulation, and Subjectivity*. London: Routledge.

Hinton, William. 1966. *Fanshen: A Documentary of Revolution in a Chinese Village*. New York: Vintage.

Holland, Dorothy, William Lachicotte Jr., Debra Skinner, and Carole Cain. 1998. *Identity and Agency in Cultural Worlds*. Cambridge: Cambridge University Press.

Hong Jiahe, Sha You, and Fu Anqiu. 1989. *Xingde Jiaoyu* (Sex Education). Shanghai: Shanghai People's Press.

Hou Can. 1981. *Yixue Kexue Yanjiu Rumen* (Introduction to Research in Medical Science). Shanghai: Shanghai Science and Technology Press.

Houn, Franklin W. 1973. *A Short History of Chinese Communism*. New York: Prentice-Hall.

Howes, David. 1991. *The Varieties of Sensory Experience : A Sourcebook in the Anthropology of the Senses*. Toronto: University of Toronto Press.

Hsü, Elisabeth. 1999. *The Transmission of Chinese Medicine*. Cambridge: Cambridge University Press.

Hyatt, Richard. 1978. *Chinese Herbal Medicine : Ancient Art and Modern Science*. New York: Schocken.

Jameson, Fredric. 1986. Third World Literature in the Era of Multinational Capital, *Social Text* no. 15: 65—88.

Jiangsu College of New Medicine, ed. 1977. *Zhongyao Dacidian* (Unabridged Dictionary of Chinese Materia Medica). 3 vols. Shanghai: Shanghai People's Press.

Jullien, Fransois. 1995. *The Propensity of Things : Toward a History of Efficacy in China*. New York: Zone.

Kang Lisheng and Cui Meng. eds. 1994. *Zhongguo Chuantong Xing Yixue* (Chinese Traditional Sex Medicine). Beijing: China Medical Sciences Press.

Kaptchuk, Ted J. 1983. *The Web That Has No Weaver : Understanding Chinese Medicine*. New York: Congdon and Weed.

Keys, John D. 1976. *Chinese Herbs : Their Botany, Chemistry, and Pharmaco-dynamics*. Rutland, VT: Tuttle.

Khan, Azizur, and Carl Riskin. 1998. Income and Inequality in China: Composition, Distribution, and Growth of Household Income, 1988—1995. *China Quarterly*, no. 154: 221—53.

Kipnis, Andrew. 1997. *Producing Guanxi : Sentiment, Self, and Subculture in a North China Village*. Durham: Duke University Press.

Kleinman, Arthur. 1980. *Patients and Healers in the Context of Culture : An Exploration of the Borderland between Anthropology, Medicine, and*

Psychiatry. Berkeley: University of California Press.

———. 1988. *The Illness Narratives: Suffering, Healing, and the Human Condition*. New York: Basic Books.

———. and Joan Kleinman. 1985. Somatization: The Interconnections in Chinese Society among Culture, Depressive Experience, and the Meanings of Pain. In *Culture and Depression: Studies in the Anthropology and Cross-Cultural Psychiatry of Affect and Disorder*, ed. Arthur Kleinman and Byron Good, Berkeley: University of California Press.

Kleinman, Arthur, Veena Das, and Margaret Lock, eds. 1997. *Social Suffering*. Berkeley: University of California Press.

Kong Shuyu. 1999. Swan and Spider Eater in Problematic Memoirs of the Cultural Revolution. *positions* 7, no. 1: 239—52.

Kristof, Nicholas, and Sheryl WuDunn. 1995. *China Wakes: The Struggle for the Soul of a Rising Power*. New York: Vintage.

Kuriyama, Shigehisa. 1987. Pulse Diagnosis in the Greek and Chinese Traditions. In *History of Diagnostics: Proceedings of the 9th International Symposium on the Comparative History of Medicine East and West*, ed. Yosia Kawakita, pp. 43—67. Osaka: Taniguchi Foundation.

———. 1994. The Imagination of Winds and the Development of the Chinese Conception of the Body. In *Body, Subject, and Power in China*, ed. Angela Zito and Tani Barlow, 23—41. Chicago: University of Chicago Press.

———. 1999. *The Expressiveness of the Body and the Divergence of Greek and Chinese Medicine*. New York: Zone.

Kwok, D. W. Y. 1965. *Scientism in Chinese Thought*. New Haven: Yale University Press.

Laclau, Ernesto. 1990. The Impossibility of Society. In *New Reflections on the Revolution of Our Time*, 89—92. London: Verso.

Laclau, Ernesto, and Chantal Mouffe. 1985. *Hegemony and Socialist Strategy: Towards a Radical Democratic Politics*. London: Verso Books.

Lai, T. C. 1984. *At the Chinese Table*. Hong Kong: Oxford University Press.

Lampton, David M. 1977. *The Politics of Medicine in China: The Policy Process, 1949—1977*. Boulder: Westview.

Landsberger, Stefan. 1995. *Chinese Propaganda Posters: From Revolution to Modernization*. Armonk, NY: M. E. Sharpe.

Latour, Bruno. 1993. *We Have Never Been Modern*. Cambridge: Harvard University Press.

———. and Steve Woolgar. [1979] 1986. *Laboratory Life. The Construction of Scientific Facts*. Princeton: Princeton University Press.

Lau, D. C., trans. 1970. *Mencius*. Harmondsworth: Penguin.

Lee, Leo Ou-fan. 1973. *The Romantic Generation of Modern Chinese Writers*. Cambridge: Harvard University Press.

Lefevere, Andre, ed. 1992. *Translation/History/Culture: A Sourcebook*. New York: Routledge.

Lévi-Strauss, Claude. 1963. The Effectiveness of Symbols. In *Structural Anthropology*, 186—205. New York: Basic Books.

———. 1964. *Le Cru and le Cuit*. Paris: Plon.

———. 1969. *The Raw and the Cooked*. New York: Harper and Row.

Li, C. P. 1974. *Chinese Herbal Medicine*. Washington, DC: U. S. Department of Health, Education, and Welfare.

Li Guohao, Zhang Mengwen, and Cao Tianqin, eds. 1982. *Explorations in the History of Science and Technology in China*. Shanghai: Shanghai Chinese Classics Publishing Co.

Li Tuo. [1985] 1991. *Jintian* (Today Literary Magazine) 3, no. 4: 59—73.

Li Yu. 1990. *The Carnal Prayer Mat*. Trans. Patrick Hanan. Honolulu: University of Hawai'i Press.

Li Zhisui. 1994. *The Private Life of Chairman Mao*. Trans. Tai Hung-Chao. New York: Random House.

Lindenbaum, Shirley, and Margaret Lock, eds. 1993. *Knowledge, Power, and Practice: The Anthropology of Medicine and Everyday Life*. Berkeley: University of California Press.

Link, E. Perry, ed. 1983. *Stubborn Weeds: Popular and Controversial Chinese Literature after the Cultural Revolution*. Bloomington: Indiana University Press.

———. 1984. *Roses and Thorns: The Second Blooming of the Hundred Flowers in Chinese Fiction*. Berkeley: University of California Press.

Litzinger, Ralph. 2000. *Other Chinas: The Yao and the Politics of National Belonging*. Durham: Duke University Press.

Liu Binyan. 1983. *People Or Monsters? And Other Stories and Reportage from China After Mao*. Bloomington: Indiana University Press.

Liu Changlin. 1982. *Neijingde Zhexue he Zhongyixuede Fangfa* (The Philosophy of the *Inner Canon* and the Methodology of Chinese Medicine). Beijing: Science Press.

Liu Dalin, Ng Manlun, Zhou Liping, and E. J. Haeberle, eds. 1992. *Zhongguo Dangdai Xing Wenhua : Zhongguo Liangwan Lie "Xing Wenming" Diaocha Baogao* (Contemporary Chinese Sexual Culture: Report of the "Sex Civilization" Survey on 20,000 Subjects). Shanghai: Sanlian Bookstore Press.

Liu, Lydia H. 1995. *Translingual Practice : Literature, National Culture, and Translated Modernity*. Stanford: Stanford University Press.

Liu, Xin. 2000. *In One's Own Shadow : An Ethnographic Account of the Condition of Post-reform Rural China*. Berkeley: University of California Press.

Lock, Margaret. 1980. *East Asian Medicine in Urban Japan*. Berkeley: University of California Press.

———. 1993. *Encounters with Aging : Mythologies of Menopause in Japan and North America*. Berkeley: University of California Press.

Lu, Henry C. 1986. *The Chinese System of Food Cures : Prevention and Remedies*. New York: Sterling.

Lu Wenfu. [1982] 1986. *Meishijia* (The Gourmet). In *Lu Wenfu Ji* (Collected Works of Lu Wenfu), 1—85. Fuzhou: Straits Cultural Press. Translated by Yu Fanqin as *The Gourmet*. In *A World of Dreams*, 121—214. Beijing: Chinese Literature Press. 1986.

Luo Dunren. 1993. *Zhongguo Gudai Fangshi Yangsheng Jicheng* (Collected Works of Ancient Chinese Life-Nurturing Bedchamber Arts). Tibet: Tibet People's Press.

Lyotard, Jean-Fransois. 1984. *The Post-Modern Condition : A Report on Knowledge*. Minneapolis: University of Minnesota Press.

Mao Zedong. 1971. *Selected Readings from the Works of Mao Tsetung*. Beijing: Foreign Languages Press.

Marcus, George, and Michael Fischer. 1986. *Anthropology as Cultural Critique : An Experimental Moment in the Human Sciences*. Chicago: University of Chicago Press.

Marx, Karl. [1844] 1972. The German Ideology. In *The Marx-Engels Reader*, 2nd ed., ed. Robert C. Tucker, 146—200. New York: Norton.

———, and Frederick Engels. 1972. *Makesi Engesi Xuan Ji* (Selected Works of Marx and Engels). Vol. 4. Beijing: People's Press.

Meisner, Maurice. 1986. *Mao's China and After : A History of the People's Republic*. New York: Free Press.

Meng, Yue. 1993. Female Images and National Myth. In *Gender Politics in Modern China*, ed. Tani Barlow, 118—36. Durham: Duke University Press.

Merleau-Ponty, Maurice. 1962. *The Phenomenology of Perception*. Atlantic Highlands, NJ: Humanities Press.

Meserve, Walter J., and Ruth I. Meserve, eds. 1970. *Modern Drama from Communist China*. New York: New York University Press.

Mo Yan. 1995. *Ming Ding Guo* (The Republic of Drunkenness). Beijing: Authors Press.

———. 1997. Wangbuliao Chi (I Can't Forget Eating). *Tianya* 5: 92—96.

———. [1992] 2000. *The Republic of Wine*. Trans. Howard Goldblatt. New York: Arcade.

———. 2000. *The Republic of Wine*, by Mo Yan: Interview with the Author. Interviewer Noël Dutrait. *China Perspectives* 29 (May-June): 57—62.

Munn, Nancy. 1986. *The Fame of Gawa : A Symbolic Study of Value Transformation in a Massim (Papua New Guinea) Society*. New York: Cambridge University Press.

Nanjing College of Chinese Medicine. 1979. *Nanjing Jiaoshiben* (Annotated Canon of Problems). Nanjing: Nanjing College of Chinese Medicine.

National Academy of Sciences. 1975. *Herbal Pharmacology in the People's Republic of China : A Trip Report of the American Herbal Pharmacology Delegation*. Washington, DC: National Academy of Sciences.

Needham, Joseph. 1954 -. *Science and Civilization in China*. Various volumes. Cambridge: Cambridge University Press.

———. and Lu Gwei-djen. 1980. *Celestial Lancets : A History and Rationale of Acupuncture and Moxa*. Cambridge: Cambridge University Press.

Ng, Man-lun, and Erwin J. Haeberle. 1997. *Sexual Behavior in Modern China : Report on the Nationwide Survey of 20,000 Men and Women*. New York: Continuum.

Niranjana, Tejaswini. 1992. *Siting Translation : History, Poststructuralism, and the Colonial Context*. Berkeley: University of California Press.

Ots, Thomas. 1994. The Silenced Body, The Expressive *Leib* : The Dialectic of Mind and Life in Chinese Cathartic Healing. In *Embodiment and Experience*, ed. Thomas J. Csordas, 116—36. New York: Cambridge University Press.

Pels, Peter. 1998. The Spirit of Matter: On Fetish, Rarity, Fact and Fancy. In *Border Fetishisms : Material Objects in Unstable Spaces*, ed. Patricia Spyer, 91—121. New York: Routledge.

Porkert, Manfred. 1974. *The Theoretical Foundations of Chinese Medicine : Systems of Correspondence*. Cambridge: MIT Press.

Prusek, Jaroslav. 1980. *The Lyrical and the Epic : Studies of Modern Chinese Writers*. Bloomington: Indiana University Press.

Qu Bo. 1962. *Tracks in the Snowy Forest*. Beijing: Foreign Languages Press.

Rabinow, Paul, ed. 1984. *The Foucault Reader*. New York: Pantheon.

Rafael, Vicente. 1988. *Contracting Colonialism : Translation and Christian Conversion in Tagalog Society under Early Spanish Rule*. Ithaca: Cornell University Press.

Riskin, Carl. 1987. *Feeding China : The Experience since 1949*. Helsinki: World Institute for Development Economic Research of the United Nations University.

Rofel, Lisa. 1994. "Yearnings": Televisual Love and Melodramatic Politics in Contemporary China. *American Ethnologist* 21: 700—22.

———. 1999a. *Other Modernities : Gendered Yearnings in China after Socialism*. Berkeley: University of California Press.

———. 1999b. Qualities of Desire: Imagining Gay Identities in China. *Gay and Lesbian Quarterly* 5, no. 4: 451—74.

Ruan Fangfu. 1988. *Xing Zhishi Shouce* (Handbook of Sexual Knowledge). Beijing: People's Health Press.

Said, Edward W. 1978. *Orientalism*. New York: Pantheon.

Sakai, Naoki. 1997. *Translation and Subjectivity : On "Japan" and Cultural Nationalism*. Minneapolis: University of Minnesota Press.

Saunders, Barry F. 2001. *CT Suite : The Work of Diagnosis in the Age of Virtual Cutting*. Ph. D. diss. , University of North Carolina.

Sayer, Derek. 1987. *The Violence of Abstraction : The Analytic Foundations of Historical Materialism*. London: Blackwell.

Scheid, Volker, Forthcoming. *Plurality and Synthesis in Chinese Medicine*. Durham: Duke University Press.

Schein, Louisa. 1994. The Consumption of Color and the Politics of White

Skin in Post-Mao China. *Social Text* 41 (winter): 141—64.

———. 2000. *Minority Rules: The Miao and the Feminine in China's Cultural Politics*. Durham: Duke University Press.

Schell, Orville. 1989. *Discos and Democracy: China in the Throes of Reform*. New York: Anchor.

Scheper-Hughes, Nancy, and Margaret Lock. 1987. The Mindful Body: A Prolegomenon to Future Work in Medical Anthropology. *Medical Anthropology Quarterly* (n. s.) 1, no. 1: 6—41.

Schram, Stuart. 1969. *The Political Thought of Mao Tse-tung*. Rev. ed. New York: Praeger.

Schwarcz, Vera. 1986. *The Chinese Enlightenment: Intellectuals and the Legacy of the May 4th Movement*. Berkeley: University of California Press.

Seremetakis, C. Nadia. 1991. *The Last Word: Women, Death, and Divination in Inner Mani*. Chicago: University of Chicago Press.

———. 1994. *The Senses Still: Perception and Memory as Material Culture in Modernity*. Chicago: University of Chicago Press.

Shandong Zhongyixueyuan Xuebao (Bulletin of the Shandong College of Traditional Chinese Medicine). 1980. Cover Text. *Bulletin of the Shandong College of Traditional Chinese Medicine*, no. 2.

Shang Guanfeng. 1998. *Gongting Canyin yu Yangsheng* (Chinese Imperial Cuisine and Eating Secrets). Beijing: Panda Books and Chinese Literature Press.

Shen Rong. [1982] 1987a. The Secret of Crown *Prince* Village. *In At Middle Age*, 237—342. Beijing: Chinese Literature Press.

———. [1983] 1987b. Ten Years Deducted. *In At Middle Age*, 343—64. Beijing: Chinese Literature Press.

Shen Yingsen, Zhao Changying, and Meng Hui. 1998. *Siji Bushen Shishan* (Seasonal Meals for Body Bolstering). Guangzhou: Guangdong Science and Technology Press.

Simon, Denis F., and Merle Goldman. 1989. *Science and Technology in Post-Mao China*. Cambridge: Council on East Asian Studies, Harvard University.

Simon, Sherry. 1996. *Gender in Translation: Cultural Identity and the Politics of Transmission*. New York: Routledge.

Simoons, Frederick J. 1991. *Food in China: A Cultural and Historical Inquiry*. Boca Raton, FL: CRC Press.

Sivin, Nathan. 1987. *Traditional Medicine in Contemporary China*. Ann Arbor: Center for Chinese Studies, University of Michigan.

Smith, Paul. 1988. *Discerning the Subject*. Minneapolis: University of Minnesota Press.

Snow, Edgar. 1957. *Random Notes on Red China, 1936—1945*. Cambridge: Harvard University Press.

Solomon, Richard H. 1975. *A Revolution Is Not a Dinner Party : A Feast of Images of the Maoist Transformation of China*. Garden City, NY: Anchor.

Song Shugong, ed. 1991. *Zhongguo Gudai Fangshi Yangsheng Jiyao* (Anthology of Essential Works of the Ancient Chinese Life-Nurturing Arts of the Bedchamber). Beijing: China Medical Science Press.

Spivak, Gayatri. 1993. *Outside in the Teaching Machine*. New York: Routledge.

Steiner, George. 1975. *After Babel: Aspects of Language and Translation*. London: Oxford University Press.

Stewart, Kathleen. 1996. *A Space on the Side of the Road : Cultural Poetics in an "Other" America*. Princeton: Princeton University Press.

Taussig, Michael. 1980. Reification and the Consciousness of the Patient. *Social Science and Medicine* 14B: 3—13.

Treichler, Paula. 1987. AIDS, Homophobia, and Medical Discourse: An Epidemic of Signification. *Cultural Studies* 3, no. 1: 263—305.

Tsing, Anna Lowenhaupt. 1993. *In the Realm of the Diamond Queen : Marginality in an Out-of-the-Way Place*. Princeton: Princeton University Press.

Tucker, Robert C. [1972] 1978. *The Marx Engels Reader*. New York: W. W. Norton and Co.

Tung, Chi-ping, and Humphrey Evans. 1976. *The Thought Revolution*. New York: Coward-McCann.

Turner, Terence. 1980. The Social Skin. In *Not Work Alone : A Cross-Cultural View of Activities Superfluous to Survival*, ed. Roger Lewin and Jeremy Cherfas, 112—40. Beverly Hills: Sage.

Turner, Victor. 1967. An Ndembu Doctor in Practice. In *The Forests of Symbols*, 359—93. Ithaca: Cornell University Press.

Unschuld, Paul. 1985. *Medicine in China : A History of Ideas*. Berkeley: University of California Press.

Vance, Carole, ed. [1984] 1992. *Pleasure and Danger : Exploring Female*

Sexuality. London: Pandora Books.

van Gulik, Robert. 1961. *Sexual Life in Ancient China : A Preliminary Survey of Chinese Sex and Society from ca. 1500 B. C. till 1644 A. D.* New York: Barnes and Noble.

Walder, Andrew, ed. 1998. *Zouping in Transition : The Process of Reform in Rural North China*. Cambridge: Harvard University Press.

Waley, Arthur. 1934. *The Way and Its Power : A Study of the Tao Te Ching and Its Place in Chinese Thought*. London: Allen and Urwin.

Wang, Hui. 1995. The Fate of "Mr. Science" in China: The Concept of Science and Its Application in Modern Chinese Thought. *positions* 3, no. 1: 1—68.

Wang, Jing. 1996. *High Culture Fever : Politics, Aesthetics, and Ideology in Deng's China*. Berkeley: University of California Press.

Wang, Xudong. 1989. *Zhongyi Meixue* [Aesthetics of Chinese Medicine]. Nanjing: Dongnan University Press.

Weiss, Brad. 1996. *The Making and Unmaking of the Haya Lived World ; Consumption, Commodification, and Everyday Practice*. Durham: Duke University Press.

Wile, Douglas. 1992. *Art of the Bedchamber : The Chinese Sexual Yoga Classics, Including Women's Solo Meditation, Texts*. Albany: State University of New York Press.

Williams, Raymond. 1973. *The Country and the City*. New York: Oxford University Press.

Woolgar, Steve. 1988. *Science, the Very Idea*. Chichester: Ellis Horwood.

Xie, Chunsheng, and Yang Liuzhu, eds. 2000. *Xiandai Jiating Zibu Yaoshan* (Nourishing Medicinal Meals for the Modern Family). Beijing: Scientific and Technical Documents Publishing House.

Yan Deliang, Ma Hing, and Zhang Jinrong, eds. 1996. *Yangsheng Jing* (Classic of Life Nurturance). Wuhan: Hubei People's Press.

Yan, Yunxiang. 1996. *The Flow of Gifts : Reciprocity and Social Networks in a Chinese Village*. Stanford: Stanford University Press.

Yang, Dali L. 1996. *Calamity and Reform in China : State, Rural Society, and Institutional Change since the Great Leap Famine*. Stanford: Stanford University Press.

Yang Dongping. [1994] 1998. Revolutionary Culture and Language. In

Streetlife China, ed. Michael Dutton, 165—69. Cambridge: Cambridge University Press.

Yang, Mayfair Mei-Hui. 1994. *Gifts, Banquets, and the Art of Social Relationships in China*. Ithaca: Cornell University Press.

Yang, Rae. 1997. *Spider Eaters: A Memoir*. Berkeley: University of California Press.

Yang, Xiaobin. 1998. The Republic of Wine: An Extravaganza of Decline. *positions* 6, no. 1: 7—31.

Yin Huihe, and Zhang Bona, eds. 1989. *Zhongyi Jichu Lilun* (Fundamental Theories of Chinese Medicine). Beijing: People's Health Press.

Yoshida, Tadashi. 1987. Some Problems in the Analysis of Manifestations of Sickness. In *History of Diagnostics*, ed. Kawakita Yosio, 210—14. Osaka: Taniguchi Foundation.

Yue, Gang. 1999. *The Mouth That Begs: Hunger, Cannibalism, and the Politics of Eating in Modern China*. Durham: Duke University Press.

Zarrow, Peter. 1999. Meanings of China's Cultural Revolution: Memoirs of Exile. *positions* 7, no. 1: 165—91.

Zha Jianying. 1995. *China Pop: How Soap Operas, Tabloids, and Bestsellers Are Transforming a Culture*. New York: New Press.

Zhang Jie. 1980. *Ai, Shi Buneng Wangjide* (Love Must Not Be Forgotten). Guangzhou: Guangdong People's Press.

———. 1987. *Love Must Not Be Forgotten*. Trans. Gladys Yang. Beijing: Panda.

Zhang Xianliang. 1987. *Nanrende Yiban shi Nüren* (Half of Man is Woman). Hong Kong: Ming Chuang Press.

Zhang Xianliang. 1988. *Half of Man is Woman*. Trans. Martha Avery. London: Viking.

Zhang Xinxin. 1987. *Chinese Lives: An Oral History of Contemporary China*. New York: Pantheon Books.

Zhang, Xudong. 1997. *Chinese Modernism in the Era of Reforms: Cultural Fever, Avant-Garde Fiction, and the New Chinese Cinema*. Durham: Duke University Press.

Zhou Fengwu, Zhang Jiwen, and Cong Lin, eds. 1981—85. *Ming Laozhongyi Zhi Lu* (Paths of Renowned Senior Chinese Doctors). 3 vols. Jinan: Shangdong Science and Technology Press.

Zhu Xi, ed. *Sishu Jizhu* (The Annotated Four Books). [12th c.] 1987. Punctuated by Chen Shuguo. Changsha: Yuelu Book Club.

Zhuang Lixiang, ed. 1995. *Zhongyi Shiliao* (Nutritional Therapy in Chinese Medicine). Guangzhou: Guangdong Tourism Press.

Zito, Angela. 1997. *Of Body and Brush: Grand Sacrifice as Text/Performance in Eighteenth Century China*. Chicago: University of Chicago Press.

Zito, Angela, and Tani Barlow, eds. 1994. *Body, Subject, and Power in China*. Chicago: University of Chicago Press.

译后记

本书的翻译是在汪民安教授和冯珠娣教授的悉心指教和鼎力支持下完成的。此前,我对人类学,尤其是医学人类学几乎一无所知,也没什么兴趣。初次见到这本书是在 2004 年 6 月,当时刚刚参加了博士研究生的入学考试,感到身心俱疲,很想换换脑子,于是到大学时代的老师、现任清华大学教授的陈永国先生那里"请战",他就给我看了这本书。我随意一翻,就翻到了它对张洁的小说《爱,是不能忘记的》的分析——这是我最喜爱的、曾伴随着我成长的小说之一,我马上就被它独特的分析视角所吸引,于是决定冒险一试。现在想来,此举真可谓"无知者无畏"。自己虽然是英语专业科班出身,有近二十年的高校英语教学经验,此前也翻译过一些理论著作和学术文章,但等我真正开始翻译时,还是感到了任务的艰巨,因为对书的理解需要人类学的知识为基础。于是,我就向我先生杨劲松借阅了他平时阅读的一些文化人类学方面的书籍(我所攻读的西方文艺理论虽与本书有一定联系,但毕竟属于两个领域,只好满足于"打打底子"),比如夏建中的《文化人类学理论学派——文化研究的历史》、庄孔韶的《人类学通论》等,还阅读了冯珠娣和汪民安的《日常生活、身体、政治》《身体、空间与后现代性》等著作、文章。从理论术语到各理论流派的演变乃至研究方法,由浅入深进行"恶补"。此举虽属"临时抱佛脚",但对翻译工作来说却大有裨益。

"祸不单行"，翻译工作举步维艰，我的视力又出现了问题。对于我的视力问题，美国人冯珠娣教授居然是唯一一位建议我看中医的人。这时我的好朋友，北京师范大学外文学院副教授、民俗学专业博士研究生马磊向我伸出了援助之手，承担了本书的部分翻译工作，后来好友江素侠副教授也加入了"战团"。在将近两年的时间里，我们共同"奋斗"，除去工作、学习和翻译之外，还要频繁奔波于北京的各大图书馆，因为该书引用的大量中文文献和人名需要从英文回译。记得为了上世纪70年代《红旗》上的一句话，我们就曾在国家图书馆"耗"上了半天时间。原著者冯珠娣教授几次来京与我会晤，当然每次我们都"忘不了吃"，还提供了大量的汉语资料。北京外国语大学汪民安教授和清华大学陈永国教授也多次对翻译工作进行了具体指导和鼓励敦促。虽有这些方便条件，但书中还有一些援引的文献，由于作者读的就是英文资料而无法提供，在图书馆和网络上都无法找到。例如书中有一幅"文化大革命"期间的宣传画，我们就没有找到汉语的作者名和题名（这样的部分在书中都加了译注），这不能不说是一种遗憾。

本书的作者原任教于美国北卡罗来纳大学，现为芝加哥大学的人类学教授。著述颇丰，具有代表性的有《认识实践：遭遇中医临床》、《超越肉体：物质生活的人类学读本》（主编）等。她是著名的汉学家，曾在广州学习过多年，后又多次来中国进行田野工作，对中国的"日常生活"有着非常深入的了解。她以一位人类学家，但同时也是一位西方哲人的视角从"吃"和"性"两方面审视了中国人的身体欲望，其论述可谓精辟独到，机敏睿智。当我从冯珠娣教授笔下的"日常生活"空间回到我们所处的社会文化环境时，顿然感到对所处城市的"日常生活"又多了一些理解和认识，我相信读者一定也会有同感。

本书的具体分工如下：

郭乙瑶：中文版序言、引言、第一部分导言、第二部分导言、第四章、第五章、第六章（"马王堆：汉代的快乐"之前的部分）、结论及全书的统稿工作。

马　磊：第一章、第二章、第六章（"养生"、"无能和资本主义"、"再现和伦理"和"在卧室"四部分）。

江素侠：致谢、第三章。

最后，我们要特别感谢江苏人民出版社和本书的责任编辑王保顶先生，没有他们的大力支持和辛勤工作，我们至少不会这么快就有机会与读者分享这部"师心独见"的著作。本丛书主编、北京大学中文系教授刘东先生亲自为此中译本定了《饕餮之欲：当代中国的食与色》的书名，对此我们也表示感谢。

由于水平有限，翻译这样一部博文广采、匠心独运的著作，疏漏之处在所难免，敬请方家不吝赐教。

郭乙瑶

2009初改定于北京海淀背阴屯

"海外中国研究丛书"书目

1. 中国的现代化 [美]吉尔伯特·罗兹曼 主编 国家社会科学基金"比较现代化"课题组 译 沈宗美 校
2. 寻求富强:严复与西方 [美]本杰明·史华兹 著 叶凤美 译
3. 中国现代思想中的唯科学主义(1900—1950) [美]郭颖颐 著 雷颐 译
4. 台湾:走向工业化社会 [美]吴元黎 著
5. 中国思想传统的现代诠释 余英时 著
6. 胡适与中国的文艺复兴:中国革命中的自由主义,1917—1937 [美]格里德 著 鲁奇 译
7. 德国思想家论中国 [德]夏瑞春 编 陈爱政 等译
8. 摆脱困境:新儒学与中国政治文化的演进 [美]墨子刻 著 颜世安 高华 黄东兰 译
9. 儒家思想新论:创造性转换的自我 [美]杜维明 著 曹幼华 单丁 译 周文彰 等校
10. 洪业:清朝开国史 [美]魏斐德 著 陈苏镇 薄小莹 包伟民 陈晓燕 牛朴 谭天星 译 阎步克 等校
11. 走向21世纪:中国经济的现状、问题和前景 [美]D. H. 帕金斯 著 陈志标 编译
12. 中国:传统与变革 [美]费正清 赖肖尔 主编 陈仲丹 潘兴明 庞朝阳 译 吴世民 张子清 洪邮生 校
13. 中华帝国的法律 [美]D. 布朗 C. 莫里斯 著 朱勇 译 梁治平 校
14. 梁启超与中国思想的过渡(1890—1907) [美]张灏 著 崔志海 葛夫平 译
15. 儒教与道教 [德]马克斯·韦伯 著 洪天富 译
16. 中国政治 [美]詹姆斯·R. 汤森 布兰特利·沃马克 著 顾速 董方 译
17. 文化、权力与国家:1900—1942年的华北农村 [美]杜赞奇 著 王福明 译
18. 义和团运动的起源 [美]周锡瑞 著 张俊义 王栋 译
19. 在传统与现代性之间:王韬与晚清革命 [美]柯文 著 雷颐 罗检秋 译
20. 最后的儒家:梁漱溟与中国现代化的两难 [美]艾恺 著 王宗昱 冀建中 译
21. 蒙元入侵前夜的中国日常生活 [法]谢和耐 著 刘东 译
22. 东亚之锋 [美]小R. 霍夫亨兹 K. E. 柯德尔 著 黎鸣 译
23. 中国社会史 [法]谢和耐 著 黄建华 黄迅余 译
24. 从理学到朴学:中华帝国晚期思想与社会变化面面观 [美]艾尔曼 著 赵刚 译
25. 孔子哲学思微 [美]郝大维 安乐哲 著 蒋弋为 李志林 译
26. 北美中国古典文学研究名家十年文选 乐黛云 陈珏 编选
27. 东亚文明:五个阶段的对话 [美]狄百瑞 著 何兆武 何冰 译
28. 五四运动:现代中国的思想革命 [美]周策纵 著 周子平 等译
29. 近代中国与新世界:康有为变法与大同思想研究 [美]萧公权 著 汪荣祖 译
30. 功利主义儒家:陈亮对朱熹的挑战 [美]田浩 著 姜长苏 译
31. 莱布尼兹和儒学 [美]孟德卫 著 张学智 译
32. 佛教征服中国:佛教在中国中古早期的传播与适应 [荷兰]许理和 著 李四龙 裴勇 等译
33. 新政革命与日本:中国,1898—1912 [美]任达 著 李仲贤 译
34. 经学、政治和宗族:中华帝国晚期常州今文学派研究 [美]艾尔曼 著 赵刚 译
35. 中国制度史研究 [美]杨联陞 著 彭刚 程钢 译

36. 汉代农业:早期中国农业经济的形成 〔美〕许倬云 著 程农 张鸣 译 邓正来 校
37. 转变的中国:历史变迁与欧洲经验的局限 〔美〕王国斌 著 李伯重 连玲玲 译
38. 欧洲中国古典文学研究名家十年文选 乐黛云 陈珏 龚刚 编选
39. 中国农民经济:河北和山东的农民发展,1890—1949 〔美〕马若孟 著 史建云 译
40. 汉哲学思维的文化探源 〔美〕郝大维 安乐哲 著 施忠连 译
41. 近代中国之种族观念 〔英〕冯客 著 杨立华 译
42. 血路:革命中国中的沈定一(玄庐)传奇 〔美〕萧邦奇 著 周武彪 译
43. 历史三调:作为事件、经历和神话的义和团 〔美〕柯文 著 杜继东 译
44. 斯文:唐宋思想的转型 〔美〕包弼德 著 刘宁 译
45. 宋代江南经济史研究 〔日〕斯波义信 著 方健 何忠礼 译
46. 一个中国村庄:山东台头 杨懋春 著 张雄 沈炜 秦美珠 译
47. 现实主义的限制:革命时代的中国小说 〔美〕安敏成 著 姜涛 译
48. 上海罢工:中国工人政治研究 〔美〕裴宜理 著 刘平 译
49. 中国转向内在:两宋之际的文化转向 〔美〕刘子健 著 赵冬梅 译
50. 孔子:即凡而圣 〔美〕赫伯特·芬格莱特 著 彭国翔 张华 译
51. 18世纪中国的官僚制度与荒政 〔法〕魏丕信 著 徐建青 译
52. 他山的石头记:宇文所安自选集 〔美〕宇文所安 著 田晓菲 编译
53. 危险的愉悦:20世纪上海的娼妓问题与现代性 〔美〕贺萧 著 韩敏中 盛宁 译
54. 中国食物 〔美〕尤金·N.安德森 著 马孆 刘东 译 刘东 审校
55. 大分流:欧洲、中国及现代世界经济的发展 〔美〕彭慕兰 著 史建云 译
56. 古代中国的思想世界 〔美〕本杰明·史华兹 著 程钢 译 刘东 校
57. 内闱:宋代的婚姻和妇女生活 〔美〕伊沛霞 著 胡志宏 译
58. 中国北方村落的社会性别与权力 〔加〕朱爱岚 著 胡玉坤 译
59. 先贤的民主:杜威、孔子与中国民主之希望 〔美〕郝大维 安乐哲 著 何刚强 译
60. 向往心灵转化的庄子:内篇分析 〔美〕爱莲心 著 周炽成 译
61. 中国人的幸福观 〔德〕鲍吾刚 著 严蓓雯 韩雪临 吴德祖 译
62. 闺塾师:明末清初江南的才女文化 〔美〕高彦颐 著 李志生 译
63. 缀珍录:十八世纪及其前后的中国妇女 〔美〕曼素恩 著 定宜庄 颜宜葳 译
64. 革命与历史:中国马克思主义历史学的起源,1919—1937 〔美〕德里克 著 翁贺凯 译
65. 竞争的话语:明清小说中的正统性、本真性及所生成之意义 〔美〕艾梅兰 著 罗琳 译
66. 中国妇女与农村发展:云南禄村六十年的变迁 〔加〕宝森 著 胡玉坤 译
67. 中国近代思维的挫折 〔日〕岛田虔次 著 甘万萍 译
68. 中国的亚洲内陆边疆 〔美〕拉铁摩尔 著 唐晓峰 译
69. 为权力祈祷:佛教与晚明中国士绅社会的形成 〔加〕卜正民 著 张华 译
70. 天潢贵胄:宋代宗室史 〔美〕贾志扬 著 赵冬梅 译
71. 儒家之道:中国哲学之探讨 〔美〕倪德卫 著 〔美〕万白安 编 周炽成 译
72. 都市里的农家女:性别、流动与社会变迁 〔澳〕杰华 著 吴小英 译
73. 另类的现代性:改革开放时代中国性别化的渴望 〔美〕罗丽莎 著 黄新 译
74. 近代中国的知识分子与文明 〔日〕佐藤慎一 著 刘岳兵 译
75. 繁盛之阴:中国医学史中的性(960—1665) 〔美〕费侠莉 著 甄橙 主译 吴朝霞 主校
76. 中国大众宗教 〔美〕韦思谛 编 陈仲丹 译
77. 中国诗画语言研究 〔法〕程抱一 著 涂卫群 译
78. 中国的思维世界 〔日〕沟口雄三 小岛毅 著 孙歌 等译

79. 德国与中华民国　[美]柯伟林 著　陈谦平 陈红民 武菁 申晓云 译　钱乘旦 校
80. 中国近代经济史研究:清末海关财政与通商口岸市场圈　[日]滨下武志 著　高淑娟 孙彬 译
81. 回应革命与改革:皖北李村的社会变迁与延续　韩敏 著　陆益龙 徐新玉 译
82. 中国现代文学与电影中的城市:空间、时间与性别构形　[美]张英进 著　秦立彦 译
83. 现代的诱惑:书写半殖民地中国的现代主义(1917—1937)　[美]史书美 著　何恬 译
84. 开放的帝国:1600年前的中国历史　[美]芮乐伟·韩森 著　梁侃 邹劲风 译
85. 改良与革命:辛亥革命在两湖　[美]周锡瑞 著　杨慎之 译
86. 章学诚的生平及其思想　[美]倪德卫 著　杨立华 译
87. 卫生的现代性:中国通商口岸卫生与疾病的含义　[美]罗芙芸 著　向磊 译
88. 道与庶道:宋代以来的道教、民间信仰和神灵模式　[美]韩明士 著　皮庆生 译
89. 间谍王:戴笠与中国特工　[美]魏斐德 著　梁禾 译
90. 中国的女性与性相:1949年以来的性别话语　[英]艾华 著　施施 译
91. 近代中国的犯罪、惩罚与监狱　[荷]冯客 著　徐有威 等译　潘兴明 校
92. 帝国的隐喻:中国民间宗教　[英]王斯福 著　赵旭东 译
93. 王弼《老子注》研究　[德]瓦格纳 著　杨立华 译
94. 寻求正义:1905—1906年的抵制美货运动　[美]王冠华 著　刘甜甜 译
95. 传统中国日常生活中的协商:中古契约研究　[美]韩森 著　鲁西奇 译
96. 从民族国家拯救历史:民族主义话语与中国现代史研究　[美]杜赞奇 著　王宪明 高继美 李海燕 李点 译
97. 欧几里得在中国:汉译《几何原本》的源流与影响　[荷]安国风 著　纪志刚 郑诚 郑方磊 译
98. 十八世纪中国社会　[美]韩书瑞 罗友枝 著　陈仲丹 译
99. 中国与达尔文　[美]浦嘉珉 著　钟永强 译
100. 私人领域的变形:唐宋诗词中的园林与玩好　[美]杨晓山 著　文韬 译
101. 理解农民中国:社会科学哲学的案例研究　[美]李丹 著　张天虹 张洪云 张胜波 译
102. 山东叛乱:1774年的王伦起义　[美]韩书瑞 著　刘平 唐雁超 译
103. 毁灭的种子:战争与革命中的国民党中国(1937—1949)　[美]易劳逸 著　王建朗 王贤知 贾维 译
104. 缠足:"金莲崇拜"盛极而衰的演变　[美]高彦颐 著　苗延威 译
105. 饕餮之欲:当代中国的食与色　[美]冯珠娣 著　郭乙瑶 马磊 江素侠 译
106. 翻译的传说:中国新女性的形成(1898—1918)　胡缨 著　龙瑜宬 彭珊珊 译
107. 中国的经济革命:二十世纪的乡村工业　[日]顾琳 著　王玉茹 张玮 李进霞 译
108. 礼物、关系学与国家:中国人际关系与主体性建构　杨美惠 著　赵旭东 孙珉 译　张跃宏 译校
109. 朱熹的思维世界　[美]田浩 著
110. 皇帝和祖宗:华南的国家与宗族　[英]科大卫 著　卜永坚 译
111. 明清时代东亚海域的文化交流　[日]松浦章 著　郑洁西 等译
112. 中国美学问题　[美]苏源熙 著　卞东波 译　张强强 朱霞欢 校
113. 清代内河水运史研究　[日]松浦章 著　董科 译
114. 大萧条时期的中国:市场、国家与世界经济　[日]城山智子 著　孟凡礼 尚国敏 译　唐磊 校
115. 美国的中国形象(1931—1949)　[美]T. 克里斯托弗·杰斯普森 著　姜智芹 译
116. 技术与性别:晚期帝制中国的权力经纬　[英]白馥兰 著　江湄 邓京力 译

117. 中国善书研究 [日]酒井忠夫 著 刘岳兵 何英莺 孙雪梅 译
118. 千年末世之乱:1813年八卦教起义 [美]韩书瑞 著 陈仲丹 译
119. 西学东渐与中国事情 [日]增田涉 著 由其民 周启乾 译
120. 六朝精神史研究 [日]吉川忠夫 著 王启发 译
121. 矢志不渝:明清时期的贞女现象 [美]卢苇菁 著 秦立彦 译
122. 明代乡村纠纷与秩序:以徽州文书为中心 [日]中岛乐章著 郭万平 高飞 译
123. 中华帝国晚期的欲望与小说叙述 [美]黄卫总著 张蕴爽 译
124. 虎、米、丝、泥:帝制晚期华南的环境与经济 [美]马立博 著 王玉茹 关永强 译
125. 一江黑水:中国未来的环境挑战 [美]易明 著 姜智芹 译
126. 《诗经》原意研究 [日]家井真 著 陆越 译
127. 施剑翘复仇案:民国时期公众同情的兴起与影响 [美]林郁沁 著 陈湘静 译
128. 华北的暴力和恐慌:义和团运动前夕基督教传播和社会冲突 [德]狄德满著 崔华杰 译
129. 铁泪图:19世纪中国对于饥馑的文化反应 [美]艾志端 著 曹曦 译
130. 饶家驹安全区:战时上海的难民 [美]阮玛霞 著 白华山 译
131. 危险的边疆:游牧帝国与中国 [美]巴菲尔德 著 袁剑 译
132. 工程国家:民国时期(1927—1937)的淮河治理及国家建设 [美]戴维·艾伦·佩兹 著 姜智芹 译
133. 历史宝筏:过去、西方与中国妇女问题 [美]季家珍 著 杨可 译
134. 姐妹们与陌生人:上海棉纱厂女工,1919—1949 [美]韩起澜著 韩慈 译
135. 银线:19世纪的世界与中国 林满红 著 詹庆华 林满红 译
136. 寻求中国民主 [澳]冯兆基著 刘悦斌 徐硙 译
137. 墨梅 [美]毕嘉珍 著 陆敏珍 译
138. 清代上海沙船航运业史研究 [日]松浦章著 杨蕾 王亦铮 董科 译
139. 男性特质论:中国的社会与性别 [澳]雷金庆 著 [澳]刘婷 译
140. 重读中国女性生命故事 游鉴明 胡缨 季家珍 主编
141. 跨太平洋位移:20世纪美国文学中的民族志、翻译和文本间旅行 黄运特 著 陈倩 译
142. 认知诸形式:反思人类精神的统一性与多样性 [英]G.E.R.劳埃德 著 池志培 译
143. 中国乡村的基督教:1860—1900江西省的冲突与适应 [美]史维东 著 吴薇 译
144. 假想的"满大人":同情、现代性与中国疼痛 [美]韩瑞 著 袁剑 译
145. 中国的捐纳制度与社会 伍跃 著
146. 文书行政的汉帝国 [日]富谷至 著 刘恒武 孔李波 译
147. 城市里的陌生人:中国流动人口的空间、权力与社会网络的重构 [美]张骊 著 袁长庚 译
148. 性别、政治与民主:近代中国的妇女参政 [澳]李木兰 著 方小平 译
149. 近代日本的中国认识 [日]野村浩一 著 张学锋 译
150. 狮龙共舞:一个英国人笔下的威海卫与中国传统文化 [英]庄士敦 著 刘本森 译 威海市博物馆 郭大松 校
151. 人物、角色与心灵:《牡丹亭》与《桃花扇》中的身份认同 [美]吕立亭 著 白华山 译
152. 中国社会中的宗教与仪式 [美]武雅士 著 彭泽安 邵铁峰 译 郭潇威 校
153. 自贡商人:近代早期中国的企业家 [美]曾小萍著 董建中 译
154. 大象的退却:一部中国环境史 [英]伊懋可 著 梅雪芹 毛利霞 王玉山 译
155. 明代江南土地制度研究 [日]森正夫 著 伍跃 张学锋 等译 范金民 夏维中 审校
156. 儒学与女性 [美]罗莎莉 著 丁佳伟 曹秀娟 译

157. 行善的艺术:晚明中国的慈善事业(新译本)　[美]韩德玲 著　曹晔 译
158. 近代中国的渔业战争和环境变化　[美]穆盛博 著　胡文亮 译
159. 权力关系:宋代中国的家族、地位与国家　[美]柏文莉 著　刘云军 译
160. 权力源自地位:北京大学、知识分子与中国政治文化,1898—1929　[美]魏定熙 著　张蒙 译
161. 工开万物:17世纪中国的知识与技术　[德]薛凤 著　吴秀杰 白岚玲 译
162. 忠贞不贰:辽代的越境之举　[英]史怀梅 著　曹流 译
163. 内藤湖南:政治与汉学(1866—1934)　[美]傅佛果 著　陶德民 何英莺 译
164. 他者中的华人:中国近现代移民史　[美]孔飞力 著　李明欢 译　黄鸣奋 校
165. 古代中国的动物与灵异　[英]胡司德 著　蓝旭 译
166. 两访中国茶乡　[英]罗伯特·福琼 著　敖雪岗 译
167. 缔造选本:《花间集》的文化语境与诗学实践　[美]田安 著　马强才 译
168. 扬州评话探讨　[丹麦]易德波 著　米锋 易德波 译　李今芸 校译
169. 《左传》的书写与解读　李惠仪 著　文韬 许明德 译
170. 以竹为生:一个四川手工造纸村的20世纪社会史　[德]艾约博 著　韩巍 译　吴秀杰 校
171. 东方之旅:1579—1724耶稣会传教团在中国　[美]柏理安 著　毛瑞方 译
172. "地域社会"视野下的明清史研究:以江南和福建为中心　[日]森正夫 著　于志嘉 马一虹 黄东兰 阿风 等译
173. 技术、性别、历史:重新审视帝制中国的大转型　[英]白馥兰 著　吴秀杰 白岚玲 译
174. 中国小说戏曲史　[日]狩野直喜 著　张真 译
175. 历史上的黑暗一页:英国外交文件与英美海军档案中的南京大屠杀　[美]陆束屏 编著/翻译
176. 罗马与中国:比较视野下的古代世界帝国　[奥]沃尔特·施德尔 主编　李平 译
177. 矛与盾的共存:明清时期江西社会研究　[韩]吴金成 著　崔荣根 译　薛戈 校译
178. 唯一的希望:在中国独生子女政策下成年　[美]冯文 著　常姝 译
179. 国之枭雄:曹操传　[澳]张磊夫 著　方笑天 译
180. 汉帝国的日常生活　[英]鲁惟一 著　刘洁 余霄 译
181. 大分流之外:中国和欧洲经济变迁的政治　[美]王国斌 罗森塔尔 著　周琳 译　王国斌 张萌 审校
182. 中正之笔:颜真卿书法与宋代文人政治　[美]倪雅梅 著　杨简茹 译　祝帅 校译
183. 江南三角洲市镇研究　[日]森正夫 编　丁韵 胡婧 等译　范金民 审校
184. 忍辱负重的使命:美国外交官记载的南京大屠杀与劫后的社会状况　[美]陆束屏 编著/翻译
185. 修仙:古代中国的修行与社会记忆　[美]康儒博 著　顾漩 译
186. 烧钱:中国人生活世界中的物质精神　[美]柏桦 著　袁剑 刘玺鸿 译
187. 话语的长城:文化中国历险记　[美]苏源熙 著　盛珂 译
188. 诸葛武侯　[日]内藤湖南 著　张真 译
189. 盟友背信:一战中的中国　[英]吴芳思 克里斯托弗·阿南德尔 著　张宇扬 译
190. 亚里士多德在中国:语言、范畴和翻译　[英]罗伯特·沃迪 著　韩小强 译
191. 马背上的朝廷:巡幸与清朝统治的建构,1680—1785　[美]张勉治 著　董建中 译
192. 申不害:公元前四世纪中国的政治哲学家　[美]顾立雅 著　马腾 译
193. 晋武帝司马炎　[日]福原启郎 著　陆帅 译
194. 唐人如何吟诗:带你走进汉语音韵学　[日]大岛正二 著　柳悦 译

195. 古代中国的宇宙论 ［日］浅野裕一 著 吴昊阳 译
196. 中国思想的道家之论：一种哲学解释 ［美］陈汉生 著 周景松 谢尔逊 等译 张丰乾 校译
197. 诗歌之力：袁枚女弟子屈秉筠(1767—1810) ［加］孟留喜 著 吴夏平 译
198. 中国逻辑的发现 ［德］顾有信 著 陈志伟 译
199. 高丽时代宋商往来研究 ［韩］李镇汉 著 李廷青 戴琳剑 译 楼正豪 校
200. 中国近世财政史研究 ［日］岩井茂树 著 付勇 译 范金民 审校
201. 魏晋政治社会史研究 ［日］福原启郎 著 陆帅 刘萃峰 张紫毫 译
202. 宋帝国的危机与维系：信息、领土与人际网络 ［比利时］魏希德 著 刘云军 译
203. 中国精英与政治变迁：20世纪初的浙江 ［美］萧邦奇 著 徐立望 杨涛羽 译 李齐 校
204. 北京的人力车夫：1920年代的市民与政治 ［美］史谦德 著 周书垚 袁剑 译 周育民 校